新教师成长必备手册

李冲锋 ◎ 著

华东师范大学出版社
·上海·

图书在版编目（CIP）数据

新教师成长必备手册 / 李冲锋著. 一上海：华东师范大学出版社，2024
 ISBN 978-7-5760-5035-6

Ⅰ. ①新… Ⅱ. ①李… Ⅲ. ①中小学－师资培养 Ⅳ. ①G635.12

中国国家版本馆CIP数据核字（2024）第103321号

新教师成长必备手册

著　　者　李冲锋
责任编辑　孙　婷　袁雅丽
策划编辑　朱　琳
特约审读　严　婧
责任校对　李琳琳
装帧设计　卢晓红

出版发行　华东师范大学出版社
社　　址　上海市中山北路3663号　邮编200062
网　　址　www.ecnupress.com.cn
电　　话　021-60821666　行政传真 021-62572105
客服电话　021-62865537　门市（邮购）电话 021-62869887
地　　址　上海市中山北路3663号华东师范大学校内先锋路口
网　　店　http://hdsdcbs.tmall.com

印 刷 者　浙江临安曙光印务有限公司
开　　本　787毫米×1092毫米　16开
印　　张　19.5
字　　数　345千字
版　　次　2024年6月第1版
印　　次　2024年12月第2次
书　　号　ISBN 978-7-5760-5035-6
定　　价　69.80元

出版人　王　焰

（如发现本版图书有印订质量问题，请寄回本社客服中心调换或电话021-62865537联系）

目录

导　论　　新教师的八项核心素养 / 1

第一章　　职业认知 / 5

　　　　　　第一节　热爱教育事业 / 8
　　　　　　第二节　教师工作内容 / 22
　　　　　　第三节　教师基本职责 / 26
　　　　　　第四节　关注学生成长 / 31
　　　　　　第五节　从教的责任心 / 41

第二章　　心理素质 / 53

　　　　　　第一节　乐观自信 / 56
　　　　　　第二节　情绪调控 / 63
　　　　　　第三节　冷静应变 / 71

第三章　　仪表仪态 / 83

　　　　　　第一节　仪表得体 / 87
　　　　　　第二节　仪容整洁 / 95
　　　　　　第三节　仪态大方 / 98

第四章　言语表达 / 115

第一节　语言规范 / 118
第二节　恰当表达 / 123
第三节　善于交流 / 128

第五章　思维品质 / 143

第一节　思维构成 / 146
第二节　思维运用 / 154
第三节　思维创新 / 158

第六章　教学设计 / 169

第一节　教学设计的内容 / 172
第二节　教学活动的设计 / 208
第三节　教学方案的撰写 / 215

第七章　教学实施 / 227

第一节　把握教学结构 / 232
第二节　准确讲授知识 / 250
第三节　运用恰当方法 / 258
第四节　用好教学工具 / 268
第五节　写好教学板书 / 274

第八章　教学评价 / 285

第一节　学生评价 / 288
第二节　教学评价 / 296

导 论　新教师的八项核心素养

> 一个民族如何培养教师，尊重教师，以及在何种氛围下按照何种价值标准和自明性生活，这些都决定了一个民族的命运。[①]
>
> ——（德）雅斯贝尔斯

教师不仅是一种职业，更是一种专业，具有像医生、律师一样的专业不可替代性。就跟不是什么人穿起白大褂就可以当医生、穿起律师服就可以当律师一样，不是什么人都可以当教师的。教师的专业性是通过不断学习与修炼而获得的。虽然，有些年轻教师已经大学或研究生毕业，并获得了教师资格证，开始从事教师工作，但站上讲台与站稳讲台、站好讲台还是有区别的。能够站上讲台未必能够站稳讲台，能够站稳讲台也未必是站好了讲台。所以，对青年教师而言，还需要不断地学习、修炼，尽快地提升个人素养和教学基本功，以便尽快地站稳讲台，进而站好讲台。

如何尽快地学习修炼自己的个人素养与教学基本功呢？跟师傅学习、同伴教学观摩等都是不错的方式。同时，读书学习也不可或缺。本书就是专为提升青年教师的专业成长而写作的。

教师专业成长的内容当然是多方面的，但首先需要把握一些基本方面。我们认为，职业认知、心理素质、仪表仪态、言语表达、思维品质、教学设计、教学实施、教学评价是青年教师首先需要掌握的八项核心素养，这也是青年教师八项需要修炼的内容。

这八个方面可从基本素养与教学素养两方面来区分。其中，职业认知、心理素质、仪表仪态、言语表达、思维品质这五个方面属于教师的基本素养，而教学设计、教学实施和教学评价属于教师的教学素养。前五个方面的基本素养可以通过教学行

[①]（德）雅斯贝尔斯.什么是教育[M].邹进，译.北京：生活·读书·新知三联书店，1991：54.

为体现出来，而教学素养需要前五个方面的基本素养的支持才能完成。从以教学为中心的角度看，五个方面的基本素养是为教学行为服务的，并在教学行为中得以体现。

表1

基本素养	教学素养
职业认知 心理素质 仪表仪态 言语表达 思维品质	教学设计 教学实施 教学评价

换一个角度看，这八个方面的内容有内隐与外显的区别。内隐的有职业认知、心理素质、思维品质三个方面，外显的有仪表仪态、言语表达、教学设计、教学实施和教学评价五个方面。内隐的三个方面可以通过外显的五个方面体现出来。

表2

内隐的品质	外显的行为
职业认知 心理素质 思维品质	仪表仪态 言语表达 教学设计 教学实施 教学评价

为帮助青年教师快速提升八项核心素养，本书把每一项核心素养的内容列为一章，共计有八章。

每一章节的结构安排如下：引入名言、学习目标、案例展示、内容详解、本章小结、拓展阅读、同步训练、参考答案、自我检测、学习心得、实践转化，共计11个部分。

★ **引入名言**。在每章前加一两则与本章内容相符的名言，以表明要旨，引发兴趣。

★ **学习目标**。呈现本部分的学习标准，为学习定向。

- ★ 案例展示。展示一则与本章内容相符的典型案例，进行学习热身与铺垫。案例展示同时也具有激发学习兴趣的作用。
- ★ 内容详解。对目标中要求的内容展开详细的讲解，以帮助读者比较彻底地理解、掌握相关内容。
- ★ 本章小结。对本章所讲核心内容进行总结概括，以简短浓缩的方式呈现本章的主要内容，以帮助整体把握、深入理解所学内容。
- ★ 拓展阅读。列出与本章内容相关的参考书目，供学有余力或想进一步拓展提升的教师继续深入学习。
- ★ 同步训练。根据本章要求和内容，出示训练题数则，供练习之用。一则巩固复习本章所学，二则促进思考，以期学以致用。
- ★ 参考答案。提供同步训练题的简要答案，以供参考。
- ★ 自我检测。通过10个简单的题目自我检测是否已经掌握本章的要点内容，以便查漏补缺、反思回顾、改进提升。
- ★ 学习心得。写下本章学习中深有心得的内容，进一步清晰化个人认识，巩固所学。
- ★ 实践转化。思考并写下本章所学内容的落实、转化措施，以期知行合一、学以致用。

我们希望教师能从明确的目标出发，从学习兴趣出发，逐步进行核心内容的学习，进而能够总结提升、巩固练习，达到深入理解、透彻把握、学以致用的效果。

相信只要大家认真学习、多加练习，一定可以掌握相关要求与内容。希望本书能够为广大青年教师提供切实的帮助，为成就教师梦想加油助力。

第一章 职业认知

正如任何一种有专长、有目标、有计划的系统性工作一样,教育人是一种职业,一种专长。这是一种特殊的、不可和其他任何工作相提并论的职业。[1]

——(苏)苏霍姆林斯基

一个人不爱自己的职业,勉强为之,必定误己害人。[2]

——王栋生

---

[1] 蔡汀,王义高,祖晶.苏霍姆林斯基选集(五卷本)第2卷 [M].北京:教育科学出版社,2001:533.
[2] 裴跃进.教学名家谈成长 [M].北京:北京师范大学出版社,2013:72.

学习目标

1. 有较强的从教愿望，对教师职业有高度的认同，对教师工作的基本内容和职责有清楚的了解。
2. 关爱学生，尊重学生，平等对待学生，关注每个学生的成长。

职业认知，是指从业人员对自己所从事职业的看法。教师的职业认知是指教师对教育教学的看法。职业认知对教师的教育教学活动起到指引、规范的作用。从某种意义上说，有什么样的职业认知，就会有什么样的职业行为。具备良好的职业认知是成为一名好教师的前提条件。

案例展示

案例 1-1　　　　当教育成了服务业[①]

说到底，我们是在通过自己的产品——课程，为我们的学生服务，教育确实演变为服务业，只不过过程是服务于学生成长的高级、复杂的服务业罢了。

当教育成为服务业，研究学生的需求必然成为我们工作的前提，而他们的需求千差万别又千变万化，挑战自在其中。于是，对话、谈心、咨询、诊断，"挖空心思"弄清学生，就成为校园教育工作的重头戏。

当教育成为服务业，师生平等就成为校园生活的基本状态，居高临下的姿态、高高在上的架势、教训的口吻、不屑的眼神全都将无法在这样的校园里藏身，需要的是我们每一位教师都放下身段、敞开心扉，以长者的责任和平等的身份与孩子们对话、沟通、合作，共同成长。

当教育成为服务业，就必须以客户的满意度作为衡量我们工作的重要指标。过

---

① 李希贵. 面向个体的教育 [M]. 北京：教育科学出版社，2014：4-5.

去的教育，我们可以仅仅让上级肯定，或者让家长满意，孩子的苦累都是我们追求业绩的代价。今天不行了，我们必须把他们的酸甜苦辣放在心上，把创造快乐的校园当作我们共同的追求，于是，由孩子们来评价我们的工作也就成为常态。

当教育成为服务业，我们就需要调整心态。教育不是万能的钥匙，教育不能包治百病，教育需要学会等待。其实，只要我们把心态调整好，就会发现校园里的孩子们给我们带来的惊喜。尽管孩子们的变化不可能日新月异，但却可以从他们细微的变化中发现成长的期冀。教育需要小火慢炖，成长必须慢慢拔节，只有把心态调整好，我们才能够回归到教育规律的康庄大道上，走得顺畅自如。

把教育看作服务业，这是李希贵对教育的认识。正是因为有这样的认识，所以对学生、对师生关系、对教育评价都有了新的看法，有了新的行为转变。可见，职业认知是职业理念转变、职业行为转变的前提和重要动因。教师重视自己的职业认知，形成良好的职业认知有助于教育教学行为的改变和良好教育教学效果的获得。

第一节　热爱教育事业

教育是爱的事业。著名特级教师王栋生说："'热爱'是教师最重要的禀赋。""在以人为工作对象的职业中，教师最需要'热爱'的禀赋。"① 作为一名教师要有"教育之爱"的职业品质。"教育之爱"，主要表现为三个方面：热爱教师职业、热爱所有学生、热爱所教课程。"爱"有三个维度：情感之爱、理智之爱和行动之爱。"爱"并不是一个空泛的词语，而是有具体的内涵。我们将从这三个方面、三个维度来分析"教育之爱"。

 热爱教师职业

德国著名教育家第斯多惠说："真正的永不消失的教学热情必须建立在对教师职业的热爱上，对教师工作的心驰神往，必须建立在对发展儿童世界事业的热爱的基

---

① 裴跃进.教学名家谈成长[M].北京：北京师范大学出版社，2013：72.

础上，至于如何教学那是次要的。教师要专心致志教学，教学就是他的快乐，他的享受，教学就是他毕生的职业。"[①] 做一名教师容易，做一名"好教师"不容易。要做一名好教师，首先需要热爱教师职业。热爱教师职业的情感之爱是具有从教愿望，理智之爱是认同教师职业，行动之爱是愿为教育付出。

（一）具有从教愿望

"我学的是教育，对教育一往情深。我梦寐以求的就是当一名好教师，在学生的心中撒播知识的种子、做人的良知和金色的希望。我憧憬着学生在人生道路上青枝绿叶，花朵芬芳，果实累累，自己作为输送生命养料的泥土，能够分享快乐和幸福，享受精神的富有。"[②] 这是全国著名特级教师于漪老师的一段情感独白，表达了她对教育的一往情深。

作为一名教师，首先要从情感上喜欢教师工作，认同教师工作，具有强烈的从教愿望，能够以从事教师工作为荣，以从事教师工作为乐，这样才能做好这份工作。"如果教师把自己的劳动看作是一种负担的话，那么从他嘴里发出的任何的道德教诲，在学生们听来都是对真理的一种嘲笑，也会摧残少年的心灵。"[③] 具有强烈的从教愿望，喜欢教师工作，热爱教师工作，是成为一名好教师的必要前提。著名特级教师王栋生说："我从没觉得自己是'献身教育事业'，我只不过是在做自己喜欢的事。"[④] 著名特级教师黄玉峰甚至说："如果有来生，我还想做教师——如果老天同意的话。"[⑤] 做一辈子教师还不够，如果有来生还要继续做教师，这是多么强烈的从教愿望啊。只有自己喜欢从事教师职业，才能真正成为一名好的教师，真正把学生教好。

其实，很多名师一开始并不喜欢教师工作，但后来在做了一段时间老师之后，就领略到了教师工作的魅力，对它产生了情感，才产生了强烈的从教愿望，喜欢并热爱上了教师工作，并终身从事教师工作。

全国著名特级教师魏书生就是一个从不愿意当教师到热爱教师工作的典型。魏

---

① （德）第斯多惠.德国教师培养指南［M］.袁一安，译.北京：人民教育出版社，2001：59.
② 裴跃进.教学名家谈成长［M］.北京：北京师范大学出版社，2013：1.
③ 蔡汀，王义高，祖晶.苏霍姆林斯基选集（五卷本）第2卷［M］.北京：教育科学出版社，2001：327.
④ 裴跃进.教学名家谈成长［M］.北京：北京师范大学出版社，2013：72.
⑤ 黄玉峰.教学生活得像个"人"：我的大语文教学［M］.上海：上海教育出版社，2011：30.

书生读书的时候，并没想过能去教书。刚听到让他去教书时，他并不愿意去。尽管不愿意去，但他不敢不服从命令，便去教书了。教书之后才发现学生们心灵世界的广阔。农村孩子们真诚、质朴、勤劳的品质深深感染着他。生活在他们之中，他感受到精神的满足，灵魂的安宁。从此，他喜欢上了教师这个职业，决心在学生的心田里开辟一片绿地，播撒上真善美的种子。为了教书，他放弃过招工进城的机会，在农村教了两年零四个月的书。后来，他被分配到当时盘锦最好的工厂——盘锦地区电机厂。但他深深地想念着学校，想念着学生，想念着学校的老师们。于是，他开始一遍又一遍地申请当教师。[①]通过魏书生要求做教师的情真意切的申请书，我们或许更可以感受到他对教师工作的热爱。

案例1-2　　魏书生的申请书[②]

尊敬的领导：

我再一次怀着十分恳切的心情，请求组织批准我去做一名教师。

看到各行各业特别是教育战线在党的领导下走向大治的喜人局面，自己却没有机会献上一分力气，心里像有一团火一样熊熊燃烧。我无比焦急地请求领导能体谅到自己的心情，批准自己的申请。只要是教书，不管是到农村一般学校，还是到更困难的偏僻山区的学校，我都会踏踏实实、勤勤恳恳、满腔热情地去干。

进厂六年的两千多个日日夜夜中，我对学校的深深眷恋之情，是一天也没有中断过的，即使在"四害"把教师地位压到最低点的时候，我还是以极其羡慕的心情衷心向往着这个职业。为着有一天实现自己美好愿望的时候，把教师工作做得好一些，我日复一日、年复一年地钻研有关教育的知识，常学到食不知味、寝不安席的地步。即使身患重病，也还是不愿间断，为此而度过的不眠之夜是难以数计的。

两千多天中，我向各级领导恳切地提出做教师的申请至少有150次之多。几乎每一个同志，特别是朋友和亲人，都耳闻目睹到我对教育火一样的热情，对学生源自内心的关心……

申请人：魏书生
1977年9月15日

[①] 裴跃进.教学名家谈成长[M].北京：北京师范大学出版社，2013：30-32.
[②] 龚春燕，冯友余.魏书生的教育特色[M].北京：北京师范大学出版社，2012：224-225.

经过150多次的申请后，1977年魏书生终于如愿以偿，重新回到学校。1997年站了20年讲台的魏书生又在不情愿的情况下被安排到盘锦市教育局任局长，但他始终没有离开教学第一线，仍然坚持到校上课。从魏书生的事迹里，我们不难看出他强烈的从教愿望。正是强烈的从教愿望，支撑着他、驱使着他一次次地申请做教师；正是强烈的从教愿望，使他从教之后一直坚守在教学第一线；正是强烈的从教愿望，使他一步步成长为全国优秀教师。

全国著名特级教师程红兵是一个原来不爱当教师后来不能自拔的典型。程红兵读小学、中学的时候就一直是学生干部，当了多年的小老师。那个年代教师是没有多少地位的，他知道老师的辛苦，所以报考大学、填报志愿时，他尽量避开师范院校，一共十个志愿，江西师范学院是第八志愿，实在是因为当时文科没有什么学校好报才填了它，但他就被江西师范学院录取。在大学里，他的想法是要么当作家，要么做大学教授，他读书很广泛，唯独不爱看教学参考书。但毕业后，他却一头栽进了中学教师的行当里，心里有许多委屈，有许多不平。走上讲台后，带着几分离经叛道、带着几分驳杂的讲课，却使他走近了学生，后来又逐渐走进了由学生和自己共同营造的"磁场"。随着时间的推移，渐渐感觉到自己已经不能自拔，感到学校真好，教书真好，跟孩子们讲一些自己感兴趣的、学生也感兴趣的东西，是十分快乐的。[①]

可见，有的人并不是一开始就愿意做教师，而是在做教师的过程中，慢慢喜欢上教师工作的。正是因为他们喜欢、热爱教师工作，所以他们才愿意为之付出，并最终成长为全国著名特级教师，成就自己的教育事业，培养大批的人才。

（二）认同教师职业

具有较强的从教愿望，与对教师职业的高度认同是密不可分的。要认同教师职业，就需要认识教育的价值与意义。正是因为深刻地认识教育的价值与意义，所以才能够高度认同教师职业。

教师是祖国建设人才的培养者。教育是为祖国和社会培养人才的事业。国家和民族的建设者，是由教育培养来完成的。各行各业的人才培养，都要经由教育，特别是专门的学校教育来完成。作为一名人民教师，从事教育事业，就是为国家和社会培养人才。因此，教师职业的存在意义重大。

[①] 裴跃进.教学名家谈成长［M］.北京：北京师范大学出版社，2013：55.

教师是学生成长的引领者和奠基人。人们把教师比作人类灵魂的工程师，正是对教师在个人成长过程中所起的重要作用的高度认可与肯定。教育可以为学生的全面发展和终身发展奠定基础。正是教育的从业者——教师，帮助学生实现人生更好的成长与发展。教师通过自己的劳动引领学生更好更快地成长，为学生的发展奠定坚实的基础，对学生的影响至深至远。从这个意义上说，教师工作也是具有重要意义的。

教师职业也是实现教师自身价值的途径。魏书生读书的时候，并没想过能去教书。教书之后，才发现学生们心灵世界的广阔。他决心在学生的心田里开辟一片绿地，播撒上真善美的种子。他认为，这世界上如果由于自己的存在而多了一颗真诚、善良、美好的心灵，那他便获得了生存的幸福，有了一份生存的价值。教师是最有利于培养真诚、善良、美好心灵的职业。于是他便迷恋上了教书。[①]可见，魏书生是把教育贡献社会与实现自身价值结合起来了。

教师要相信教育在社会发展和人的成长中的作用，相信教育可以给予社会发展和人的成长以巨大的力量。教育之所以存在是建立在"人是可教的"，即人的可教性的基础之上。正是因为有了这样的基础，人们才相信教育对人的改变作用，教育才可以塑造人、影响人、改变人，给予个人的发展以助力，给予社会的改变以推动。教师要对教育、对个人成长与社会改进的力量深信不移，并积极为之。

（三）愿为教育付出

教师要完成好自己的职责，就需要有极强的责任心和责任感，自觉地把分内的事情做好，甘心为教育付出。教师甘愿为教育负责，才能甘心为教育付出。甘心为教育付出，就会大事小事做好。常言道："教育无小事，事事是教育。"做好了大事、小事，教育才能真正达到良好的效果。

> **案例1-3**　　**程翔老师为学生查资料**[②]

作家贾平凹到济南讲学，有人问他："人最重要的品质是什么？"他说："是责任心。"对此，特级教师程翔深以为然。人到中年，他上每一节课都小心谨慎，越是认真备课，越觉得以前不够严谨，常常自责不迭。任何一个学生有了困惑，他都惦念

---

① 裴跃进.教学名家谈成长［M］.北京：北京师范大学出版社，2013：31.
② 裴跃进.教学名家谈成长［M］.北京：北京师范大学出版社，2013：68.

萦怀,直到帮助他解决才释然松快。他的一个学生参加清华大学的考试,他问学生作文题目,学生说是"不患无位,患所以立",然后问他出处。他不敢肯定就是出自《论语》,答应回去核实一下。过了一天,他在家中查阅《论语》,在《里仁》篇中查到了。于是到学校后,他先找到那个学生,讲了出处,解释了含义,评价了他的作文。这时,他的心里才舒畅了。

这看似是一件很小的事情,却是程翔老师对学生认真负责的表现。如果换了其他老师可能会对学生说,可能出自《论语》,你自己回去查一下吧。老师这样处理未尝不可,从某种意义上来说,这样还可以培养学生自己解决问题的能力。但可能会出现一种情况,学生自己未必会回去查,这样学生的疑问就根本没有解决,如果下次再碰到这句话,还是不知道出处。程翔老师的做法,就杜绝了这种情况的出现,保证了学生透彻地掌握了一个知识点。他不怕麻烦,帮助学生查找资料,帮助学生答疑解惑的点滴小事,正是他愿意为教育事业付出的表现。

著名特级教师黄玉峰是一个热爱教育工作的人,他说:"我常常感谢上苍,让我投胎成为一个人,更让我投胎成为一个教师。做教师是上天的恩赐,到底成为一个教书匠还是一个教育工作者,这是自己的选择。我有幸成为教师,而且总算还不是教书匠。"[①] 选择,在于自己尽心竭力地为教育工作付出自己的心血。也只有那些甘心为教育付出的人,才能够认真负责地从事教师职业,成为真正的教育者,培养出大批优秀的人才。

二 热爱所有学生

教育之爱的重要表现是热爱学生,热爱所有学生。孔子说:"有教无类。"就是说,教师要接纳所有的学生。热爱学生的情感之爱是愿意亲近学生,理智之爱是发展看待学生,行动之爱是关心爱护学生。

(一) 愿意亲近学生

从对学生的情感上来说,教师对学生的喜爱是发自内心的,不是外部强加的,

---

① 黄玉峰.教学生活得像个"人":我的大语文教学[M].上海:上海教育出版社,2011:29.

也不是他人教育的结果。这是一种天然的对年轻人的爱,对年轻人的接纳、认同和欣赏。愿意亲近孩子、亲近学生,是教师热爱学生的情感之爱的表现。

热爱学生不是只热爱那些学习好、表现好的学生,而是要热爱所有学生。有教师希望自己的班里没有被爱遗忘的角落,提出让每个角落都充满阳光。

案例1-4　　　　让每个角落都充满阳光[①]

对于学优生,很多教师认为他们思维敏捷、勤学好问,不用花很多的时间去做他们的工作,他们便能迅速地成长。其实学优生内心也有荒凉的沙漠,需要用爱补偿他们内心的缺憾,使他们得到抚慰,从而真正快乐地成长与发展。

对于那些成绩平平的中等生,他们安分守己、腼腆、谨慎,很少给老师、班级添麻烦,但也容易被大家忽略。实际上,他们同样需要"爱"的阳光雨露。只要体贴爱护,给予机会,他们的能力就会得到进一步的发挥。

学困生与学优生截然不同,他们由于各种原因,往往表现得自卑、沉默或调皮捣蛋,令老师几乎对他们失去信心。但透过他们的外表,常常能看到他们内在的可爱。因此,要竭尽所能,全身心地培养他们良好的兴趣爱好,去挖掘他们的"闪光点",使他们对生活、学习充满信心。

这样做的结果是,在课堂上与班级管理中,常常会看到学优生思维敏捷,把自己独特的见解与大家分享;中等生也不甘示弱,不再沉默,大大方方地参与;学困生以他们为榜样,紧随其后,不再把自己置身于班级之外。他们就像一家人其乐融融地学习、生活,一同战胜困难,共同分享快乐与喜悦。

著名特级教师孙双金老师认为:"教育的全部技巧就是一个'爱'——对教育事业的爱,对教育对象的爱。只有当教师具有博大深厚的爱心,教师在课堂上才能真正尊重学生,尊重学生的人格,尊重学生的见解,尊重学生的差异;才能真心宽容学生,宽容学生的偏激,宽容学生的缺点,宽容学生的错误;才能真正欣赏学生,欣赏学生的优点,欣赏学生的缺点,欣赏学生的个性。"[②]不论是学优生、中等生还是学困生,他们都有爱与被爱的需要,而且有各自不同的爱与被爱的需要。教师要

[①] 吴云鹏.教育学综合案例教学[M].北京:中国人民大学出版社,2010:166-168.
[②] 裴跃进.教学名家谈成长[M].北京:北京师范大学出版社,2013:86.

根据他们的需要给予他们爱，满足他们不同的需求，让他们深切地感受到教师对他们的爱。

（二）发展看待学生

教师对学生的爱，不仅基于情感，也基于对学生的深刻认识。赞科夫说："了解儿童，了解他们的爱好和才能，了解他们的精神世界，了解他们的欢乐和忧愁，恐怕没有比这一点更重要的事了。如果在教师的眼里，学生只不过像是一种容器，可以把一定的知识和技巧灌到里面去，那么，这样的看法当然不会促进他对学生的爱，相反地，倒是把他在从事教师职业之前还有的那么一种平常人对儿童的喜爱的情感，也给浇灭了。当教师把每一个学生都理解为他是一个具有个人特点的，具有自己的志向、自己的智慧和性格结构的人的时候，这样的理解才能有助于教师去热爱学生和尊重学生。"[1]可见，只有教师深刻地理解和认识学生，才能更理性、更深刻地热爱学生。

在对学生的认识中，有一点十分重要，那就是学生是发展中的人，教师要发展地看待学生。作为发展中的人，学生的潜能远未完全打开，他们的世界远未完全开放，他们的人生远未完全展示，他们的人生发展具有无限的可能性。无数的事实已经证明，学生时代的优秀生走向社会之后未必仍然优秀，学生时代的后进生走向社会之后一样可以成就骄人的事业，取得非凡的成就。因此，教师不要把人看扁了，不要把学生看死了。用发展的眼光看待每一个学生，这是每一个教师都必须要把握的。

那些优秀的教师都看到了学生发展的无限可能性，都能够发展地看待学生，而不是把学生一眼看死。于漪老师在充分了解学生后说："此时此刻，学生就不再是一个个名字，一张张卷子，一笔笔分数，而是立体的、灵动的、各有个性的、生动活泼的形象，变化着的、发展着的形象，充满希望，有无限的可逆性。"[2]魏书生老师对学生上进的认识是"上进在反复之间"。对于后进生，他教育说：你要相信自己是一个"大器晚成者"。不论是于漪，还是魏书生，他们都把学生看作是发展的人，他们看的不是学生一时的成绩和分数，而是学生的长远发展、终身发展。

教师要相信学生是可教的，是能教的，是能够教好的。苏霍姆林斯基说："乐观

---

[1] （苏）赞科夫.和教师的谈话[M].杜殿坤，译.北京：教育科学出版社，1980：29.
[2] 裴跃进.教学名家谈成长[M].北京：北京师范大学出版社，2013：5.

主义，相信人是教育者和受教育者的创造力、神经力量和健康永不枯竭的泉源。"[1]他还说："教育才能的基础是深信有可能成功地教育每个儿童。我不相信有不可救药的儿童、少年和男女青年。要知道，我们面前的这个人才刚刚开始生活在世界上，我们可以使这个幼小的人身上所具有的美好的、善良的、人性的东西不受压抑、伤害和扼杀。因此，每个决心献身教育的人，应容忍儿童的弱点。"[2]教育之所以存在是因为学生需要教师的帮助和教导。如果学生不需要教，也就不需要教育，不需要教师了。教师对学生抱有信心的基石在于，学生是发展中的人，是有巨大发展潜力的人。教育就是把学生引向正确的方向，把学生的能力发挥出来，把他们的潜力激发出来。每个人都是发展的，这种发展具有未完成性，人的发展与人的生命相始终，死亡是发展的终点。在人生的路途上，人永远具有发展的可能性。因此，教师要相信学生的发展，相信每个学生都是可教的，永远对学生抱有信心。

（三）关心爱护学生

案例1-5　　　　　　　　反差巨大的调查问卷[3]

有关部门对五所学校120名教师进行问卷调查，其中有这样一道题："你热爱学生吗？"90%以上的调查对象回答"是"。然后又对这120名教师所教的学生发放问卷，"你体会到老师对你的爱了吗？"这道题回答"体会到"者仅占10%。

90%与10%。反差如此之大！这不能不引起我们的反思：究竟怎样才能让学生感受到老师的爱呢？

作为一名教师，要通过自己的实际行动关心爱护学生，为学生的成长出一把力、推一把手。著名特级教师于永正老师认为："学生的成长离不开老师的爱。老师的爱，是理解，是尊重，是鼓励，是宽容，是微笑，是跟学生打成一片，是与学生同

---

[1] 蔡汀，王义高，祖晶. 苏霍姆林斯基选集（五卷本）第2卷［M］. 北京：教育科学出版社，2001：547.
[2] 蔡汀，王义高，祖晶. 苏霍姆林斯基选集（五卷本）第2卷［M］. 北京：教育科学出版社，2001：537.
[3] 赵新法. 现代教师素养导论［M］. 天津：天津教育出版社，2011：187.

欢乐、同忧愁。"①教师的理解、尊重、宽容、微笑都是教育的力量，都是关心爱护学生的表现。

如果教师不理解、不尊重学生，对学生讽刺、挖苦，就会伤害学生的自尊心、自信心，甚至会给学生造成毁灭性的打击。

> **案例1-6　　　　　　　　　伤人的黑眼圈**②
>
> 台湾著名作家三毛（原名陈平），曾经有过自闭的经历，而这却是由教师的伤害造成的。
>
> 初二的时候，我数学总是不好。有一次，我发现数学老师每次出考试题都是把课本里面的习题选几题叫我们做。当我发现这个秘密后，就每天把数学题目背下来。由于我记忆力很好，那阵子我一连考了六个100分。数学老师开始怀疑我了，这个数学一向差劲的小孩功课怎么会突然好了起来呢？一天，她把我叫到办公室，丢了一张试卷给我，说："陈平，这十分钟里，你把这些习题演算出来。"我一看上面全是初三的考题，整个人都呆了。我坐了十分钟后，对老师说不会做。下一节课开始时，她当着全班同学的面说："我们班上有一个同学最喜欢吃鸭蛋，今天老师想请她吃两个。"然后，她叫我上讲台，拿起笔蘸进墨汁，在我眼睛周围画了两个大黑圈。她边画边笑着对我说："不要怕，一点也不痛不痒，只是凉凉的而已。"画完后，她又厉声对我说："转过身去让全班同学看一看！"当时，我还是一个不知道怎样保护自己的小女孩，就乖乖地转过身去，全班同学哄堂大笑起来。第二天早上，我悲伤地上学去，两只脚像灌了铅似的迈不动，走到教室门口，我昏倒在地上，失去了知觉。从此，我离开了学校，把自己封闭在家里。

对于学生的进步，这个教师没有细心观察、仔细研究是什么原因导致的，没有相信学生的努力，而是产生了"怀疑"。怀疑学生是教育的大敌。她也没有与学生进行正常的沟通，询问考试进步的原因，而是采取了突然袭击的检验方式，这种方式本身就是怀疑的结果。而她考查学生的试题不是学生当下所处的初二阶段，而是初

---

① 裴跃进.教学名家谈成长［M］.北京：北京师范大学出版社，2013：17.
② 吴云鹏.教育学综合案例教学［M］.北京：中国人民大学出版社，2010：209.

三的试题，这简直就是故意为难学生。当得到的不是理想的结果时，她没有对学生进行教育，而是在全班学生面前羞辱了这个"不知道怎样保护自己的小女孩"。其结果是，这个学生对学校、对教室、对教师产生了严重的恐惧，最终离开了学校，把自己封闭在家里。可见，教师对学生的伤害会造成严重的后果，甚至会毁坏一个人的前途。

著名特级教师于漪老师对学生一片大爱，这是她教育成功的重要因素。

案例1-7　　　　　　　　**于漪：对学生一片丹心**[①]

感情问题来不得半点虚假，对学生丹心一片，情深似海，就不会出言不逊，伤学生自尊心。学生的生命是宝贵的，是有尊严的，岂能冷嘲热讽伤学生的心！……面对各种学习懈怠、思想行为偏差，乃至被家长赶出门的学生，我总坚持满腔热情满腔爱，不断拷问自己的感情与责任，力求做一名合格的教师。学生千人千样，有个性有潜能，资质优良的学生，教育起来同样有相当难度。没有大爱，没有水磨的功夫，就不可能拨动他们的心弦，奏出悦耳的乐曲。

一个学生就是一本丰富的书，一个多彩的世界，每个学生的成长都是独一无二的。要尊重他们的人格，他们的个性，善于发现他们的长处与潜力，善于"长善救失"，把蕴藏的种种潜力变为发展的现实。学生世界的事无须喋喋不休，动辄禁止令，管头管脚，而要坚持正面教育，关键处引导。几十年来，我教过各种类型的学生，面对这些丰富的"书"，我一本一本认真读，一点一点学习、领悟，逐步懂得师爱的真谛，也品尝到亦师亦友的无穷的乐趣。

长相忆，我那些个性迥异、充满活力的学生！

作为一名教师，要对学生充满尊重、充满敬意，因为每个人都是独一无二的、丰富多彩的，不要想每个人都一样，可以"一刀切"地进行教育。那些给老师留下深刻印象、做出成就的学生，往往是那些有个性的学生，不论他是优生还是差生，都是值得教师去认真对待、真心去"爱"的。

爱学生不仅是教育的起点，也是教育的归宿；爱学生不仅是教育的手段，也是

---

① 裴跃进.教学名家谈成长［M］.北京：北京师范大学出版社，2013：8.

教育的目的；爱学生的过程，也是教会学生爱的过程。教育中的爱，本身就是教育的力量，它不仅是教育的手段，更是教育的内容和教育的目的。学生在爱与被爱中，学会爱与被爱，而这将成为学生素质的重要组成部分。因此，教师发自内心的对学生的爱，是教育不可缺少的力量。

 三　热爱所教课程

当今的教育是以分科课程为主的，因此教师多是某门学科课程的教师。作为学科课程的教师，要热爱所教的课程。因为我们的课程是学科课程，所以，热爱所教课程的情感之爱是热爱所教的学科，理智之爱是认识学科的价值，行动之爱是让学生喜欢学科。

（一）热爱所教的学科

作为一名学科课程的教师，热爱所教课程的前提是热爱奠基这门课程的学科。热爱所教学科的表现是对这门学科感兴趣，愿意学习这门学科，且对这门学科有感情，甚至有深厚的感情。一名教师，达到什么程度才算热爱自己所教的学科呢？苏霍姆林斯基说："只有把自己知识的1%用于课堂讲授就够了的教师，才是真正热爱自己学科的人。"① 教师热爱所教的学科，才能自觉地、不断地学习它，不断提高对它的认识，从而达到较高的学科水平，而这是从事教育的前提条件之一。

教师热爱所教的学科才能真正把这门课程教好。教师对学科的喜欢或热爱，本身会产生一种教育力量，会感染学生，会传递给学生一种学科的情感。苏霍姆林斯基认为："热爱自己学科的教师，他的学生也充满热爱知识、科学、书籍的感情。教师的话语中不仅包含了学科的意义和内容，而且包含了思想的情感色彩；只有热爱科学的人出现在学生面前，才能唤起学生的情绪、情感。"② 可见，热爱自己所教的学科，不仅是教师个人对学科情感的问题，它也是一种教育的力量。

如果一个教师不喜欢自己所教的学科，那么他最好不要教它，否则，不仅自己

---

① 蔡汀，王义高，祖晶. 苏霍姆林斯基选集（五卷本）第2卷［M］. 北京：教育科学出版社，2001：716.
② 蔡汀，王义高，祖晶. 苏霍姆林斯基选集（五卷本）第2卷［M］. 北京：教育科学出版社，2001：715.

教得很痛苦，学生也会学得很痛苦。当然，还有另一种办法，即转变自己对这一学科的态度，尝试着喜欢上它。喜欢上自己原本不喜欢的学科的一个办法是多接触它，日久生情。不喜欢某一个学科，可能是因为没有全面深入地接触它，接触多了，理解深了，慢慢地也就会对它产生感情。

（二）认识学科的价值

第斯多惠说："真正培养的目的不在于灌注一大堆知识，而在于彻底理解所学的专业，我们是用这些专业知识来栽培人才的。"[1] 作为一名学科课程的教师，要充分认识所教学科的价值和魅力。这也是做好教师工作的一项重要前提。

每门学科都是有价值的。每门学科都是一门独特的学问，都是人们长期探索世界所形成的对事物规律的认识与把握。每门学科在其范围内对人们都是有一定的功用的，特别是能够进入到学校基础教育阶段课程里来的学科更是对人的全面发展和终身发展具有重要意义。作为一名教师，不仅要认识到学科本身存在的价值，而且要认识到这一学科对学生发展的价值。能够深刻地认识学科对学生发展的价值，就能够更加认同学科，并在教育教学中加强对该学科的教学。

每门学科都是有魅力的。每门学科都有自己的历史、自己的文化、自己的语言，而这些内容就是学科的魅力所在。只有那些深入学科内部、把握学科规律的人，才能深刻地体会到学科的魅力。在一些人的眼里，有些学科是枯燥无味的，其实，不是学科枯燥无味，是他没有深入这门学科，没有领略到学科的魅力。对教师而言，要深入学科的内部，把握学科的规律，领略学科的魅力，而且要在教育教学的过程中，引领学生进入学科，让学生也领略学科的魅力。

正是因为每门学科都是有价值的，所以才会设立学科课程对学生进行教育。如果没有价值，也就没有必要开设这门学科课程了。那么，我们所教学科的价值是什么？魅力何在？如何才能在教学中体现学科的价值，让学生领会学科的价值和魅力？这是每一位学科课程的教师都应该好好思考并认识清楚的问题。

（三）让学生喜欢学科

每门学科在有价值、有魅力的同时，也是不容易学习和掌握的。如果容易学习

---

[1] （德）第斯多惠.德国教师培养指南[M].袁一安,译.北京：人民教育出版社，2001：44.

与掌握，就不需要专门设立课程来教授了。作为一名学科教师，也要充分认识要教好某门学科是很困难的。如果学习起来没有困难，学生自学就能够解决的话，也就不需要教师来教了。作为教师，如何才能让学生克服学科学习的困难，充分掌握学科知识与能力，并在实践中运用学科知识与能力呢？这也是每位学科教师要清晰认识的。教师的作用和价值，就体现在要引导学生对所教的学科产生兴趣，让学生喜欢所教学科，并且掌握所教学科的内容。

案例1-8　　要赢得学生的思想和心灵[①]

在有优秀的数学教师任教的学校里，数学便成为受人喜爱的、最有趣的学科，许多学生卓越的数学才能便得到显露。如果一个有才华的生物学教师来到了学校，你瞧吧，经过两年，生物学就会成为学校里受人喜爱的学科，会涌现出上十个有才能的少年生物学家，他们非常热爱植物，醉心于学校园地上进行试验和研究。

怎样才能使学生爱上所学的学科呢？苏霍姆林斯基认为："热爱自己学科的教师，具有一种非常宝贵的品质。他不仅向学生传授实在的知识，而且唤起他们的求知思想。所有努力用知识和对科学的热爱来进行教育的教师，都力求做到这一点。他们把自己的个性对学生的影响，看作是一个人把自己的智慧、清晰的脑力、根深蒂固的求知欲和需求留给另一个人。上课时似乎在必要的知识和超出教学大纲范围的知识之间架起了一座小桥，教师引导学生在这座小桥上走——只有在这种情况下，教育者的个性对受教育者的个性的教育影响才能达到高水平。……只有当学生产生了想要比在课堂上获得更多知识的愿望，这种愿望成了推动他学习和掌握知识的一个主要刺激因素时，教师才能成为知识的明灯，因而也成为教育者。"[②]

学生是否喜欢一门课程、喜欢一个学科与教师有着直接的关系。教师教得好，学生喜欢这位教师的课，也就喜欢甚至热爱上了这门课程、这个学科。苏霍姆林斯基认为："你的学生愈是深深地爱上你所教的科目，你这个教师也就愈优秀，在你个人身

[①] 蔡汀，王义高，祖晶. 苏霍姆林斯基选集（五卷本）第2卷［M］. 北京：教育科学出版社，2001：612.
[②] 蔡汀，王义高，祖晶. 苏霍姆林斯基选集（五卷本）第2卷［M］. 北京：教育科学出版社，2001：716.

上育人者和教书者也就愈加有机地结合在一起。"① 让学生喜欢上自己所教学科、爱上所教学科是教育成功的一个标志。苏霍姆林斯基还说:"使学生认为你所教的课程最有趣味,使尽可能多的学生如渴望幸福一样渴望在你向他们讲基础知识的这门科学领域里有所创造,你要把这件事看作自己的光荣。"② 这样才能赢得学生的思想和心灵。因此,教师还需要研究如何才能引导学生认识学科的价值、体会学科的魅力,使学生感到"你所教的课程最有趣味"。这也是教师对学科认识与教学实践的重要方面。

综上所述,教育是爱的事业。教师对教育事业的热爱表现在热爱教师职业、热爱所有学生、热爱所教课程三个方面,每个方面的爱可以从情感之爱、理智之爱和行动之爱三个维度来体现(见表1-1)。一个人如果具有了对教育事业的热爱,他就具备了成为一名教师的一项基本条件,就可能成长为一名合格的,甚至优秀的人民教师。

表1-1 热爱教育事业的表现

内容 维度	热爱教师职业	热爱所有学生	热爱所教课程
情感之爱	具有从教愿望	愿意亲近学生	热爱所教的学科
理智之爱	认同教师职业	发展看待学生	认识学科的价值
行动之爱	愿为教育付出	关心爱护学生	让学生喜欢学科

第二节 教师工作内容

教师工作内容是指教师在日常工作过程中所做的主要事情。一般而言,教师的日常工作主要包括如下几方面的内容:教学准备、课堂教学、批改作业、辅导学生、教学研究、教学测评、其他工作等。

---

① 蔡汀,王义高,祖晶. 苏霍姆林斯基选集(五卷本)第2卷[M]. 北京:教育科学出版社,2001:718.
② 蔡汀,王义高,祖晶. 苏霍姆林斯基选集(五卷本)第2卷[M]. 北京:教育科学出版社,2001:613.

一 教学准备

教育教学是有目的、有计划、有组织的活动。它的目的性、计划性和组织性主要体现在教育前和教育过程中的充分准备上。教学准备，即备课，是教师为课堂教学而进行的各种准备活动。舞台演出讲"台上一分钟，台下十年功"，教育教学也要如此，不过这个"台"是讲台而已。没有准备，教学就很难取得良好的效果，甚至会出现负面影响。因此，教师要高度重视教学准备，并尽力做好各种准备。教学准备从准备时间的角度看，有长时准备和临时准备。

长时准备，主要是教师基本功、教师素养的准备。这需要教师在生活和工作中，加强日常的学习与练习，如板书的练习、口语表达的练习、广泛的阅读、良好习惯的养成、个人素养的提升等。常言道："台上一分钟，台下十年功。"对于登台演出的演员如此，对于在讲台上讲课的教师而言，又何尝不是如此呢？教师需要在日常生活和工作中，不断提高自身各方面的素养，为教学打下坚实的基础。这是教师工作的特性所决定的工作内容之一。

临时准备是临上课前对具体教学内容的准备。临时准备从内容的角度来看，主要分为如下几方面：备课标、备教材、备学生、备教法、备资源等。备课标，就是研讨课程标准，明确课程标准对具体教学内容的规定与要求，以使具体的教学更加符合课程标准的要求。备教材，主要是仔细研读课文或课题，全面深入地把握教材内容。备学生，主要是把握学生的学情，特别是学生对本课所学内容的掌握情况与学习的困难等。备教法，就是考虑使用何种教学方法才能达到良好的教学效果。备资源，就是根据教学目标和内容等开发和利用相关的资源以使教学达到最佳效果。良好的教学基于教师精心的准备，因此教师要有时时备课的思想，有随时开发教学资源的意识，时刻为教学准备着。

案例1-9　　每堂课我都准备了一辈子[①]

一个在学校工作了33年的历史教师，上了一堂题为"年轻苏维埃人的道德理

---

① 蔡汀，王义高，祖晶. 苏霍姆林斯基选集（五卷本）第2卷［M］. 北京：教育科学出版社，2001：561.

想"的观摩课。区训练班的学员和区教育处视导员出席了这堂课。这堂课上得非常出色。原来训练班的学员和视导员打算在上课的过程中做一些笔记,以便课后提意见,但他们都忘记做笔记,他们和学生一样,屏息坐着,听得入了迷。

课后一位邻校的教师说:"是啊,你把心交给了学生,你的每一句话都具有巨大的思想威力。请问,你花了多少时间来准备这堂课?可能不止1小时吧!"

那位教师回答说:"这节课我准备了一辈子,而且,一般地说,每堂课我都准备了一辈子。但是,直接针对这个课题的准备,也可以说是教研室里的准备,则仅花了约15分钟。"

这是苏霍姆林斯基在其著作《给教师的100条建议》中记载的一位教师终身备课的故事。这位教师用一辈子的时间来备课,就是典型的长时备课;而他在上课前准备的15分钟则属于临时准备。好的教学,既需要长时准备,也需要临时准备,是两者的结合。

二 课堂教学

课堂教学是教学准备的具体体现,是教师工作最基本也是最重要的内容,学生学习质量的高低,很大程度上取决于教师课堂教学的效果。课堂教学是教师发挥教学主导作用,学生发挥学习主体作用的过程,是师生交流对话的过程。

课堂教学,是教师在课堂上指导学生学习的活动,一般由导入新课——讲授新课——巩固练习——拓展运用——结课——布置作业等环节构成。对每一个教学环节都应精心准备,细心实施,以期达到良好的教学效果。

三 批改作业

批改作业是教师的一项日常工作。《学记》云:"时教必有正业,退息必有居学。"这里的"居学"就是指家庭作业。课堂教学之外,教师往往会布置一些课外作业。课外作业是学生巩固课堂所学、拓展学习视野、预习将学课文的重要内容。教师不仅要给学生布置作业,还要批改作业。

学生作业的批改要及时、全面、细致。

作业批改及时的基本要求是，当天收的作业当天就要进行批改。因为作业往往是当天批改，次日发还学生。如果当天不批改，第二天就不能及时发还学生，如果作业上交很长时间，不能及时发还给学生，就会影响作业的效果。

作业批改要全面，有两层意思。一是就批改作业的内容而言，所有作业的内容都要批改到，尽量不要部分批改，部分不批改。当然，如果要训练学生自我修改的能力则不受此限。二是就批改作业的对象看，每一个学生的作业都要批改到，不能有的学生批改，有的学生不批改。

作业批改要细致，就是教师以严谨的态度，认真仔细地批改作业，尽量做到"逢错必改"（需要学生自改的不在此列）。如果学生作业有错误，教师没有改出来，那么学生可能会认为自己错的地方是对的，会误导学生。因此，教师对作业的批改必须要细致。

批改作业，不仅能帮助学生改正错误、指导方向，也是教师了解学情、反馈教学的重要方式。通过批改作业，教师可以发现每个学生的具体学习情况，而且可以整体把握全班学生对所学内容的掌握情况，还可以从中发现自己教学中没有讲清楚、没有讲到位的地方。在此基础上，教师可以反思自己的教学，进而提出措施改进教学。因此，作业批改的过程，也是学情把握的过程，同时是教学反思的过程。

四 辅导学生

辅导学生，指课堂教学之外，教师对学生课程学习、个人发展、团队活动等的指导。辅导学生，包括辅导学生功课、指导学生课外活动等。辅导学生功课，包括解答学生学习上的问题、为学困生或落下课的学生进行补课等。指导学生课外活动，就是指导班级或学校里的学生社团举行文艺活动、体育活动、娱乐活动等。

辅导学生，不是教师的额外工作，而是教师的分内之事。教师不能只把课堂教学看作是主要工作，而把课外辅导看作是附属工作，要像对待课堂教学一样对待课外辅导。因为它也是育人的重要方式和途径，也是育人工作的重要组成部分。

五 教学研究

教学研究，是教师对教育教学问题和现象展开探究的活动。教学研究不仅是教师专业发展的必由之路，也是良好教育教学的基础和前提。好的教育教学必须建立在研究的基础之上。教师要研究学情、研究教材、研究教法、研究教学创新等各方面的内容，只有进行深入的教育教学研究，才能有针对性地进行有效的教育教学。

教学研究从研究主体的角度，可分为个人研究与集体研究。个人研究，是以一己之力对教育教学中存在的问题与现象进行研究。其研究的结果有记录教育教学现象、写教育教学随笔、写教学反思、写教学论文等。集体研究，是以研究小组或教研组等组织为主体，多位同事合作对教育教学中存在的问题与现象进行研究。集体研究的方式包括共同备课、集体讨论、课题研究等。

六 教学测评

教学测评是指对学生学业成绩或教学效果的测量评价，其中主要是指学生学业成绩的测评。从教学时间上来分，学业成绩测评有单元测评、期中测评、期末测评等。学生学业成绩的测评主要是通过考试的方式进行的。

在教学测评时，教师的工作主要有出试卷（统考时往往会由区县的教研员负责此项任务）、监考、批阅试卷、统计分数、考试结果分析、考试分析讲评等。

七 其他工作

除上述基本工作外，教师还有一些其他工作，如协助领导同事完成相关工作、家访或与家长沟通、参加业务培训学习、组织学生课外活动等。有的教师还要兼任班主任，从事班主任工作等。其他工作也是教师工作的组成部分，需要教师积极配合好、完成好。

第三节　教师基本职责

教师基本职责是指教师在日常工作过程中所担负的教育使命。教师的日常工作就是为了完成这些教育使命。我们常说，教师的工作就是要"教书育人"，这是对教师职责的一种认识。当然，关于"教书育人"还可以有两种不同的认识。一种认识是"教书与育人",把"教书"与"育人"并列起来看,即教师的工作有两项:一项是教书,主要是指传授学科知识和技能;一项是育人,主要指对学生进行思想品德教育、意志教育、行为规范培养等。另一种认识是"教书以育人",即"通过教书来育人",教书是育人的手段,育人是教书的目的。其实,不论哪种理解,教师的基本职责都是帮助学生成长、促进学生成长。要想做好这些方面的工作,必须要激发学习动机、传授基础知识、培养基本能力、培育思想品德、促进行为养成、提高人文素养。这几个方面是任何学科的教师都要担负的基本职责。

激发学习动机

一个好的教师必定是一个善于激励学生的教师。从动机激发的角度看,教师要善于运用各种方法激发学生的学习动机。学生的学习动机,可以分为学习的兴趣和学习的志向两个方面。

学习的兴趣是指学生学习具体的课程内容时所产生的愿意学习的积极心态。孔子说:"知之者不如好之者,好之者不如乐之者。"(《论语·雍也》)苏霍姆林斯基认为:"孩子在教学过程中产生的真正激情,在培养学习愿望方面起着巨大的作用。教师的任务是坚持不懈地发展孩子对学习的真正满足感,以便使孩子产生和确立热切希望学习的情感状态。"[1]兴趣是最好的老师。学生具有学习的兴趣,才具有学习的积极性和主动性,才能学好所学的内容。然而,学生并不总会对所学的内容感兴趣,甚至会厌烦所学的内容。此时,就需要教师想方设法激发起学生学习的兴趣,从而使学生更好地掌握所学的内容。这是教师应尽的一份职责。然而,有的教师只管自己的教学,却不顾及学生的学习兴趣,这是没有尽职尽责的表现。

案例1-10 教师最大的失败[2]

一位外国著名数学教育家曾经说过:"数学教师最大的失败,就在于把学生都教得讨厌数学。"这句话讲得非常深刻。数学教师最大的失败为什么不是把学生教得考

---

[1] 蔡汀,王义高,祖晶.苏霍姆林斯基选集(五卷本)第5卷[M].北京:教育科学出版社,2001:1.
[2] 裴跃进.教学名家卓越智慧[M].北京:北京师范大学出版社,2013:76.

"零"分呢？因为考"零"分还有挽回的可能，换一位教师就可能会有所改变，如果教得学生"讨厌数学"了，他看到数学就头疼，见数学符号就害怕，他还怎么继续学习中学数学和高等数学呢！这就害了孩子的一生。

其实，不止数学如此，其他学科亦然。如果教师把学生教得讨厌这门学科，那这个教师的教学就彻底失败了。因此，培养学生的学习兴趣、培养学生对学科的兴趣，是教师一项十分重要的任务，甚至是首要任务。

学习的志向则是指学生长远的学习动力。宋代学者朱熹说："百学须先立志。"远大的志向是持续学习的动力、不懈进取的源泉。毛泽东出门求学时在他父亲的账本上题诗道："男儿立志出乡关，学不成名誓不还。"周恩来则在13岁的时候就立下"为中华之崛起而读书"的远大志向。青年时期的远大志向是激励他们不断进取并最终取得伟大成就、成为伟大人物的重要力量。作为教师，不仅要善于激发学生学习具体课程内容的兴趣，还要善于激发学生树立远大的理想，使之形成远大的学习志向，并为达志向而不懈努力。

 传授基础知识

向学生传授基础知识是为学生发展打下坚实基础必不可少的内容。基础知识有两层含义，一是指学科知识系统中处于基础地位的那部分知识，二是指为学生的全面发展和终身发展打基础的知识，指学生必须掌握的课程标准中规定的关于自然、社会和人类思维的基本知识。教师既需要向学生传授学科的基础知识，也需要向学生传授对其全面发展和终身发展有用的基础知识。有时这两者是一回事，有时则会有差异，即全面发展和终身发展所需要的知识，可能会大于学科的基础知识。这就需要教师根据学生的发展需要，有针对性地选择基础知识进行传授。

案例1-11　　　　在基础知识上多下功夫[①]

这是一个很细致的工作，涉及学生的每一个进步。基础打不牢，就得老是修修补

[①] （德）第斯多惠.德国教师培养指南［M］.袁一安，译.北京：人民教育出版社，2001：151.

补，时时提心吊胆，生怕整个建筑会有一天倒塌下来。在基础教育上教师要是马马虎虎，浮皮潦草，将会造成严重的恶果。因此我们要求教师对基础教材应反复讲解，让学生反复练习，否则就不能保证学生的进步，而学生也会因此无所适从，从而盲目学习，将会对作业和教师失去信心，最后丧失了学习兴趣。教师应当勤快，讲究实际，要不厌其烦地鼓励学生反复练习和巩固基础知识，把学生练得个个都能努力学习，奋发向上。

以上是第斯多惠对教授基础知识给教师的建议，表明了他对打好学生基础知识重要性的认识和重视。

对基础知识的传授，教师要达到"活学活教"，学生要达到"活学活用"，使知识内化为学生能力的基础、素养的要素，内化为自身的力量源泉。

三 培养基本能力

基本能力是指对学生的发展起到奠基作用的能力，比如阅读能力、写作能力、交际能力、计算能力、信息处理能力、独立思考能力、创新能力、实践能力等。教师要通过所教课程培养学生的基本能力，为学生的发展打下良好的基础。不注意学生基本能力的培养就会出现"高分低能""有学历，没能力"的情况。因此，教师须注重对学生基本能力的培养。基本能力的培养需要学生反复练习和不断实践，这就需要教师掌握能力形成的规律，给学生能力练习的时间与平台，使学生在练习与实践中逐渐形成基本能力。

四 培育思想品德

教育要培养"德才兼备"的人。"德"主要是指一个人的思想品德。"才"主要是指一个人的能力才干。"有德无才"，难成事；"有才无德"，做坏事；"无德无才"，是祸害；"德才兼备"，做大事。立德树人，是教育的根本任务。在教育过程中，要坚持"德育为先"的原则，把德育摆在教育的首要位置。《中华人民共和国义务教育法》第三十六条指出："学校应当把德育放在首位，寓德育于教育教学之中，开展与学生年龄相适应的社会实践活动，形成学校、家庭、社会相互配合的思想道德教育体系，促进学生养成良好的思想品德和行为习惯。"可见，培育思想品德是教师的一项重要职责。

案例1-12　　　教师要促进人类的道德[①]

教师的主导思想就是促进人类的道德。教师要把全部精力献给这一高尚的事业，要让这种高尚思想牢固树立在心中。教师的这种高尚思想不应当是脑子里虚构出来的东西，而应当变成教师的新骨肉。教师不是得到这种思想，而应为这种思想所占有。这是做教师的特性。教学已经变成了教师的生活和食粮，教师以教学为本。教学工作在教师身上应变成得心应手的本领，把自己的精神标志刻印在学生身上，这是理所当然的。教师怎样在教学中找到乐趣，学生也就怎样幸福地赞扬教师。

以上是第斯多惠对教师工作的一种认识。在他看来，教师应该把全部的精力用来促进学生的道德发展，把自己的精神标志刻印在学生身上。可见，他对教师德育工作是非常看重的。

思想品德教育，不只是思想品德课程的任务，不只是思想品德课程教师的任务，也不只是班主任的任务，而是每一门课程、每一位教师的任务。教师要结合自己所教课程对学生进行与课程内容相应的思想品德教育，要结合学生的日常行为表现和思想状况，对学生进行适宜的思想品德教育。总之，教师要通过所教课程、班会、课外活动、思想教育等对学生进行思想品德的培育。

五　促进行为养成

学生养成教育，就是培养学生良好行为习惯的教育。养成教育既包括正确行为的指导，也包括良好习惯的培养。养成教育首先体现在外部行为训练上，学生行为规范了、改变了，好的养成教育也就见效了。养成教育可以以培养"学生规范行为、学会负责"为切入点，改善学生的外在行为，培养学生的内在品质，养成良好的学习和生活习惯。习惯的养成需要一个长期的过程，因此也需要教师对学生的习惯养

---

① （德）第斯多惠.德国教师培养指南［M］.袁一安，译.北京：人民教育出版社，2001：187.

成常抓不懈，直至学生形成稳固的习惯。

 提高人文素养

人文素养主要表现为一个人所具有的文化底蕴、审美素养、人文情怀等内容。人文素养是人的整体素养的重要构成部分，人文素养教育是教育的重要甚至核心构成部分。不注重人文素养的提升，就会出现"有知识，没文化""有学历，没素质"的情况。因此，人文素养教育绝不是可有可无、无关紧要的，培养并提高学生的人文素养是教师工作的一项重要职责。人文素养内容是每门课程都具有的，教师要在教育教学中展示所教课程的文化底蕴及其审美要素等内容，促进学生整体文化底蕴、审美素养、人文情怀等的提高。

第四节 关注学生成长

苏霍姆林斯基说："只有那些始终不忘自己也曾是一个孩子的人，才能成为真正的老师。"[1] 教师不忘记自己也曾是一个孩子，才能在教育教学工作中理解学生，关心爱护学生。教师关心爱护学生，这是教育法律法规的要求，教师职责的要求，教育工作的要求。

 关爱学生

教师关爱学生，既要关心学生当下的状态，也要关心学生未来的发展。爱护学生就是爱护学生的身心发展，其中，特别要注意爱护学生的自尊心、好奇心、自信心等，促进其心理健康发展。

（一）关心学生当下的状态

学生当下的状态是指学生现阶段身体和心理发展的状况。学生是生活在当下的

---

[1] 裴跃进.教学名家谈成长［M］.北京：北京师范大学出版社，2013：16.

人，身心具有当下的发展需求，然而有时教师却忘记了学生当下的状态，为了学生未来的发展而牺牲了当下合理的生存状态，比如大量的作业挤压掉了必要的睡眠时间，高强度的学习任务占据了本应游戏玩耍的快乐。

关心学生当下的状态，要求教师回归现实，回归当下，关心学生当下的生存状态和生命状态，特别是学生的身体状态和心理状态。教师要多想一想下面的问题：学生的身体发育正常吗？睡眠量够吗？饮食合理、健康吗？学习有压力吗？只有真正关心学生的人，才能发现学生学习、生活中的压力，主动地帮助学生减轻负担，促进学生的身心健康成长。

（二）关心学生未来的发展

教育要为学生未来的发展打下坚实的基础，这就要求教师要把学生未来的发展放在重要的位置。然而，在实际的教育中，却出现了只关注学生当下状态，而忽视学生未来发展的情况。其突出表现就是只对学生进行应试教育，而忽视了对学生的素质教育。教育最怕的是急功近利，教育急功近利的结果是牺牲学生未来的发展。应试教育只关注学生当下的状态，而牺牲学生未来的发展潜力，其结果是学生可以考一时的高分，甚至考入名牌大学，但缺乏发展潜力。

关心学生未来的发展，就要立足当下，放眼未来，注重对学生进行素质教育，加强基础知识、基本技能的培养，加强行为习惯的养成教育，培养学生多方面的兴趣爱好，促进学生全方位、多样化地发展。

关心学生当下的状态与未来发展，二者是不矛盾的。当下的健康发展是未来发展的基础，未来发展不应以牺牲当下的身心健康为前提。正确处理好二者之间的关系，是促进学生健康成长的重要保障。

（三）爱护学生的自尊心

每个人都有自尊心。有的人自尊心还很强，稍不注意可能就会受到伤害。教师一定要注意保护学生的自尊心。苏霍姆林斯基说："教师的最细致、最艰巨的任务之一，就是爱护并发展孩子的自尊感。"[①] 这就需要教师特别注意自己的言行，有时教师的无意之举，都会在学生心里掀起轩然大波，给学生的自尊心造成伤害。

---

① 蔡汀，王义高，祖晶. 苏霍姆林斯基选集（五卷本）第4卷［M］. 北京：教育科学出版社，2001：561.

案例1-13　　　　　　谁是最漂亮的女孩？[①]

有一次，我听一位颇有影响的老师的课。课上得不错，可见他教学功底的深厚。唯有一个提问，成了这节课一处不可原谅的败笔。老师提问时指着后面的孩子说："这个问题，请后面那位漂亮的女同学回答。"听课的老师们不约而同地投去目光，在孩子中寻找那个"漂亮"的女孩子。一个女孩子站了起来，正欲开口回答老师的问题……老师连忙用手势制止了她："你不是最漂亮的，我指的是你后面穿粉红衣服的那位女同学。"这个站起来的女孩子羞愧得无地自容，满面通红地坐下，趴在书桌上好长一段时间……听课的老师们有的在窃窃私语，有的抿嘴笑，有的左顾右盼……一种不可言状的难受突然袭上我的心头。后面的课虽然很精彩，可是小女孩那羞愧的面容却时时浮现在我的眼前，久久不去……

在每个女孩的心目中自己都是最漂亮的那一个。教师的提问指向模糊，导致女孩站了出来。"你不是最漂亮的"，也许这是教师不经意的说法，但它却像一盆冰冷的水，无情地扑灭了学生未知的火焰，像一把刀子，深深地刺伤了学生的自尊心。教师要特别注意保护那些"不漂亮的""回答不出问题的""永远比别人慢一步的"学生，让他们在全班同学面前能够体面地学习。这不仅是教师爱学生的表现，也是教师的职责所在。

案例1-14　　　　　　让孩子高举起右手吧[②]

据《解放日报》2001年4月10日报道，记者在河北省安国市采访，听一位老师讲了一件事。一天上课，他向学生提问，突然发现一个学习成绩最差的学生也跟着大家一起举起了左手。然而当他要这个孩子站起来回答时，却一个字也答不上来。下课后他把这个学生叫到办公室，问他为什么不会也举手时，这个孩子哭着说："老师，别人都会，如果我不举手别人会笑话我的。"孩子的回答使这位教师陷入深深的歉疚，其实每个学生都有强烈的自尊，这种自尊容不得丝毫的忽视。于是老师与这

[①] 曹长德.教育学案例教学[M].合肥：中国科学技术大学出版社，2008：91.
[②] 林华民.世界经典教育案例启示录[M].北京：农村读物出版社，2003：116.

位学生悄悄地"约定",今后老师提问时,你如果会回答就举左手,不会就举右手。此后,每当看到这个学生举起左手时,老师都努力给他机会让他答题;他举右手时,就不让他站起来回答。一段时间后,这个成绩最差的学生变得开朗了,学习也有了很大的进步。这位教师把这个方法也告诉了班里其他几个成绩不好的学生:"不会时,请举右手吧。"结果,这些学生都有了很大的进步。

苏霍姆林斯基说:"孩子将永远赖以自立的是他的智慧、良心、人的尊严,教师在影响学生的内心世界时不应挫伤他们心中最敏感的一个角落——人的自尊心。"因此,教师要像保护自己的眼睛一样保护学生的自尊心。要知道,最残忍的伤害莫过于对学生自尊心的伤害,最大的帮助莫过于给学生以支撑人生自信风帆的信任和赞美。

案例中的老师是一位有教育智慧的老师,他与学生的"举手约定",保护了学生的自尊心,从而激发起他们的上进心,并使学生都有了很大的进步。这就是教育的力量,就是保护学生自尊心的结果。

(四)爱护学生的好奇心

学生正处在求知欲旺盛的阶段,也正是好奇心旺盛的阶段。他们对很多未知的事情都充满了好奇。在好奇心的驱使下,他们就想去动一动、试一试、尝一尝,而在这个过程中,难免会犯错误。此时,教师要认识到学生犯错误是好奇心驱使的结果,学生犯错误是成长过程中的一种正常现象,不能因为学生犯错误而大加批评,要善于发现学生犯错误中所隐藏着的好奇心。好奇心是打开未知世界的钥匙。一个人没有了好奇心,也就很难有探索未知的欲望和动力。教师保护好学生的好奇心,就保护了学生对未知探索的动力源。

案例1-15   **麦克劳德杀狗**[①]

在英国的亚皮凡博物馆中,有两幅藏画格外引人注目。其中一幅是人体骨骼图,另一幅是人体血液循环图。原来,这两幅画的作者竟是一个叫麦克劳德的小学生。

---

① 林华民. 世界经典教育案例启示录[M]. 北京:农村读物出版社,2003:91-92.

麦克劳德从小充满好奇心，凡事总喜欢寻根究底，不找出答案誓不罢休。有一天他突发奇想，想看看狗的内脏到底是什么样的，于是便和几个小伙伴偷偷地套住一只狗，将其宰杀后，把内脏一个一个割离，仔细观察。没想到这只狗正是校长的宠物犬。对这事，校长十分恼火，感到如果不严格惩罚，以后还不知道会干出什么出格的事。经过反复思考后的校长做出了这样的处罚决定：罚麦克劳德画一幅人体骨骼图和一幅血液循环图。知道惹下大祸的麦克劳德决心改过自新。于是他按照校长的要求，认真仔细地画好了两幅图。大度的校长看后很满意，不但对杀狗之事既往不咎，还大大夸奖了麦克劳德一番。

后来，麦克劳德成为一位著名的解剖学家，还与班廷医生一道研究发现了用胰岛素治疗以前人们认为不可治的糖尿病的方法，并获得1923年诺贝尔生理学或医学奖。

老校长对小麦克劳德的处罚方法是巧妙而充满爱心的。不仅让麦克劳德认识到错误，又保护了他的好奇心，还给他一次学习生理知识的机会，连一只狗的尸体也派上了用场。如果当初老校长简单粗暴地严厉批评，让小麦克劳德当众检讨，并通知家长支付赔偿金，那就有可能把麦克劳德的好奇心一同罚掉。

与好奇心相关的是进取心。进取心是人追求积极上进的一种心理趋向。学生是处在发展状态中的人，他们的求知欲很强烈，进取心也很强烈。教师要爱护好学生的进取心，激励他们不断自我超越。

（五）爱护学生的自信心

自信心是人成功的重要力量。教育要培养学生的自信心，爱护学生的自信心。教师不仅要对学生抱有信心，而且要给予学生信心。教育要让学生相信自己，给予学生自信的力量，让他们有强大的内心力量，让他们内心有"强大的自我"。给予学生自信心就是给予学生面对困难、挫折、失败、苦难的力量，给予他们百折不挠的力量。教育不仅要让学生相信自己，还要让学生相信真善美、相信正义、相信人类社会的发展、相信美好的明天。这是他们可以面对人生、面对社会、面对未来的更为深刻的力量。

对教育而言，最怕的就是教师对学生失去了信心。当教师不再对学生抱有信心、抱有期望时，也就放弃了对学生的教育。而当教师放弃对学生的教育时，也就意味着放弃了自己的职责,放弃了自己的努力,教育也就失败了。教育信心的放弃,是教师的一种自我放弃,是教育的一种自我放逐。当教师放弃教育信心时,教师存在的价值就不复存在。永远抱有教育的信心,对教育的力量坚信不移,这应该成为教师的职业天性。

自信心的养成,从来都是在点滴之间逐渐形成的。因此,教育信心的培养,也需要逐渐形成。自信心,从来都不是建立在虚妄的基础之上,而是建立在实力和实绩的基础之上,建立在深刻的"我能行"的信念之上。因此,教师要能够看到学生身上的优点、闪光点,多鼓励学生,给予学生自我完善的机会,充实他们的实力,从而使学生形成"我能行"的信念。

案例1-16　　　　　**鼓励想退出的学生继续前进**[①]

在法律课教学中组织学生表演一个有关"侵犯消费者权益"的小品。经过学生间的相互推荐,选定了几位同学担任小品的表演角色。在编排小品时,一个学生忽然来找老师,说自己学习成绩不好,担心自己不能演好小品中的角色,会让同学笑话,让老师失望,要求退出。对此,老师没责怪他,也没同意他退出,而是指出他的闪光点,表扬他的诚实好问,鼓励他能表演好。这样,在老师的鼓励下,该学生打消了退出的念头,并在表演中成功扮演了角色,获得了同学的称赞。后来这个学生在学习中很努力,成绩明显上升。

案例中的教师面对想退出的学生,没有责怪,也没有同意其退出,而是给予了鼓励,打消了学生的顾虑,坚定了学生的信心,不仅使他在演出中获得成功,而且使他对学习也更有信心。这就培养、爱护了学生的自信心。

不论是教师本人对教育的信心,还是对学生自信心的培养,都要经过一个渐进的过程。教师对教育怀有信心,对学生怀有信心,那么学生也将会对自己怀有信心。教师的信心对学生自信心的成长具有重要的影响作用。教师要看到自己的教育信心的重要力量。教师满怀信心去进行教育,教育因此也将充满了信心。

---

① 刘静.政治课心理健康教育策略探究[J].教育艺术,2013,(03):68.

二 尊重学生

苏联教育家马卡连柯说:"如果有人问我,怎样以简单的公式概括我的教育经验的本质时,我就回答说:要尽量多地要求一个人,也要尽可能地尊重一个人。""我们向每个人提出严格的、切实的和一般的要求,但在另一方面,我们对个人也表现出极大的、有原则的尊重。这就是把对个人的要求和对个人的尊重结合起来,这二者并不是两件不同的事,而是一回事。"[1]马卡连柯很好地阐释了教育中对学生严格要求与积极尊重的辩证关系。

教育中有一句口号叫"尊师爱生"。这句话可以作为并列关系来理解,即学生要尊敬老师,老师要爱护学生;也可以作为互文关系来理解,即学生要尊敬爱戴老师,老师要尊重爱护学生。我们以为,作为互文关系来理解可能更好一些。师生关系正常、健康发展的一个重要前提就是相互尊重。不仅学生要尊重老师,老师也要尊重学生。因为在教育关系上,教师占有更多的主动权,所以在相互尊重上,应该对教师尊重学生有更高的要求。教师尊重学生的行为,本身是一种教育力量。因为尊重学生本身也是对学生进行尊重教育,学生在被尊重中学会尊重。教师尊重学生就是尊重学生的人格、意愿和行为等。

(一) 尊重学生的人格

《中华人民共和国义务教育法》第二十九条指出:"教师应当尊重学生的人格,不得歧视学生,不得对学生实施体罚、变相体罚或者其他侮辱人格尊严的行为,不得侵犯学生合法权益。"可见,尊重学生人格,对教师而言,不仅是道德要求,而且是法律要求,是教师依法执教的必然行为。

虽然师生之间在年龄上、在经验上、在知识能力上存在很大差异,教师在这些方面都比学生占有优势,甚至是绝对优势,但在人格上师生之间是完全平等的。虽然,学生是未成年的小孩子,但他们也是一个完整的人,具有受人尊重的完整的权利。因此,教师要尊重学生的人格,不能有讽刺、挖苦、辱骂、殴打等有损学生人格的行为。

---

[1] (苏) 马卡连柯. 马卡连柯教育文集(下卷)[M]. 吴式颖,等,编. 北京:人民教育出版社, 2005:402.

（二）尊重学生的意愿

学生是有个人独立意志的人，学生有自己的独立思想，对事物有自己的独立认识。这些认识或许幼稚、不成熟，但是代表了学生的意愿。在教育教学的过程中，教师要尊重学生的认识，尊重学生的意愿，哪怕是幼稚的认识、不成熟的意愿。教师可以慢慢地教育引导他们，但不能粗暴地否定、打击他们。

（三）尊重学生的行为

每个人都是独特的、个别的。人与人之间是有差异的，学生会有不同的性格、不同的爱好、不同的能力等，也会有不同的行为。学生的行为是其性格、爱好、能力、意愿等的表现，是学生"人之为人"的组成部分。因此，教师也要尊重学生的行为，特别是那些与教师自己的认知、与一般人的行为不同的行为。要理解学生行为背后的背景、动机、意义等。尊重学生的行为，不等于说对学生不当的行为听之任之。教师要对学生的行为进行全面的认识、辩证的分析，如果确实发现学生出现不当行为，要在尊重其人格的基础上，对其不当行为进行教育纠正。这是教师的职责所在、作为所在。

三 平等对待学生

教育公平是社会公平的基础，国家十分重视促进教育公平。《中华人民共和国义务教育法》第四条指出："凡具有中华人民共和国国籍的适龄儿童、少年，不分性别、民族、种族、家庭财产状况、宗教信仰等，依法享有平等接受义务教育的权利，并履行接受义务教育的义务。"《国家中长期教育改革和发展规划纲要（2010—2020年）》中提出："把促进公平作为国家基本教育政策。教育公平是社会公平的重要基础。教育公平的基本要求是保障公民依法享有受教育的权利，关键是机会公平。"促进教育公平既是政府的责任，也是每一位教师的责任。

《中华人民共和国义务教育法》第二十九条指出："教师在教育教学中应当平等对待学生，关注学生的个体差异，因材施教，促进学生的充分发展。"可见，平等对待学生，不仅是教育要求，也是教师依法执教的法律要求。

平等对待学生要遵循"教育公正"的原则。教育公正，在教育活动中的体现就是所有学生都能够获得同样的教育机会。换言之，教育机会对所有学生来说是均等的。教育机会均等，主要包括两个方面，一是入学机会均等，二是教育过程中的机会均等。对教师而言，我们主要面对的是如何在教育过程中把教育机会均等地分配给学生。

平等对待学生，要求教师公正地对待学生，不因学生的性别、民族、种族、地域、经济状况、家庭背景、宗教信仰、身心发展状况等而区别对待。在教育教学过程中，教师要把教育机会平等地分配给每一个学生。

其实，在教育过程中，教育机会不均等的情况是比较多的，有时老师也没有意识到自己在机会分配中存在的问题。比如，点名让学生回答问题时，总是点那些积极举手的学生，点那些学习好的学生。再比如，老师总是找那些朗读得好的学生来范读课文。他们已经朗读得很好了，还让其多次范读，而那些朗读不好的学生永远得不到朗读的机会，得不到机会也就得不到锻炼，得不到锻炼也就得不到提高。结果，就出现了教育中的"马太效应"：好的越来越好，差的越来越差。

目前在我国仍存在一定数量的所谓"差生""学困生""后进生"。他们之所以"差"，是由多种因素造成的，其中重要的一点就是他们参与教学的机会少，不能"平等地"像其他学生一样同教师交往。据研究表明，教师在课堂提问、答复、要求和评价这四种交往行为中，选择交往对象时，均在成绩的好坏、地位的高低、角色的不同等方面存在显著差异。教师比较愿意与学生中的干部、地位高者、优等生交往。这种实际情况，只会使"差生"越来越差，造成恶性循环。如果教师能够给差生提供与其他学生同样的机会，甚至更多的机会，他们会变得更好。

平等对待学生，还要求教师把握好教育公正与因材施教之间的辩证关系。教育过程中为每个学生提供均等的教育机会，这只是教育公正的一个方面。如果把教育公正、公平仅仅理解为给予所有的学生同样的机会、同样的内容，让所有的学生都以相同模式发展，那会牺牲学生的个性潜能的发展。这对具有不同个性、不同潜能的学生来说又是不公正、不公平的。教育公正还有另一面，即不同学生不同个性的发展潜能得到充分开发和发展，这就需要因材施教。

案例1-17　　　　　　　　**面对难不倒的学生**

陈老师正在上地理课，却发现课代表王超这几天心不在焉，还不耐烦地把书翻得哗啦作响。这次陈老师忍不住了，便用提问法来"警告"他一下，没想到一连十来个问题没有难住他，陈老师增加了难度，问题涉及他们未学的内容和课外知识，可王超还是能流畅地答出来。

怎么办？陈老师产生了一个大胆的设想：能否让他不随堂上课，自己利用节约出的时间去查阅资料，研究问题，学习更多的知识呢？

学校非常支持陈老师的想法，对王超实行了单科免修。

从此，每当上地理课时，学校图书馆里多了一位小读者查阅地理资料，研究自己感兴趣的问题，如全球气候的变迁、环境污染等。陈老师呢？工作不但没有减轻，反而更重了：给王超提供相关的课题，指导他查阅相关资料，解答他提出的各种问题，教他撰写小论文。

一个学期下来，王超的小论文《植被保护与资源开发》一文获得全国中学生小论文评比优胜奖。

案例中的学生具有地理方面的特殊才能，面对这种情况，教师采取了集体教育与个别教育相结合的办法，教学既面向全体学生，又注意个别差异，让有特长的学生的特长和积极性得到充分发挥。这就较好地实现了教育公正与因材施教的统一。在教育过程中，教师要把握好教育公正与因材施教的辩证关系，既要把教育机会均等地给予每一个学生，又要根据学生的个别差异给予有针对性的指导，处理好面向全体学生和面向个体发展的关系。

四 对学生宽严相济

教师关心爱护学生，还要求其对学生的教育做到宽严相济。

（一）学会宽容学生

学生是成长中的人，会犯这样那样的错误，教师要认识到犯错误是成长中不可缺少，也难以避免的组成部分。这就要允许学生犯错，宽容学生的错误。当然，宽容学生不是纵容学生。宽容是爱的表现，纵容则会害了学生。教师不仅要善于宽容学生，更要善于变学生的错误为学生成长的资源，善于引导学生从错误中汲取教训，在改错中成长，"吃一堑，长一智"。

（二）严格要求学生

古人云："教不严，师之惰""不以规矩，不成方圆"。在爱的基础上，要对学生提出严格要求。教师如果对学生在学业、行为、习惯等方面不严格要求，则可能会使学生养成不良习惯，造成长期甚至终身的不良影响。"教不严"，不仅仅是教师懒惰的问题，更是教师失职的问题。因此，学生应该做到的应要求学生必须做到，绝不放过。只有严格要求学生，学生才能沿着正确的方向成长。也有言说"严是爱，宽是害"，就是说严格要求学生，有时看上去很难接受，实际上对学生来说是一种保护，一种爱；无原则地宽容学生、放松学生，当时看上去可能是好的，但却会给学生的成长带来危害性的后果。

（三）把握宽严尺度

"宽"和"严"之间存在着辩证关系。关心爱护学生就要宽严结合，宽严相济，既要宽容学生，又要严格要求。苏霍姆林斯基说："教师既要激发儿童的信心和自尊心，又要对学生心灵里滋长的一切不好的东西采取毫不妥协的态度。真正的教育者就要把这两方面结合起来。这种结合的真谛就是教师对学生的关心。"[①]这样的教师才是好教师。一味地放纵学生和一味地严格要求学生，都是不对的。教师要把握好何时该严，何时该宽，把握好宽严之间的尺度，这样才能使学生理解教师的苦心，使学生受到教育，保证学生健康成长。

第五节　从教的责任心

责任重于泰山。教师的责任重大，教师肩负着为祖国培养人才的重任，为学生终身发展打基础的重任，为学校长远发展而努力的重任，为获得家长认同、赢得家长信任的重任，当然也有为自己个人声誉而努力的重任。

---

① 蔡汀，王义高，祖晶.苏霍姆林斯基选集（五卷本）第4卷［M］.北京：教育科学出版社，2001：785.

为国家战略发展负责

教育是民族振兴的基石，强国必先强教。因此，国家把教育事业的优先发展提高到国家发展的战略地位。1992年，党的十四大报告中指出："科技进步、经济繁荣和社会发展，从根本上说取决于劳动者的素质，培养大批的人才，我们必须把教育摆在优先发展的战略地位。"在中国共产党的执政历程上第一次明确提出要把教育摆在优先发展的战略地位。1995年通过并实施的《中华人民共和国教育法》指出："教育是社会主义现代化建设的基础，国家保障教育事业优先发展。"1997年，党的十五大报告提出："切实把教育摆在优先发展的战略地位。"2002年，党的十六大报告提出："教育是发展科学技术和培养人才的基础，在现代化建设中具有先导性全局性作用，必须摆在优先发展的战略地位。"2007年，党的十七大报告提出："优先发展教育，建设人力资源强国。"2010年中共中央、国务院印发颁布的《国家中长期教育改革和发展规划纲要（2010—2020年）》再一次强调："把教育摆在优先发展的战略地位。教育优先发展是党和国家提出并长期坚持的一项重大方针。"2012年，党的十八大报告提出："要坚持教育优先发展，全面贯彻党的教育方针，坚持教育为社会主义现代化建设服务、为人民服务，把立德树人作为教育的根本任务，培养德智体美全面发展的社会主义建设者和接班人。全面实施素质教育，深化教育领域综合改革，着力提高教育质量，培养学生社会责任感、创新精神、实践能力。"2017年，党的十九大报告提出："优先发展教育事业"，"建设教育强国是中华民族伟大复兴的基础工程，必须把教育事业放在优先位置，深化教育改革，加快教育现代化，办好人民满意的教育。"2022年，党的二十大报告提出："实施科教兴国战略，强化现代化建设人才支撑。""我们要坚持教育优先发展、科技自立自强、人才引领驱动，加快建设教育强国、科技强国、人才强国，坚持为党育人、为国育才，全面提高人才自主培养质量，着力造就拔尖创新人才，聚天下英才而用之。"由此不难看出，教育已经被摆在优先发展的战略地位，这是国家发展的重要战略决策。

既然教育优先发展是国家发展的战略决策，那么作为一名教师，我们能够做什么呢？

作为一名教师，我们要为落实国家提出的教育优先发展的战略决策、为实现国家的战略发展负责。这就要求我们站在国家战略发展的高度来认识教育，来认识教学，来认识自己的教育教学行为。黄玉峰老师说："教育关乎民族的未来，教师是实施教育的主体，作为为人师表的教师，如果没有独立精神，便没有教育的现代化，便没有民族的未来。"[1]他是从教师要有独立精神的角度来说这番话的，但从中不难看出他对教育的认识，对教师职责高度的认识，即为了教育的现代化、为了民族的未来，教师必须要有独立精神。只有教师拥有了独立精神，才能担负起民族未来发展的重任。于漪老师说，在人生的道路上走了几十年，曲折坎坷，"最牵动我的心的是学生的健康成长，国家的繁荣昌盛"，"读书求知为什么？为明理，为明做人之理，明报效国家之理"。[2]于漪在教书育人的过程中，最关心的是学生的健康成长和国家的繁荣昌盛，并且把两者结合起来，不论是自己读书求知还是教育学生读书求知，都是为了明报效国家之理。可见，她的教育教学也是站在为国家培养建设性人才的高度进行的。

有的教师可能会想、可能会说，国家发展的战略决策、国家的战略发展，这么宏大的事件，是党和国家领导人的事情，我们一个小小的教师能做什么呢？这种想法是没有认识到自己日常的教育教学与国家战略发展之间的关系。国家要优先发展教育，要实施素质教育，怎么优先发展，怎么实施素质教育呢？通过各级各类学校来落实，各级各类学校通过设置不同的专业和课程来落实。不同的课程需要各门课程的教师来落实，各门课程需要具体的一堂堂的课来落实，一堂堂的课需要具体的教学环节和教学活动来落实。我们教师正是负责具体课程、具体教学、具体一堂堂课、一个个教学环节和教学活动的。我们上好了每堂课，教好了每门课程，完成了这门课程的培养目标，我们就为落实和完成由众多课程合力完成的培养目标尽了职责。众多的课程实施了素质教育，合力完成了对各级各类人才的培养，我们也就落实了国家实施素质教育的要求，完成了教育优先发展的战略决策，为国家的战略发展作出了贡献。因此，我们教师日常的教育教学行为，其实就是在为落实国家战略决策，为国家的战略发展在作贡献。我们要站在国家发展的高度来认识自己的教育教学行为，并认真负责地做好我们应做的每一项工作。这就是为国家的战略发展负责。

---

[1] 黄玉峰.教学生活得像个"人"：我的大语文教学[M].上海：上海教育出版社，2011：23.
[2] 裴跃进.教学名家谈成长[M].北京：北京师范大学出版社，2013：11.

二　为学生终身发展负责

基础教育阶段是个人成长和发展的关键时期。这一时期所学习的知识，所打下的底子，对一个人的终身都会产生重要而深远的影响。而这种影响是通过学校教育、通过课程、通过教师的教学来完成的。教师是为学生的全面发展和终身发展奠基的人。我们与学生在一起的时间也就三五年，我们着眼的却是学生今后发展的几十年。因此，在我们的教育教学过程中，不能仅仅关注学生当下的状态，还要着眼于学生的终身可持续发展。

基础教育阶段的教师，要全面落实"素质教育"的方针，为学生的全面发展和终身发展负责。全面发展就是促进学生在德、智、体、美、劳等方面都得到全面的、充分的、自由的发展。《中华人民共和国义务教育法》第三十四条指出："教育教学工作应当符合教育规律和学生身心发展特点，面向全体学生，教书育人，将德育、智育、体育、美育等有机统一在教育教学活动中，注重培养学生独立思考能力、创新能力和实践能力，促进学生全面发展。"全面发展是针对"片面发展"而言的，从消极的角度来说，就是不让学生成为存在重要"缺陷"和"短板"的人。这就要坚决实施素质教育，尽量消除"应试教育"的不良影响。有的教师为了学生能够获得当下考试中的"高分"，而进行"应试教育"，牺牲了学生全面发展的机会，这是不可取的。终身发展就是使学生形成终身学习的意识，具有终身学习的能力，形成终身学习的习惯，获得终身生存的能力，以不断适应社会。

全面发展是从人发展的横向角度而言的，终身发展是从人发展的纵向角度而言的。两者结合就构成了人的发展的全部内容。全面发展是终身发展的基础，终身发展是全面发展的结果。教师要在日常教育教学过程中，着眼于学生的终身可持续发展，促进学生的全面发展，为学生的终身发展奠定坚实的基础。因此，作为教师，我们既要为学生的当下发展负责，也要为学生的未来发展负责。

三　为学校长远发展负责

作为一名教师，我们基本上都会就职于一所学校，也是这所学校的教师。学校在发展的过程中会有自己的方向和长远规划，会追求学校的办学特色和办学品牌。

在学校发展的过程中，教师工作是一份必不可少的力量。只有教师教得好，这个学校才能发展得好，才能够有更长远的发展。因此，教师也要为学校的长远发展负责，为学校的长远发展增添力量。

四 为家长委托信任负责

家长把孩子送到学校，交给教师，这是对学校、对教师的一种委托、一种信任。家长把孩子交给我们，是希望我们能够还给他们一个更好的孩子，而不是一个更差的、更坏的孩子。我们要认识到，教育是一把双刃剑。一般而言，教师是孩子成长的助长者、推动者。然而，如果有些事情处理不好，教师也可能成为孩子成长的扼杀者，扼杀了孩子的好奇心，打击了孩子的自信心，挫伤了孩子的自尊心。可能教师的一些不当行为，会导致孩子不喜欢学习，不喜欢学校，最终厌学、逃学、辍学。如果是这样，我们就没有为孩子创造更好的成长环境和发展机会，我们不仅对不起孩子，也对不起把孩子送到学校、送给教师的家长。教师工作最怕的是误人子弟。误人子弟，既对不起人家的"子弟"，也对不起把孩子交付给我们的"人"——家长。

> **案例1-18**　　　　　　　**我交给你们一个孩子**[①]
>
> 小男孩走出大门，返身向四楼阳台上的我招手，说：
> "再见！"
> 那是好多年以前的事了，那个早晨是他开始上小学的第二天。
> 我其实仍然可以像昨天一样，再陪他一次，但我却狠下心来，看他自己单独去了。他有属于他的一生，是我不能相陪的，母子一场，只能看作一把借来的琴，能弹多久，便弹多久，但借来的岁月毕竟是有归还期限的。
> 他欣然地走出长巷，很听话地既不跑也不跳，一副循规蹈矩的模样。我一人怔怔地望着朝阳而落泪。
> 想大声地告诉全城市，今天早晨，我交给你们一个小男孩，他还不知恐惧为何

[①] 张晓风. 张晓风文集 [M]. 北京：当代世界出版社，2012：211-212.

物,我却是知道的,我开始恐惧自己有没有交错。

我把他交给马路,我要他遵守规矩沿着人行道而行,但是,匆匆的路人啊,你们能够小心一点吗?不要撞到我的孩子,我把我至爱的孩子交给了纵横的道路,容许我看见他平平安安地回来!

我不曾迁移户口,我不要越区就读,我们让孩子读本区内的普通小学而不是某些私立明星小学,我努力去信任教育当局,而且,是以自己的儿女为赌注来信任的——但是,学校啊,当我把我的孩子交给你,你保证给他怎样的教育?今天清晨,我交给你一个欢欣诚实又颖悟的小男孩,多年以后,你将还我一个怎样的青年?

他开始识字,开始读书,当然,他也要读报纸、听音乐或者看电视、电影。古往今来的撰述者啊!各种方式的知识传递者啊!我的孩子会因你们得到什么呢?你们将饮之以琼浆,灌之以醍醐,还是哺之以糟粕?他会因而变得正直忠信,还是学会奸猾诡诈?当我把我的孩子交出来,当他向这世界求知若渴,世界啊,你给他的会是什么呢?

世界啊,今天早晨,我,一个母亲,向你交出她可爱的小男孩,而你们将还我一个怎样的人呢?

我希望所有教师能够读读张晓风的这篇散文,都去思考一下当家长把他们的至爱、把一个欢欣诚实又颖悟的孩子交给我们,我们将还给他们一个怎样的人呢?为了对得起家长给予我们的一份委托、一种信任,作为教师,我们也要认真负责地对学生进行教育,把一个更好的孩子还给家长。

五 为教师个人声誉负责

教师的教育教学行为,不仅仅和国家发展、学生发展、学校发展、家长信任有关,也和教师自己的个人声誉密切相关。我们教育得好,会得到学生的认可、家长的认可、领导同事的认可、社会的认可,会给我们带来良好的声誉。如果教师教得不好,则会得到各方面的不认可,从而有损个人的声誉,个人也无法从工作中获得社会认同和价值实现。即使为了个人良好的声誉负责,我们也需要认真负责地对待自己的工作,做好一名教师。

本章小结

作为一名教师要有"教育之爱"的职业品质，主要表现为热爱教师职业、热爱所有学生、热爱所教课程。教师工作的内容主要包括教学准备、课堂教学、批改作业、辅导学生、教学研究、教学测评等。教师的基本职责有激发学习动机、传授基础知识、培养基本能力、培育思想品德、促进行为养成、提高人文素养等。教师关心爱护学生，是教师职责的要求，既要关心学生当下的状态，也要关心学生未来的发展，爱护学生的自尊心、好奇心、自信心等。教师尊重学生就是尊重学生的人格、意愿和行为等。教师要平等对待学生，对学生的教育做到宽严相济。教师肩负着为祖国培养人才的重任，为学生终身发展打基础的重任，为学校长远发展而努力的重任，为获得家长认同、赢得家长信任的重任，为自己个人声誉而努力的重任。

拓展阅读

1. 吴非. 不跪着教书［M］. 北京：中国人民大学出版社，2015.
2. 吴非. 致青年教师［M］. 北京：中国人民大学出版社，2021.
3. （英）怀特海. 教育的目的［M］. 徐汝舟，译. 北京：生活·读书·新知三联书店，2022.
4. （美）帕尔默. 教学勇气：漫步教师心灵：20周年纪念版［M］. 方彤，译. 上海：华东师范大学出版社，2020.
5. （德）雅斯贝尔斯. 什么是教育［M］. 童可依，译. 北京：生活·读书·新知三联书店，2021.
6. （德）第斯多惠. 德国教师培养指南［M］. 袁一安，译. 北京：人民教育出版社，2001.

同步训练

1. 有一位老师说，教育就是把笨的学生变聪明，把聪明的学生变得更聪明。谈一下你对这位老师认识的看法。
2. 唐代的韩愈在《师说》中说："师者，所以传道受业解惑也。"请谈一下你对这句话的理解。
3. 有一位老师说，后进生更需要老师的帮助。正是因为学生不懂、不会，才需要老师来教。能够把聪明的学生教好还不算什么,能够把后进生教好,才更能体现老师的价值。请谈一下你对这位老师观点的认识。

4. 阅读下面材料,回答问题。

案例1-19　　　　　　　**教师的劳动有三重收获**[①]

著名特级教师魏书生认为,教师的工作尽管又苦又累,但又确实是一项很吸引人的工程,主要原因在于教师的劳动有三重收获。一是收获各类人才。许多教师之所以爱自己的事业,就是因为他们爱自己的劳动收获——各类人才,他们爱看着自己培养的学生在各行各业大显身手,他们爱想象自己正在培养的学生将来去实现自己的梦。二是收获真挚感情。年复一年,教师就像从一条河的岸边接一届届新生上船,用满腔热情和真挚的爱,把他们送到理想的彼岸,让他们奔向远大的前程。学生们不仅在船上时不断表达着对老师的满腔热情和真挚的爱,就在他们奔向远大前程以后,三年、五年、十几年,甚至几十年以后还不断表达着这种满腔的热情和真挚的爱。公式可能淡漠,定理可能忘记,而师生之间培养起来的真挚感情,却常常经年累月不仅不淡忘,甚至会越积越深。三是收获创造性的劳动成果。教师的工作对象是人,人是千差万别的,要做好教育工作,就得充分发挥创造性。正是这种工作性质,决定了教师必须学识渊博,并且每时每刻都要开动脑筋,针对当时的情况和学生的差异,创造性地处理各种问题。尽管教师穷,不能满足人们物质的需要,但由于教师的劳动能有重要收获,收获各类人才,能满足人们为社会尽责任、尽义务的需要;收获真挚的感情,能满足人们感情和谐融洽的需要;收获科研成果,能满足人们研究创造的需要。

请从教师职业认知的角度,对上述材料进行评析。

参考答案

1. 一方面,教育是促进人的成长和发展的,从某种意义上来说,这种说法是对的。另一方面,教育不仅仅是让学生变聪明,让学生变聪明只涉及智育方面,教育还要对学生进行德育、体育、美育、劳动技术教育等。

---

① 魏书生. 班主任工作漫谈 [M]. 桂林:漓江出版社,2014:37-40.

2. 唐代的韩愈在《师说》中说："师者，所以传道受业解惑也。"这句话阐释了他所理解的教师的三项基本职责：传道、授业、解惑。"传道"中的"道"，可以理解为"道理"，即各种各样的道理，包括天地运行之道、人生立世之道、思想成人之道等。"传道"就是教授人各种各样的道理，以使人更好地认知世界、理解人生，更好地立世生存，这里包含思想品德教育，可以看作是"育人"的一个重要方面。"授业"中的"业"，可以理解为相关的知识和技能。授业就是教师教给学生相关的知识和技能。"解惑"中的"惑"，是指学习过程中所遇到的思想不通处。"解惑"就是教师解答学生的疑问，帮助学生打通思想中的矛盾处、模糊处，使学生彻底明白道理、掌握知识与技能。

3. 这位老师的说法是有道理的。后进生与优生都需要教师的帮助。同样的内容，后进生学习起来更难，因此也更需要教师的帮助。如果教师用同样的进度和要求来要求后进生，他们就很难完成。因此，后进生需要教师额外的帮助。后进生对教师的需要，不仅是学业上的帮助，也有心理上的需要：不要歧视他们，多鼓励他们等。因此，后进生比优生更需要教师的帮助。

   教师工作的价值体现在帮助学生成长。如果学生什么都会，就不需要教师了。后进生学习上有困难，教师帮助他们解决了困难，他们成长了，教师的价值就体现出来了。后进生比优生更难教，教师能够把后进生都教好了，那么他的价值就更加能够体现出来。因此，我们认同教好后进生更能体现教师价值的说法。

4. 教师劳动的三重收获，是魏书生对教师职业的认知。在他看来，收获各类人才，收获真挚的感情，收获创造性的劳动成果，是其他职业所不能比的。正是基于对教师职业这样的认知，他坚定地选择做一名人民教师，并取得了巨大成就。可见，教师的职业认知对教师从教及其劳动效果有着重要的影响。作为一名教师，要形成自己良好的职业认知。

自我检测

学习过本章内容，请对照反思。

【说明：选"是"得10分，选"否"不得分，总计100分。60分以上为合格，80分以上为良好，90分以上为优秀。以下各章同此说明。】

项　　目	是	否	改进措施 （如否，请写要点）
1. 我是否发自内心地热爱教师职业			
2. 我是否发自内心地热爱所有学生			
3. 我是否发自内心地热爱所教课程			
4. 我是否已经熟悉教师工作的内容			
5. 我是否已经明白教师的基本职责			
6. 我能否真正做到关心爱护学生			
7. 我能否真正做到平等对待学生			
8. 我是否已经认识到为国家战略发展负责			
9. 我是否已经认识到为学生终身发展负责			
10. 我是否从思想上已具备成为一名人民教师的条件			

学习心得

学习完"职业认知"这一章，你有怎样的心得收获，请写出几条。

实践转化

你准备在实践中怎样落实、转化"职业认知"这章所学内容，请写下要点。

第一章 职业认知

第二章　心理素质

在关于提高教育修养水平这一复杂的问题上，教师的心理状态占有重要的地位。①

——（苏）苏霍姆林斯基

教师还应当会用理智控制自己的内心冲动，不要屈服于自发的情绪。在对学生的错误、冒失，一句话，不正确的行为需要处理时，这一点尤为重要。②

——（苏）苏霍姆林斯基

---

① 蔡汀，王义高，祖晶.苏霍姆林斯基选集（五卷本）第4卷［M］.北京：教育科学出版社，2001：719.
② 蔡汀，王义高，祖晶.苏霍姆林斯基选集（五卷本）第2卷［M］.北京：教育科学出版社，2001：538.

学习目标

1. 积极、开朗，有自信心。具有积极向上的精神，主动热情工作。具有坚定顽强的精神，不怕困难。
2. 有较强的情绪调节与自控能力。能够有条不紊地工作，不急不躁；能够冷静地处理问题，有应变能力；能公正地看待问题，不偏激，不固执。

  教师是与人打交道的职业。在工作过程中，教师会遇到各种各样的人和事，要妥善地与人相处、成功地做事，必须具备良好的心理素质，能够很好地控制自己的情绪，以良好的心态面对工作中的人与事。"如果教育过程是建立在伤害儿童心灵的简单粗暴的态度和感情之上的话，那么教师也有犯病的危险。这是个至关重要的问题。在关于提高教育修养水平这一复杂的问题上，教师的心理状态占有重要的地位。"[①]因此，教师要加强情绪管理，加强良好心理素质的养成与提高。

案例展示

| 案例2-1 | 愤怒地对学生一顿痛骂 |

  学校对教师的年终考核进行改革，在考核时加上了"学生评估教师"这一栏目。成绩一出来，我竟是全校最低分，当时我非常愤怒地对学生一顿痛骂。学生都低着头，满脸的恐惧。
  第三天，我在改作业时，忽然看到一张小纸条，纸条上写着：
  "老师，请你别再生我们的气了，我们不是说你课上得不好，而是因为你动不动

---

① 蔡汀，王义高，祖晶. 苏霍姆林斯基选集（五卷本）第4卷［M］. 北京：教育科学出版社，2001：719.

就对我们发脾气、骂人，有时为一点小事大发雷霆甚至不上课。说真的，听你的课我们总有一种压抑感，生怕一不小心被你骂。老师，真没想到给你造成这么大的伤害。请原谅我们吧！"

后面是十个学生的署名。

案例中的教师面对全校最低分的评价，不仅没有反思自己的缺点和问题，反而怪罪学生，可见是一个不善于反思的教师。他动不动就对学生发脾气、骂人，为一点小事就大发雷霆甚至不上课，可见是一个心理素质不好的教师。他不能在学生面前控制自己的情绪，甚至有些偏激。这样的心理素质是不能做一名好教师的，他在评教中被评为全校最低分，也就是一种必然了。可见，作为一名教师，必须要具有良好的心理素质，以良好的心态面对学生。这就要求教师提升自身心理素质及修养。

第一节　乐 观 自 信

教师的心态不仅影响自己的身心健康，也直接或间接地影响教育教学工作，影响学生，给学生造成正面或负面的影响。因此，教师应该注意自己的心态给教育、给学生带来的影响。教师具有乐观开朗、积极上进、充满自信的心态，对教育而言是很重要的，因为这会给教育以积极向上的正能量。

一　乐观开朗

乐观，是指精神愉快，对事物的发展充满信心的积极心态。乐观是相对于悲观而言的。悲观就是精神颓废，对事物的发展缺乏信心的心态。乐观的人处事积极，悲观的人处事消极。开朗，是指人思想、心胸、性格等豁达、乐观。开朗的人不阴郁低沉。罗兰曾经说过："开朗的性格不仅可以使自己经常保持心情的愉快，而且可以感染你周围的人们，使他们也觉得人生充满了和谐与光明。"英国的塞缪尔·斯迈尔斯则说："心态开朗的人将会度过快乐的一生，而牢骚满腹的人一生都将颇为悲惨。"①乐观开朗就是指一个人遇到事情看得开，豁达爽朗，充满自信心。

（一）乐观者易成功

心理学研究表明，乐观主义者更容易取得成功。因为乐观主义者的心态更加积极，这会推动他们向目标前进。另一方面，乐观的人能够排除消极因素的影响，从而增强抵抗力。正如瞿秋白所说："如果人是乐观的，一切都有抵抗，一切都能抵抗，一切都会增强抵抗力。"乐观主义者更容易成功与他们不断给予自己积极的暗示有关。暗示的影响力非常之大，它可以改变人们的行为乃至结果。积极的暗示引起积极的结果，而消极的暗示导致消极的结果。乐观主义者面对困难时，也会积极地对待，暗示自己能够克服与解决，进而取得成功。而悲观主义者却相反，当面对困难时，他们就产生不良暗示，认为自己不行，不能解决，所以他们就更难成功！

（二）乐观美好未来

乐观的人，在遇到差的情境时，能够保持良好的心态，相信坏事情总会过去，美好的事情总会来临。罗兰曾说过："一个人如能让自己经常维持像孩子一般纯洁的心灵，用乐观的心情做事，用善良的心肠待人，光明坦白，他的人生一定比别人快乐得多。"美国的华盛顿也曾说："一切的和谐与平衡，健康与健美，成功与幸福，都是由乐观与希望的向上心理产生与造成的。"可见，拥有乐观的心态，可以使人生更幸福。

对教师而言，对未来持一种美好的态度，要能够帮助学生建立一个美好的未来图景，以便吸引他们为之努力和奋斗。这既是激励学生的手段，也是为学生树立未来发展的目标。马卡连柯注重在教育过程中帮助学生建立前景、中景和远景。他十分重视"远景教育"。他说："人的生活的真正刺激是明天的欢乐。"②"培养人，就是培养他对前途的希望。这个工作的方法就是建立新的前途，运用已有前途，逐渐代之以更有价值的前途。"③他认为很多教育机构教育失败的原因在于前途观念薄弱和不明

---

① （英）塞缪尔·斯迈尔斯.品格论［M］.徐静波，朱莉莉，编译.上海：复旦大学出版社，2011：164.
② （苏）马卡连柯.马卡连柯教育文集.上卷［M］.吴式颖，等，编.北京：人民教育出版社，2005：305.
③ （苏）马卡连柯.马卡连柯教育文集.上卷［M］.吴式颖，等，编.北京：人民教育出版社，2005：306.

确。远景教育可以吸引儿童做大事和更加努力地工作，真正追求他们快乐的前景。

（三）乐观学生发展

对教师而言，拥有乐观的心态具有积极的意义。教师要对学生的发展，特别是后进生的发展，持乐观的态度，相信每个学生都能发展好。魏书生教育后进生要相信自己是一个大器晚成者，这里既包含了老师对学生的乐观态度，也可以促使学生对自己的发展持乐观积极的态度。教师具有一种乐观的心态，就不会轻易放弃对后进生的教育，就会尽心尽力地为教育好每一个学生而努力。这对教育而言是非常重要的。在从教过程中，教师要善于体会快乐，善于从每一节成功的课中体验快乐，学会为学生所取得的点滴进步感到欣慰！

二 积极上进

积极上进，是指一个人自觉追求进步，不断提升自己，寻求突破的精神。它也是每个人应有的一种人生态度和心理状态。作为一名从事创造性工作的教师，要具有自强不息、积极上进的精神状态。"所谓创造性，就是有一种不断前进，向着更完善、更新鲜的事物前进的志向，并且实现这事业已产生的志向。明天一定要比今天做得更好——这是一个创造性地工作的教师的座右铭。"[1]教师的积极上进，表现在知困自强、习而后传、学如不及、教学改革等方面。

（一）知困自强

积极上进，就是不能自甘堕落，而要自强不息。《礼记·学记》云："学然后知不足，教然后知困。知不足，然后能自反也；知困，然后能自强也。故曰：教学相长也。《兑命》曰：'学学半。'其此之谓乎！"[2]只有经过教学实践，才会发现自己知识不够，易陷入教学的困顿状态，知道自己教学的困顿，便能鞭策自己努力进修学习以提升自己。《周易·乾》："天行健，君子以自强不息。"自强不息，是说人不断地自我激励，自觉地追求努力向上，永不放弃，永不松懈。自强不息是人积极上进

---

[1] （苏）赞科夫. 和教师的谈话（小学教学问题）[M]. 杜殿坤，译. 北京：教育科学出版社，1980：241.

[2] 胡平生、张萌. 礼记（下）[M]. 北京：中华书局，2017：698.

的一种高级表现。教师要具备自强不息的精神，善于知困自强，树立终身学习的意识，养成终身学习的习惯，通过学习不断提升自己。

（二）习而后传

曾子曰："吾日三省吾身，为人谋而不忠乎？与朋友交而不信乎？传不习乎？"（《论语·学而》）"吾日三省吾身"的手段是天天自省，目的是通过自省明白自己是否把事情做好了，有则改之，无则加勉。其中，"传不习乎"，是在反思自己作为教师向学生传授的知识有没有先行实践过。如果没有实践过，就不应该向学生传授，或者说就没有资格向学生传授，需要自己加强修习。这是一种不断自我完善、积极上进的精神。

（三）学如不及

孔子说："学如不及，犹恐失之。"（《论语·泰伯》）学习好像追赶什么，总怕赶不上，赶上了又怕被甩掉。人们常用"学如不及"来形容学习勤奋，进取心强。作为教师，要有一种"学如不及"的紧迫感，抓紧点滴时间，抓住一切可以学习的机会，不断提高和超越自己。

（四）教学改革

墨守成规，是与积极上进相左的一种态度。积极上进，就要不断追求改革、追求进步、追求创新。教师积极上进的一个重要表现就是不断追求教学改革。教师不满足于已有的教学理念、教学方式、教学方法、教学成绩等，不断追求教学改革，正是积极上进的表现。不断进行教学改革，正是追求教学突破、追求更高的教学质量的表现。

三 坚定顽强

教育是一项艰苦持久的活动。"教师的劳动非常复杂，要求付出巨大的精力。"[①] "许多事情取决于教师本人，取决于他是否有坚定的目的、顽强的精神和忠诚

[①] （苏）赞科夫.和教师的谈话（小学教学问题）[M].杜殿坤，译.北京：教育科学出版社，1980：238.

于他所服务的事业。"① 这就需要教师在工作中表现出意志坚定、不怕困难、毫不动摇地干下去的顽强精神。

教育有时就是一场斗争,是教师与学生的坏思想、坏毛病、坏习惯进行斗争。而且,这场斗争可能是持久战。苏霍姆林斯基说:"教师既要激发儿童的信心和自尊心,又要对学生心灵里滋长的一切不好的东西采取毫不妥协的态度。"② 在学生不断犯错与教师毫不妥协的这场斗争中,需要教师持之以恒才能取得胜利。这就需要教师具有不怕困难、坚定顽强的精神。

特别是在面对特别难教的知识点、需要费尽周折才能讲明白的时候,在面对屡教不改、冥顽不化的学生的时候,在面对后进生需要耐心教导、长期教导的时候,都需要教师具有不怕困难、坚定顽强的精神,对学生进行坚持不懈的教育。苏霍姆林斯基说:"我们的教师应当记住,对于难教的儿童,不管他的学业已荒废到什么程度,我们都要把他引上一个公民应有的劳动生活和精神生活的道德上去。"③ 只有教师坚持住了,才能改正学生的缺点和不足,才能促进学生的真正成长与发展。

从某种意义上说,教师不放弃学生,坚持到底、坚定顽强的精神,是教育成功的一项重要条件。没有这种不怕困难、坚定顽强的教育精神,就容易导致教育的半途而废。所以,教师要充分认识教育的复杂性、长期性的特点,形成不怕困难、坚定顽强的教育精神。这是教育成功的重要保障。

四 有自信心

自信心,是一个人因拥有实力而对自己能力水平有成功把握的表现。根据自信心来源的角度,我们把自信划分为性格自信、专业自信、教育自信和盲目自信四种类型。在教学过程中,我们要区别对待这四种自信。

---

① (苏)赞科夫.和教师的谈话(小学教学问题)[M].杜殿坤,译.北京:教育科学出版社,1980:238-239.
② 蔡汀,王义高,祖晶.苏霍姆林斯基选集(五卷本)第4卷[M].北京:教育科学出版社,2001:785.
③ 蔡汀,王义高,祖晶.苏霍姆林斯基选集(五卷本)第4卷[M].北京:教育科学出版社,2001:733.

（一）慎用性格自信

性格自信，是由于性格要强而表现出来的天不怕、地不怕的自信状态。

案例2-2　　　　　　　　　不用怕考官

在一次面试经验交流中，一个通过面试的女生说："我去面试的时候就不怕考官，回答问题和试讲时，我的眼睛直盯着考官看。怕什么怕，他们也是两只眼睛、两只耳朵的人，没什么好怕的。我就把他们当作我的学生了。所以，面试时不用怕考官的。"

这个女生属于性格要强型，她表现出来的自信心是一种性格自信。这种人不仅面试时会表现出这种不怕的自信，即使做其他事情，也会表现出这种自信。

性格自信的人，一般比较大胆，做任何事情都相信自己。这种自信也能够产生一种力量，并且能够帮助人成功。但并不是所有的性格自信都一定能够帮助人成功，因为有时只有性格自信是不够的。

（二）加强专业自信

专业自信是由于人掌握了专业知识和专业技能而获得的一种自信。这种自信来自专业的积累和专业的判断，是一种真正靠实力积累起来的自信。《三国演义》中诸葛亮舌战群儒，是相当精彩的一个片段。诸葛亮所表现出来的自信就可看作是一种专业自信。

教师要对自己所教学科的专业知识、专业技能、专业认识、专业态度、专业意识等有扎实的掌握。如果确实扎实掌握了这些内容，那么就可以形成学科专业自信。教学时，任凭学生提出什么问题，都可以应对自如、对答如流。

（三）强化教育自信

教育自信，是在掌握了专业知识、教育教学知识和技能的基础上形成的能够做好教师、教好学生的自信。作为教育者，教师要对自己抱有信心，相信自己有能力从事教育事业，相信自己有能力教育好学生。如果教师没有能力从事教育，没有从事教育的自信，那么他很难成为一个好的教师，他也很难成功地教育学生。一个对自己没有信心、对自己的教育能力没有信心的老师，很容易把学生视为难教，很容易放弃对学生的教育。与其说，有的教师对学生没有信心，不如说他对自己没有信心。因此，教师要成为一个自信的人，成为一个对自己的教育理念、教育手段和方法自信的人。

教师的教育自信，既表现为对自己教育能力有信心，也表现为对教育好学生有信心。对学生的教育要有一种"我一定能教育好他"的信心，换言之，有一种"我就不信教育不好他"的信心。

（四）切忌盲目自信

盲目自信，就是自己并没有相应的实力，却自认为有的自信状态。盲目自信的结果是做事会失败。战国时期，战将赵奢的儿子赵括饱读兵书，能健谈用兵之道，连父亲也难不倒他，自认为是天下无敌。赵奢认为他是纸上谈兵、不知变通。后来赵奢死了，赵括顶替廉颇带兵，蔺相如等人极力反对，赵王坚持，赵括在长平之战损兵40余万。从自信的角度分析，赵括就是盲目自信。教师在从教过程中，一定要持续学习、扎实备课，不要以为自己以前学习了相关知识，就可以轻松应对学生。这样的心态容易导致教学的失败。

（五）信心来自实力

有自信心是做事成功的重要因素。性格自信虽然可以使自己有胆量、敢表现，但只有性格自信是远远不够的，我们应该拥有的是专业自信和教育自信，即由于掌握了扎实的专业知识、专业能力、教育知识、教育能力，而对教育成功拥有十足把握。

自信心不是凭空而来的，怎样才能建立专业自信与教育自信呢？多年来，笔者一直相信："信心来自实力，实力来自努力。"只有不断努力才能有实力，有实力才能有信心。要做一个有信心的教师，就需要不断地学习、实践，不断地提升个人素养。虽然，做出成绩后他人的认可是教师自信心的来源之一，但教师的自我修养是教师自信心最为重要的源头。因此，要想有自信心，首先得多努力，增实力。

第二节 情绪调控

情绪是人在从事某种活动时所产生的心理状态。情绪可分为积极情绪与消极情绪。前者如高兴、愉悦、兴奋等心理状态,后者如不愉快、烦躁、愤怒等心理状态。教师需要有稳定的、积极的情绪,能够心平气和地与学生进行交流。情绪失控容易做出伤害学生、伤害师生关系的事情。教师要学会情绪调控,使自己保持良好的情绪状态。

一 做情绪的主人

研究表明,压力是影响心理健康的主要因素。适度的工作压力可以给人向上的动力,有益于提高工作和学习效率;反之,过度的工作压力,即不愉快的压力,则会给人带来苦恼,使人产生生理上、心理上以及行为上的失调反应,在日常活动中产生焦虑感。压力是使人产生不良情绪的重要原因。教师要学会缓解压力以调控情绪。

要保持良好的情绪状态,就需要做情绪的主人,即用理性控制情绪。"做情绪的主人"的另一种表述是"不做情绪的奴隶",即不任由情绪任意冲动而为。常言道:"冲动是魔鬼。"很多时候,情绪失控是由于情绪冲动而酿成大错。教师一定要善于调控自己的情绪,控制住情绪冲动,做情绪的主人。

做情绪的主人,就要学会自制。"教师也是人,但同时他又是教师。而教师的这门职业要求于一个人的东西很多,其中一条就是要求自制。"[1]在还不能完全自制之时,可以求助于他人,由"他制"逐渐转向"自制"。

  魏书生控制情绪[2]

著名特级教师魏书生在教育过程中学会了控制自己的情绪。

---

[1] (苏)赞科夫. 和教师的谈话(小学教学问题)[M]. 杜殿坤,译. 北京:教育科学出版社,1980:236.

[2] 裴跃进. 教学名家谈教育[M]. 北京:北京师范大学出版社,2013:27.

在提高学生自育能力的过程中,一个不利因素,就是老师爱发火。过去我教的一个班里学生非常淘气,时常使我发火。其实,这是无益于事的。因为愤怒的时候,智能往往是最低的,想不出好招儿来。教育实践使我体会到:对学生大声训斥和惩罚是教育的大敌。学生忙于应付训斥,就无法静下心来认识、分析自己。当时,在我教的班里有一个学生,是老同事的孩子。他不太怕我,我就请他监督我,看到我的脸色不对要发火时,他就站起来,提醒我。经过一段时间,我才克服了自己爱发火的毛病。

魏书生老师通过找学生提醒自己的方法克服了爱发火的毛病,控制了自己的情绪。他这种主动反思,与学生合作,由"他制"走向"自制"的调控情绪的做法,是值得学习借鉴的。

案例2-4　　　　　忍耐几秒:你是一位教师[①]

赞可夫在《和教师的谈话》一书谈到了教师该如何锻炼自制力。

有一系列技术性的方法,可以帮助控制自己。举例来说吧。当女教师正在讲解的时候,一个学生打开了这时候不应当打开的教科书。女教师登时发了脾气,朝那个孩子叫喊一通。下课以后,有人向她提了一条忠告:"在你叫喊以前,先忍耐几秒钟,想一下:你是一位教师。这样会帮助你压抑一下当时就要发作的脾气,转而心平气和地跟你的学生说话。"

怎么样,您的忠告有效吗?

那位女教师说,起初她还是控制不住自己,可是很快就奏效了。

可见,接受他人的劝告,并努力控制自己的情绪,经过一段时间的锻炼之后,是能够达到自我控制的。能够控制自己的情绪,也就能够心平气和地进行教育了。

苏霍姆林斯基也十分重视教师的心理健康和情绪调控,他的一些观点也值得我们学习借鉴。

[①] (苏)赞科夫.和教师的谈话(小学教学问题)[M].杜殿坤,译.北京:教育科学出版社,1980:237.

案例2-5　　　　苏霍姆林斯基论如何掌握情绪

苏霍姆林斯基告诉教师："在任何情况下都要按照最初的内心冲动所要求的那样做——这种冲动总是最崇高的。但同时，教师还应当会用理智控制自己的内心冲动，不要屈服于自发的情绪。在对学生的错误、冒失，一句话，不正确的行为需要处理时，这一点尤为重要。"

从教师健康的角度，苏霍姆林斯基说："我们的劳动处于经常变化的局面中，有时令人十分激动，有时情绪抑制。所以，善于掌握自己，克制自己，是一种最必要的能力。它既关系到教师的工作成就，也关系到他的健康。不会正确地抑制每日每时的激动，不会掌握局面，是最折磨教师的心脏，消耗教师神经系统的事。"①

对如何培养掌控自己的能力，苏霍姆林斯基提出了自己的建议。

第一，学会抑制激动。教师首先要了解自己的健康状况，了解自己神经系统和心脏的特点。人的神经系统，按本质来说，具有很大的灵活性，教师应把这种灵活性发展到能够控制情绪的艺术高度。培养自己这种能力的办法是：不让一些消极现象萌芽，如忧郁、夸大别人毛病、极力渲染儿童"不正常"的意图和行为、习惯于对儿童提出只能对成人提出的要求等。要经常力求不使自己激动，不加剧激动，而是让它缓和下来。这不是强迫自己压制住激动，而是要寻找一种活动，使自己能完全从另一个角度来看待令人激动、气愤、又不得不把起抑制作用的弹簧压紧的事情。使令人不愉快的、感到气愤的事情成为可笑的事情吧！

第二，学会运用幽默。消除激动和气愤、放松抑制的弹簧的第二个办法是幽默。如果你具有幽默感，那么，最紧张的，有时能引起很长时间气愤的局面就可以得到缓和。学生们之所以热爱和尊敬快乐、不泄气、不悲观失望的教师，是因为他们是快乐的、具有幽默感的人。如果教师缺乏幽默感，就会筑起一道师生互不理解的高墙：教师不理解儿童，儿童也不理解教师。意识到儿童不理解你，就会使你生气，教师生起这种气来，就往往无法摆脱。

第三，合理使用休息时间。教师工作的特点，是高度脑力紧张时期与比较平静的时期相互交替。教师的心脏和神经需要长时期停止耗费，这种力量必须得到补充。

---

① 蔡汀，王义高，祖晶. 苏霍姆林斯基选集（五卷本）第2卷［M］. 北京：教育科学出版社，2001：542.

这种补充的必要条件，是合理使用休息时间。正确的休息，特别是在夏天和冬天，能发展并加强神经系统的补偿能力，有助于养成沉着、平衡和使感情爆发服从于理智控制的能力。

苏霍姆林斯基所谈的学会抑制激动、学会运用幽默、合理使用休息时间，是教师控制情绪的好方法。除此之外，下面的这些措施也可以帮助教师缓解压力、调控情绪。

（一）正确认识自己

心理学的研究表明，人的观点和信念会影响对压力事件的评价和解释，而认知评价是产生压力过程中重要的中介变量。在相同压力事件下，不同的人可能有不同的压力感，那是因为该压力事件对不同的人具有不同的意义，此不同的意义来自不同的认知评价。教师应建立正确的自我认知，给自己一个合理的心理定位，以有效地应对压力。

每个人都有自己的优缺点，教师要正确地认知自己，比如对自己的身体状况、业务能力、性格特点、处事态度、思想觉悟等有正确的认识。正确地认知自己，就要做到既不妄自菲薄，也不狂妄自傲，不为取悦他人而做违心之事，也不因他人的无端评论而影响自我心境，对自己不过于苛求，对别人也不过于妄想等。只有树立正确的自我认知，才能正确认识自我，客观评价自我，合理要求自我，为自己设定切实可行的目标。

在正确自我认知的基础上，才能"由己及人"，即客观地评价别人，接纳并理解别人的错误和缺点，对世事中的不平之事、不满之情、不尽如人意之处能泰然处之。具有了这样的心态在面对不平之事、不满之情时，才能够想得通、看得开，从而达到平衡、稳定的心理状态。

（二）加强体育锻炼

教师常常超负荷工作，每天工作繁忙，体力消耗大，再加上心理压力增大，很少有活动和锻炼机会，导致身心疲惫，精神紧张，抵抗力下降，容易诱发疾病，也容易情绪失控。人的身心之间具有一定的互补性。良好的身体状态可以增强心理承受能力，即抗压能力。运动不仅可以促进身体健康，运动本身也是减轻心理压力的好方法。通过运动可以把不良情绪发泄出来，从而达到身心健康的目的。可见，加强活动和体育锻炼有助于压力缓解和情绪调控。要拥有健康的身体，适当的锻炼必不可少。教师可结合自己的兴趣和实际，采取不同的形式和方法尽可能地参加适宜的体育活动。

（三）调整饮食结构

医学研究表明，通过饮食改变心理状态是现实且可行的。维生素C有平衡心理压力的作用，当身体承受强大的心理压力时，身体会消耗比平时多8倍的维生素C，心理压力过大时应吃富含维生素C的食物，再辅助性地吃富含钙和磷的食物。

食物可以改善坏情绪。愤怒时，可以喝玫瑰花茶或者单泡山楂，莲藕也是顺气佳品。悲伤时，可以喝浓骨汤，或补充维生素C，这两种东西都会对抑制悲伤有所帮助。多疑时，可以适当吃肉类和海产品，它们能改善心境。抑郁时，可通过补充足够的碳水化合物，最好是谷类食物来调节。

（四）学会积极沟通

沟通可以缓解压力，调整情绪。有压力时，要学会与人积极交流沟通，以缓解压力。不要把所有问题都自己扛，这不仅不利于问题的解决，也会影响自己的身心健康，甚至会把问题复杂化、严重化。当遇到问题时，要积极与人交流沟通。常言道"家和万事兴""家是人生的港湾"，温暖和谐的家庭是心理保健的积极因素，当有压力和不良情绪时，要积极寻求家庭成员的支持。在工作上有良好的人际关系，生活中有一群好朋友，有压力时经常交流，这有助于减轻工作压力。

（五）学会情绪调适

情绪调适是自我情绪调节、缓解心理压力、保持心理平衡的重要方法，其目的是用理智驾驭情绪，做情绪的主人。这种方法适用于情绪低落、遭遇挫折等情况。

1. 情绪转移法

情绪转移法，就是把自己的不良情绪转移出去的一种情绪调适方法。人的情绪是可以转移的，通过一定的方式可以把不良情绪转移出去，比如散步、运动、欣赏艺术作品等。需要注意的是，转移情绪的时候，不要对人，以免把不良情绪传递给他人，影响他人的情绪。

2. 情绪宣泄法

情绪宣泄法，就是通过一定的方式把不良的情绪释放出去。比如大哭一场、大吼一声、大喊大叫、剧烈运动等，可以把情绪尽快地释放出去。宣泄情绪时，同样要注意不要让不良情绪伤害到其他人。

3. 情绪延缓法

情绪延续法，就是在想发怒生气时，先自己控制一下，想一想要不要把情绪释放出来。比如，先在口腔里绕舌头十圈，并思考：发怒生气有没有道理？发怒生气有什么后果？可以不发怒生气吗？当这样想时，本来要爆发的情绪可能会得到有效遏制，从而不再爆发出来。

4. 发笑与幽默

据研究，多笑有增加吸氧量、按摩心脏、松弛肌肉、降低基础代谢等作用，对身体有益。而幽默是消除不良情绪的良剂。学生喜欢幽默的教师，幽默可以在很多场合化解矛盾。因此，多笑与善于幽默，也是调节情绪的好办法。

5. 身心放松法

身心放松有助于缓解情绪。常用的放松方法有如下几种：深呼吸、音乐想象训练、有氧运动、按摩活动、娱乐性的智力活动、渐进式放松、冥想、瑜伽、太极拳等。

（六）善于运用情绪

做情绪的主人，不仅表现在善于调控消极情绪，作为教师，也表现在如何善于运用各种情绪来达到教育的目的。一般而言，生气是一种消极情绪，但如果教师能合理地使用生气，则可以达到教育学生的目的。马卡连柯说："如果你们是能手的话，你们就能知道什么时候该克制自己，不要生气，什么时候应该生气。如果在需要生气的时候，生气甚至比和颜悦色更有效力。"[①] 此时，生气是教育的一种手段。这就是教师善于运用情绪进行教育的表现。马卡连柯认为："在掌握了技巧的条件下，动怒的意义自然是不同的。如果你是一个能手，那你就能体验到生气是怎么一回事，但你的动怒并不能采取任何违反教育学的方式。这是你的真正的人的情感的真诚表现，但这并不是一般人的情感表现，而是出色的教师的情感表

---

① （苏）马卡连柯. 马卡连柯教育文集. 上卷 [M]. 吴式颖，等，编. 北京：人民教育出版社，2005：123.

现。"①可见，作为一名教师，在工作中要善于调控、运用自己的情绪，对学生进行适当的教育，让情绪成为教育的一种手段。

教师以何种情绪与学生交往，学生是能够敏锐地感知并会对教师作出评价的。"学生早在低年级里就能觉察并且在以一定的方式评价教师的工作作风和行为举止。同时，学生也能感觉得出，教师的情绪如何，教师对他们抱着怎样的态度。一种是真心诚意，另一种是态度冷淡，这些都是学生能够敏感地觉察出来的。"②因此，教师在利用情绪时，要考虑学生的感受，考虑可能给学生造成的影响，并且要考虑学生会如何评价自己，以免影响教师的形象。

 学会消除紧张

紧张是很多人都有的一种心理状态。研究表明，适度紧张有助于发挥且帮助取得好成绩。然而，过度紧张则会影响工作状态与成绩。因此，消除过度紧张的心理状态，对取得好的教学效果还是很重要的。下面谈几点消除紧张的措施供大家参考。

（一）全面准备，信心百倍

"信心来自实力，实力来自努力。"信心百倍，来自全面准备。只有全面准备，才能做到心中有底，心里有数，心中不慌。常言道："手中有粮，心中不慌。"教学也要"手中有粮"。教学时的手中之粮是什么呢？就是扎实的专业修养。教师一定要加强专业训练，既要加强基本素质，如职业认知、心理素质、仪表仪态、言语表达、思维品质等方面的训练，也要加强教学设计、教学实施、教学评价方面的训练。全面准备，才能有信心。"艺高人胆大。"当你觉得自己准备好了时，就有了信心，教学时就不会紧张或太紧张了。

（二）锻炼身体，精力充沛

充沛的精力是做好事情的前提，而且有助于缓解压力。以充沛的精力投入到

---

① （苏）马卡连柯.马卡连柯教育文集.上卷［M］.吴式颖，等，编.北京：人民教育出版社，2005：121.
② （苏）赞科夫.和教师的谈话（小学教学问题）［M］.杜殿坤，译.北京：教育科学出版社，1980：36.

教学之中也是十分重要的。教师在繁忙的工作之余，还要坚持锻炼身体，保持良好的生活作息习惯，早睡早起，以保证第二天有充沛的精力和体力投入到教学之中。

（三）深呼吸，吐浊气

深呼吸可能是消除紧张技术中最简单、最普遍的一种了。深呼吸时要注意：呼和吸都要慢、长、悠然，同时配合全身心的放松进行。这样可以使血液循环减慢，心神安定下来，全身有一种轻松感。

（四）身体动动，心理放松

如果能运用一些简单而有效的运动方法来调节自己的情绪，消除紧张，也是不错的。

1. 临场活动法

体内热量的散发，可以减轻人的紧张情绪。进入教室前，可以稍稍活动一下，使体内的热量散发出去，宜采取的活动有走动、摇摆、踢腿，也可双手握紧再放开，还可用紧体放松法，即让全身肌肉缩紧再放松。这些小运动都可有效地缓解紧张情绪。

2. 扮怪脸法

扮怪脸，歪嘴扭唇，抬鼻斜眼，可以放松面部肌肉。如果能对着镜子看到自己的怪样，哈哈一笑，紧张就会在笑声中消失了。

3. 闭目养神法

闭目养神，就是闭目、舌抵上颚、以鼻吸气，安定神情。此时，可以想象蓝天、白云、绿树、红花，清清的幽香或悠悠的乐声，使自己处于一种怡然自得的放松状态。

4. 转移注意力

转移注意力，就是把注意力转移到与目前所做事情无关的事情上。教学过程中，教师也可用转移注意力的方法使自己放松。比如，可在紧张时用力拧一下自己身体的某一部位，以转移注意力，或提醒自己注意力集中。

总之，消除紧张心理的办法有多种，大家可从多个方面做准备，并根据实际情况有选择地利用其中的一些方法来达到消除紧张的效果。

第三节 冷静应变

能够冷静地处理问题，是教师的一项基本心理素养。特别是面对突发事件时，更需要教师沉着冷静地应对变化。马卡连柯曾经指出："教育技巧的必要特征之一就是要有随机应变的能力。有了这种品质，教师才可能避免刻板的公式，才能估量此时此地的情况的特点，从而找到适当的方法并且正确地加以运用。"[1]可见，具备临场应变的能力，既是教师的教育技巧，也是教师的一种心理品质。

一 沉着冷静

临场应变，是指教师在教学过程中，面对主客观的、意外的、非正常情况的阻碍和干扰，采取有效的措施，迅速、果断地加以排除和平息，并使其尽量转化为积极影响的行为。临场应变并不是一件容易的事情，它既需要渊博的知识、灵活的头脑、机敏的反应，还需要临危不乱的大将风度，沉着冷静、从容镇定的心理素质。沉着冷静的心理状态，是教师临场应变的心理基础。

（一）不急不躁

沉着冷静，就是临危不惧，泰然自若、从容不迫地处理和解决问题。这就需要做到不慌不忙、不急不躁、不愠不火。沉着冷静是善于应变的心理基础。遇事不沉着、不冷静，心急气躁，心慌意乱，不仅不利于事情的解决，反而会忙中添乱，乱中出错，把事情推向更差、更坏的方向。保持内心的镇定，不急不躁，才能把事情做好。

（二）有条不紊

有条不紊，就是说话办事有条理，不凌乱。遇事沉着冷静，不急不躁，能用冷

---

[1] （苏）赞科夫. 和教师的谈话（小学教学问题）[M]. 杜殿坤, 译. 北京：教育科学出版社，1980：234.

静的头脑理性地思考，才能有条不紊地解决问题。内心沉着冷静、不急不躁，是行为上有条不紊的前提；行为上的有条不紊，是内心沉着冷静的外在表现。

学会变通

变通，就是依据不同情况，做非原则性的变动。教育教学是一项复杂的工作，需要面对各种各样的人，处理多种多样的事，不可能按一成不变的程式和规则统一处理。这就需要教师遇事时学会变通，具有灵活处理问题的能力。这种能力是教师心理灵活、不偏激、不固执的外在表现。

（一）做事要灵活

人们常说："山不转水转。"这就是水做事灵活的表现。一般情况下是不需要变通的，但如果遇特殊情况，可以酌情变通，灵活处理。做事灵活、不死板，才能具体问题具体对待，才能把事情做得圆润通达。需要注意的是，圆润通达，不是圆滑通达，变通不等于放弃原则、放弃底线，变通是"非原则性的变动"，是在不违背原则、不放弃底线的情况下，寻找不同于一般的途径和方法来解决问题、处理事情。做事灵活，需要处理好变通与坚持原则之间的关系。

（二）做事不偏激

偏激，是指思想、主张、言论等过于极端、没有任何余地。做事不偏激，就是遇到事情时，不往极端处想，而能够采取比较辩证的、中和的思想来思考问题、处理问题。

《礼记·中庸》云："喜怒哀乐之未发，谓之中；发而皆中节，谓之和。中也者，天下之大本也；和也者，天下之达道也。致中和，天地位焉，万物育焉。"[1]意思是说，欢喜、愤怒、悲哀、快乐等各种感情还没有表现出来，就叫作"中"；表现出来时，没有太过和不及，都能恰如其分地符合自然之理，就叫作"和"。所谓"中"，是天下一切道理最大根本所在；所谓"和"，是天下一切事物最普遍的规律。能够达到"中和"的境界，那么天地就可以各就其位而运行不息，万物便能够各随其性而

---

[1] 胡平生、张萌.礼记（下）[M].北京：中华书局，2017：1007.

生长发育了。《礼记·中庸》中的"中和"思想，要求人们做事时，没有"太过"和"不及"，从积极的角度来说，就是做事到位，无不妥当之处；从消极的角度来说，就是做事不走极端、不偏激。

有的教师做出一些极端的事情来，如认为学生一无是处、严重体罚学生等，都是思想偏激和行为偏激的表现。对教师而言，要进行身心的修炼，使自己的心态与行为能够达至"中和"的状态，说话做事不要"太过"与"不及"。这样才能在教育教学中表现出得体、合理、适宜的行为。

（三）做事不固执

固执是坚持己见、不懂变通的心理现象（即冥顽不化）。在日常工作中表现为缺乏民主作风、一意孤行，只相信自己不相信别人。固执心理会影响事情的解决，也容易使自己陷入孤立的境地。因此，做事时不能固执。《论语·子罕》中说："子绝四——毋意，毋必，毋固，毋我。"孔子杜绝了四种弊病：没有主观猜疑，没有定要实现的期望，没有固执己见之举，没有自私之心。其中的"毋必"就是做事没有期必，"毋固"就是做事没有固执。

做事不固执，就是做事时不固执己见，要能够听得进别人的意见，听得进别人的劝说。这就需要具备两种思想。第一种是每个人都是有局限性的。自己的意见固然有一定的道理，却未必一定是完全正确的，未必是最好的，所以不要有"非我不可""舍我其谁"的成见。一种是他人的看法总有他人的道理。要学会吸取他人的长处、合理之处。如果能够认识到自己的局限，承认他人的可取，那么做事时就不容易固执己见了。再退一步讲，即使是自己的意见完全正确，他人的意见是不正确的，也要考虑他人的感受，采取他人能够接受的方式来表达或实现。这也需要改变自己观点的呈现方式或自己的态度，而不能用一成不变的态度和方式坚持己见。

做事不固执，也是教师学会变通的一种表现。作为教师，不要以为自己是真理在握，而学生一无所知。其实，"条条大路通罗马"。同一问题，可以有不同的解决思路和解决方法，甚至可以有不同的答案。教师的答案往往只能是"参考答案"，而不是"标准答案"。当学生的回答有道理时，教师不能固执己见，强迫学生接受自己的观点或答案。合理吸纳学生的合理观点，积极肯定学生的正确答案，才不会陷入固执己见的泥潭。

在教学过程中，教师要灵活地应对各种突发事件；思考问题时不走极端，说话时不偏激；当学生质疑自己的观点或做法时，要及时反思，不固执己见。这些都是学会变通在教学中的运用。

 善于应变

教师的应变内容很广泛，包括管理应变、教学应变等。其中，教学应变可分为内容性变故的应对、纪律性变故的应对、环境性变故的应对等。[①]限于篇幅，此不多述，下面针对教学中常出现变故的应对加以介绍。

（一）变故的预防

防患于未然，是应变的最高境界。医学界有伟大的医生治"未病"之说，教育界也有"禁于未发之谓预""发然后禁，则扞格而不胜"（《礼记·学记》）的说法。对变故最好的应对是预防。

1. 加强修养

应变需要渊博的知识、灵活的头脑、机敏的反应等多种素质，需要教师加强各方面的修养。修养越高越好，一个人"才高八斗，学富五车"，有一桶水何愁倒不出一杯水。这样应变时才能防止捉襟见肘，才能左右逢源。

2. 加强锻炼

应变能力是在应变实践中锻炼和养成的。教师要加强应变的锻炼，多参加各种活动，在实践中摸索临场应变的经验、技巧。经验丰富了，应变技巧提高了，也会有助于减少变故的出现。

3. 熟记讲稿

对讲课内容不熟，是导致忘记、卡壳的一个重要原因。在讲课前对讲稿非常熟练，做到胸有成竹、烂熟于胸、如数家珍，就能在讲课中熟练流畅地表达，从而减少"卡壳"。

4. 巧用卡片

备课时，除写教案外，还可以写一张小卡片，小卡片上写好讲课的提纲。一旦"卡壳"了，适时拿出，以最快的速度扫一眼，然后巧妙地接下去讲。这样也可以减

---

① 可参考李冲锋. 课堂教学应变：案例与指导［M］. 北京：教育科学出版社，2010.

少"卡壳"。

（二）失言的应变

写字的时候会出现"笔误"，说话的时候也会出现类似的"口误"。说话、教学中的这种错误我们称之为失言，即讲错了话。失言通常是自觉或不自觉地说出来的语言，是在潜意识或情感的作用下，或是一时疏忽，或是一时紧张造成的。话一出口，有时立即意识到此话不当说，有时不能立即意识到，需经别人提醒才能反应过来。

如果在教学过程中出现了失言，要根据其性质、程度采取相应的措施。

1. 无关大局，得过且过

如果失言的情况无关大局，比如丢了个词、讲错个字，或者不符合语法等，只要不影响大局，听众又不能听出来，也就没必要纠正了，纠正了反而适得其反。

2. 关键语句，决不放过

如果是关键性的词语、句子，便不能随便放过了。有些人对失言抱一种置之不理的态度，认为一说就过去了，别人也不注意，错了就错了吧。其实这是一种不负责、不认真的态度，有时甚至会给听众造成很坏的影响。如果教学中出现了比较严重的失言，一定要进行补救或纠正。聪明的补救或纠正是不会说也不必说"我刚才讲错了怎么怎么着"，而弥补的方法是，按照正确的讲法再讲一遍或将错的话当作反面论点使用，并据理批驳。

（三）忘却的应变

教学过程中临时忘了设计好的内容，讲着讲着，可能会突然出现头脑空白的情况，即此时什么也想不起来了，人愣在那儿了，一时无法继续表达下去。这种情境就是忘却，常称之为"卡壳"。

教学过程中出现"卡壳"是很令人尴尬的。因为台下的学生眼睛正盯着你，等着你继续下去呢。在教学过程中，如果不是停下来让学生活动，即使出现几秒钟头脑短路，也会使人感到时间很长。这种情况的出现，会显得你对教学内容或流程不熟悉，教学不流畅。

其实，教学过程中出现"卡壳"现象是很正常的。忘却是主客观多方面原因导致的。主观方面的因素，除了态度不够端正、准备不够充分、不够娴熟之外，还有如下因素：一是怯场。怯场导致忘却，而忘却也可以导致怯场。由于怯场，脑神经高度紧张，使得记忆的清晰度迅速降低，原本记得很熟的内容，在某一瞬间忘掉了。二是教学设计内容无自己的东西。古人云："言为心声，文为仪表。"有的人既没有自己高深的思想，也没有发自肺腑的情感，教学设计是从别人那里搬来的。有时自己尚不熟悉、不理解，只是机械地背下来了，一旦怯场，很容易导致忘却。三是教学时注意力不集中。有的人教学中，突然想起了与教学无关的内容，甚至忘记了自己是在教学，导致了忘却。从客观因素讲，有如下原因容易导致忘却，比如：学生突然有异样的表现，使教师产生疑问；教室内外响起奇异的声音等。

碰到"卡壳"时教师大可不必惊慌，应该努力对忘却进行有效补救。如何补救忘却呢？

首先要稳定情绪，沉着冷静，千万不要慌张。一旦出现忘却，不要急，不要做出任何有损形象的怪动作，如吐舌头、抓脑袋、耸肩膀等。要稳住、平静，尽量赢得时间，寻找新的"断接点"。

其次，尽量回顾前面所讲内容，希望借助前面内容与后面内容的关系来唤醒后面内容的记忆。

再次，积极巧妙地应对。巧妙应对是弥补"头脑空白"这种教学失误最好的办法。这就需要掌握一点应对的技巧。补救忘却，可以运用以下方法。

1. 插话衔接

如果一旦忘却，立即插入一两句与教学内容关系不大的问话，利用短暂的时间，迅速回忆下面要讲的内容。比如，讲着讲着忽然忘了，这时切不可突然停顿，可以问一问听众：同学们，前面这一部分，我不知道大家是否听明白了？问完之后，可以稍有停顿，目光扫视全场。利用这段时间，大脑迅速回忆下面的内容，如果回忆起来了，就可以说："好，下面我们继续。"

2. 重复衔接

重复衔接就是一旦忘却，可以重复一下刚才的话语，如果无效，可以重复有一定整体意义段的开头部分，以求贯通。在重复时往往会使忘却的内容与前边的内容衔接起来。重复时也要注意技巧。你可以说："刚才我们讲的内容掌握了吗？好我们再来回顾一下。"趁机回顾前面的内容，在这个过程中激活对后面内容的记忆。

3. 跳跃衔接

教学中的忘却，并不是把后面的内容全部忘记了，多数情况下是忘记了下一段的第一句或某几句。这时，应随方就圆，忘了就忘了，直接跳到后面你还记得的内容，想到哪儿就从哪儿讲起。其实，你头脑里想什么学生是不知道的。如果忘记的内容较重要，在后面的讲课中想起来了，确有必要，还可以采用"结尾补充法"，简单陈述几句，如"这里值得一提的是……"。这样可保证整个教学的顺利、连贯、畅达。

4. 临境设计

临境设计，就是改变原先设计的教学思路，根据现场环境的变化重新设计整个教学或某些环节的教学活动。这需要教师具备快速构思的设计能力，根据现场情境因势利导地进行现场设计，并沿着新设计的方向与思路展开教学。临境设计，适用于完全忘记了原来的设计活动，或原先的设计无法继续下去的情况。

5. 走动激活

研究表明，散步可以激发思维。讲不下去时，可以在教室里走动一下，以示在观察学生。在走动的过程中，思维会被激活，可以回忆起原来设计的内容，或者有新的教学思路出现。

6. 管理学生

当出现"卡壳"时，头脑里会一片空白。等想起来时，如果直接接上面的内容会显得很生硬。此时，可以设置一个教学管理的活动来填补刚才的长时停顿。你可以说："刚才有同学没有认真听课哟。好了，让我们接着来看刚才的问题（或下面的问题）。"这样，就等于把停顿变成了用暗示的方式阻止学生课堂说话或小动作。这相当于设置了一个教学管理活动，说不定会有意想不到的效果。

上面的方法虽然有一定的效果，但毕竟是亡羊补牢的办法，总是被动的，是不得已而为之的。教师应该未雨绸缪，事前多做些准备，使自己的教学一气呵成。

本章小结

教师的心态不仅会影响自己的身心健康，也会影响教育教学工作。教师应具有乐观开朗、积极上进、充满自信的心态，慎用性格自信，加强专业自信，强化教育自信，切忌盲目自信。教师还需具有不怕困难、坚定顽强的教育精神。

教师要学会情绪调控，使自己保持良好的情绪状态。正确认识自己、加强体育锻炼、调整饮食结构、学会积极沟通、学会情绪调适，有助于控制情绪，做情绪的主人。教师还要善于运用情绪对学生进行教育，掌握消除紧张的方法等。

能够冷静地处理问题，是教师的一项基本心理素养。遇事时学会变通，具有灵活处理问题的能力，是教师心理灵活、不偏激、不固执的外在表现。防患于未然，是应变的最高境界。教师要学会预防变故的产生，并能够有效地应对失言、忘却等变故。

拓展阅读

1. 李慧生.教师心理健康六项修炼［M］.重庆：西南师范大学出版社，2010.
2. 刘儒德等.教育中的心理效应（第二版）［M］.上海：华东师范大学出版社，2013.
3. 马志国.做一个心理健康的教师——教师心理咨询的48个典型案例［M］.北京：教育科学出版社，2013.
4. 姚本先.教师心理与健康［M］.北京：北京师范大学出版社，2013.
5. 郑淑杰，孙静，王丽.教师心理健康［M］.北京：北京大学出版社，2014.

同步训练

1. 学生因事来找老师，老师说："这么点事也来找我？"请从教师心理素质的角度对该教师的言行作出评析。
2. 阅读下面的案例，然后回答问题。

案例2-6　　　　　　会了，可以"不听"

单元检测后，照例是一节讲评课。上课不到十分钟，王谨同学又在翻来覆去弄卷，我用严厉的目光看着他，他稍有收敛。过了一会他又在下面翻找着什么，我只得来一个"杀一儆百"了。"王谨！"我大声喝道，"你在干什么？"他脸陡地涨红了，旋即一梗脖子："我不想听！"我听了气不打一处来："你——"，竟一时语塞。但考虑到教学任务还没有完成，于是我深深吸了一口气，竭力平复自己内心的愤懑。"你，既然不想听，那就请到我的办公室去休息吧！"我故作轻松地说。他可能考虑到当时的态度，也有些后悔，于是走向办公室，尽管极不情愿。

问题：请从教师心理的角度，对案例中教师的心理作出评析。

3. 阅读下面这位教师的自述，然后回答问题。

案例 2-7　　　　我不适合当老师[①]

今天，我面对我的学生再次情绪失控了，我感到很丢人。到目前为止，我发现我不适合当老师。我不能为了生存来当老师，我觉得老师就得教书育人，更重要的是育人。我不能使我的学生学会如何面对自己的人生。我对自己不满意，觉得是在浪费自己的人生，好像放弃了自己多年的梦想。我现在活得不开心，我急需改变现状。

问题：请从教师心理的角度，对案例中教师的心理作出评析，并指出改进的办法。

4. 阅读下面这位教师的自述，然后回答问题。

案例 2-8　　　　用阳光般的情怀拨动孩子们的心弦[②]

可能终其一生，作为教师的我也无法成为千万富翁、百万富翁，但我的心灵又是富裕的。每天，当我沐浴着暖融融的阳光向教室走去时，我就会在心里默默地想：这又将是一段充满了挑战和快乐的旅程，在这段旅程中，只要我用阳光般的情怀去拨动孩子们的心弦，一定会有智慧之光如诗歌般生生不息地闪现，一定会有动人的旋律响彻我和孩子们明丽的心空。徜徉于诗意的憧憬之中，我的心中便充满了快乐，课堂上，我用这种纯粹的快乐润泽着我的学生们，他们也总能回报我更多的阳光和激情。

问题：请从教师心理的角度，对案例中教师的心理作出评析。
5. 教学过程中，如何消除心理紧张？
方法1：_____
方法2：_____
方法3：_____
方法4：_____

[①] 李慧生. 教师心理健康六项修炼 [M]. 重庆：西南师范大学出版社，2010：275.
[②] 李慧生. 教师心理健康六项修炼 [M]. 重庆：西南师范大学出版社，2010：287.

方法5：＿＿＿＿＿＿＿＿＿＿＿＿＿＿＿＿＿＿＿＿＿＿＿＿＿＿＿＿

参考答案

1. 案例中的教师，面对学生的求助，表现出不耐烦的心态，他不仅没有站在学生的角度多替学生思考，替学生解决问题，反而责怪学生，这种心态不利于对学生展开教育，还会伤害学生的自尊心，伤害师生关系。

   学生有事找教师一定是因为自己解决不了，需要教师帮助才来的。一般情况下，学生有事找老师大都需要鼓起勇气。当遇到学生求助时，老师应该抱有耐心，倾听完学生的诉说，尽量站在学生的角度理解学生的困难，并尽力帮助学生加以解决，即使自己解决不了，也要给予学生心理上的安慰。这样的做法才是比较合适的。

2. 一方面，这个教师的心理宽容度不够，容易发怒，学生的一点小动作他都容忍不了，当学生继续翻找东西时，他就大声呵斥，这是心理暴躁的表现。另一方面，这个教师也能够以教学任务为重，通过深呼吸的方法竭力平复自己内心的愤懑，说明他又具有一定的心理调适能力。虽然如此，这种情况的处理还不是最好的，不如在学生翻找东西时就能够心平气和地帮助学生，那样就不会出现师生关系紧张的情况了。

3. 首先，这个教师"再次情绪失控"，说明其情绪控制能力较差，需要加强情绪控制能力的修炼。其次，这个教师发现自己不适合当老师，可能是对自我的认识出了问题，其心目中的理想教师形象与自己的实际状况之间产生了矛盾。对这个教师来说，目前最需要做的是重新认识自己，接纳不完美的自己，接纳自己真实的情绪。再次，这个教师的状态表明，他具有一定的职业倦怠。他应该通过体育锻炼、调整饮食、与人沟通等方式，调整自己的身心状态，尽快走出职业倦怠，重拾为人师表的梦想与激情。

4. 这是一位具有良好心态的教师。他的心态开朗乐观、积极上进，心里充满了正能量。带着这样的心态去教学，不仅自己感到心里愉悦，而且给予学生以积极的影响，给学生带来良好的心态，有助于良好师生关系的形成，有助于激发学生学习的积极性，进而取得良好的教育教学效果。这位教师的这种心态是值得我们学习的。

5. 参见本章相关内容。

自我检测

学习过本章内容，请对照反思。

项　　目	是/能	否	改进措施 （如否，请写要点）
1. 我是否乐观开朗			
2. 我是否积极上进			
3. 我是否坚定顽强			
4. 我是否很有自信心			
5. 我能否把握情绪，做情绪的主人			
6. 我能否很好地消除紧张情绪			
7. 我能否遇事沉着冷静			
8. 我能否遇事学会变通			
9. 我能否遇事妥善应变			
10. 我是否具备良好的心理素质			

学习心得

学习完"心理素质"这一章，你有怎样的心得收获，请写出几条。

_____
_____
_____
_____
_____

实践转化

你准备在实践中怎样落实、转化"心理素质"这章所学内容,请写下要点。

_____

_____

_____

_____

_____

第三章　仪表仪态

智如泉源，行可以为表仪者，人师也。

　　　　　　　　　　　　——（汉）韩婴《韩诗外传》

做教师的决不能没有表情，不善于运用表情的人就不可能做教师。[1]

　　　　　　　　　　　　——（苏）教育学家　马卡连柯

---

[1] （苏）马卡连柯. 马卡连柯教育文集. 上卷［M］. 吴式颖，等，编. 北京：人民教育出版社，2005：146.

第三章　仪表仪态

学习目标

1. 衣着整洁，仪表得体，符合教师职业特点。
2. 行为举止稳重、端庄、大方，仪态自然，肢体表达得当。

教师是为人师表的职业。教师的仪表仪态、一言一行、一举一动都会产生教育的影响力。教师的仪表仪态不仅体现个人的尊严，而且是教师形象的窗口。因此，每一个教师都必须熟悉教师的仪表仪态、礼仪规范，并在日常行为中贯彻落实。

案例展示

案例3-1　　　　　　　**得体的着装赢得学生的爱戴**[①]

侍小玲老师对教师着装一向颇有研究。这缘起于同事的一段尴尬事。

侍小玲的这位女同事因为刚加入教师这个行业，衣着方面难免还带着浓浓的学生味。一天，她习惯性地穿着一身T恤衫加牛仔裤去上课，在课上，她点名让一个男生起来回答问题时，男生忽然变得极为羞羞答答，全班哄堂大笑，因为学生们发现他们的老师跟那个男生穿了情侣装。

这次意外之后，这位女老师穿起了套装。她感叹，改穿套装之后，学生跟她说话明显不再像以前那么随便了。曾经把她当"哥们"的学生，眼里多了几分尊敬。

侍小玲也开始意识到："现在的孩子接收信息多，想法也多。他们会从老师的外表打扮来判断老师的性格品位。如果你的打扮常年都是千篇一律，他们会觉得你比较呆板，跟你会有代沟，不愿意亲近你。如果你穿得太嫩，他们也会嫌弃你不够成熟。如果你能找到学生们心目中的标准形象，你就能赢得他们的尊重。教师端庄得体的扮相，不仅能使学生们心情愉悦，也有利于培养孩子的审美。"

---

① 金忠明，杜永清.教师金言99则［M］.上海：上海教育出版社，2013：211.

侍小玲由此开始重视起自己的衣着打扮，并尽量地端庄大方、优雅得体。

侍小玲的衣服款式各异，有套装、休闲装、长裙、短裤、西服等，此外还有领花、丝巾等，但她从来不戴太招摇的首饰。

侍小玲的着装，无论是同一种颜色、类似色的组合，还是对比色的搭配，她的衣服总会展示出她特有的主色调，比如白色、蓝色等，从来不会给人一种"侍小玲今天穿的衣服颜色可真花哨啊"的印象。

当然，侍小玲的衣服也并不是什么高档名牌，但她搭配得恰到好处，所以，出现在学生面前的侍小玲总是给人一种大方、典雅、协调的感觉，总会令学生耳目一新。

最让学生称道的是她的"丝巾配衣说"，一年四季，她总会有颜色各异、款式多样的丝巾来点缀衣服，用她的话来说："一样的衣服，配不同的丝巾往往会给人换了新衣服的感觉。"

讲台上的侍小玲，每一次的出现，总是让学生眼前一亮。

有一次，她穿了一件翡翠绿有蕾丝花边领的长袖上衣，下穿一条白色长裙，脖间配了一条红珊瑚项链。当她出现在学生面前时，立即有女生说："侍老师，你今天简直漂亮死了！"

甚至有一次，一个小女生竟然对侍小玲说："侍老师，你在我们眼里就是美的化身！"

侍小玲则微微一笑："是吗？亲爱的，我希望你也能成为美的化身！"

总之，侍小玲的课总是在学生们的"眼中一亮"中开始，在他们眼里，上侍小玲的课简直就是一种享受，一种欣赏。

讲台上的侍小玲，衣着得体，举止安详，风度文雅，加之她的声音柔和、坚定，让人听起来赏心悦目，深受学生爱戴。

教师的着装在某种程度上如同教师的一张"名片"，向学生们传递了一种信号：老师很美，她的课我爱听！

侍小玲老师深谙此道。她一身得体、别致的衣着既让学生们产生一种赏心悦目的新鲜感，又让他们有一种老师是认真来上课的真实感觉。

案例中的侍老师认识到着装对学生的影响，认识到服饰对教师形象的重要性，所以十分注重着装，特别注意服饰搭配，产生了良好的效果，获得了学生的认可，提升了教师形象。着装是教师形象的重要构成部分，言行举止则是教师形象的内在表现。因此，每位教师都应该重视着装，做到衣饰得体、重视言行、举止得体，真正做到为人师表。

第一节 仪表得体

马卡连柯说："外表在一个人的生活中有很大的意义。很难想象一个脏兮兮的、马马虎虎的人，他竟能注意自己的行为。"[①]孔子说："君子不可以不学，见人不可以不饰，不饰无貌，无貌不敬，不敬无礼，无礼不立。"[②]他所说的"饰"，有服饰、修饰之意。衣饰包括两个方面，一是衣服，即着装；二是配饰。仪表得体具体而言，包括着装得体和配饰得体两个方面。

一 着装得体

教师的着装要得体，既要符合教师的身份，又要适应季节的变化和不同场合的需要。

（一）男教师的着装

男教师的着装分为正装和便装。正装主要是西装，便装的样式则比较多。

1. 西装的穿着

男教师在选择正装时，通常都选择西装，主要原因是造型优美、做工讲究。要想使自己所穿着的西装称心如意，就必须在西装的选择、穿法、搭配、场合四个方面严守相关的礼仪规范。

西装的选择，要注意其色彩、款式、面料、图案、尺寸、造型和做工等细节。一般说来，三件套西装（一衣、一裤和一件背心）比两件套西装（一衣一裤）要显得更加正规一些。西装以无图案为好，也可以选择竖条纹西装。颜色应选择蓝色、

---

① 金忠明，杜永清. 教师金言99则［M］. 上海：上海教育出版社，2013：212.
② 韩永贤. 大戴礼探源［M］. 北京：人民中国出版社，1999：392.

灰色或棕色，黑色西装适合在特别庄严肃静的礼仪性活动中穿着。

西装的穿法，要遵守西装的规范穿法。第一，拆除商标。在正式穿西装前，务必将商标先行拆除，否则就会贻笑大方。第二，系好纽扣。穿西装时，上衣的纽扣都有一定的系法。一般而言，站立时西装上衣的纽扣应当系上；就坐之后，大都要解开。如果内穿背心或羊毛衫、外穿单排扣上衣时，才允许站立时不系上衣的纽扣。根据着装惯例，如果西装只有一个扣，需要扣上；两个扣的只需扣上面的一个，平时可以都不扣；三个扣的，扣中间一个；双排扣西服的纽扣通常情况下应全部扣上。第三，保持平整。要想让身上的西装看上去美观又大方，就要使其显得平整挺括、线条笔直。第四，慎穿毛衫。穿西装时，除了衬衫与西装背心之外，上身只能穿一件薄型"V"领的单色羊毛衫或羊绒衫，而不能再穿其他任何衣物。穿西装时最好不要穿毛衣，更不能穿多件毛衣。如果要穿毛衣，只可穿一件素色毛衣，不要带图案。若毛衣穿在衬衫外，领带应放在毛衣内部，而且衬衫内不应露出任何衣服的领子。

西装的搭配十分讲究。第一，衬衫的搭配。与西装搭配的衬衫，应当是正装衬衫。一般而言，正装衬衫必须为单一色彩，以无任何图案为佳，其衣领多为方领、短领和长领，衣袖必须为长袖。穿着正装衬衫与西装相配套，还有下述四点注意事项：一是大小要合身，二是袖长要适度，三是下摆要掖好，四是衣扣要系上。第二，领带的搭配。在公务场合需要打上领带，在休闲场合则不必。领带夹可用可不用。使用领带夹时，应使之不宜被外人所见。第三，腰带的搭配。腰带的颜色要与鞋的颜色匹配。在腰带上尽量不挂手机、钥匙等物品。第四，鞋袜的搭配。穿西装时，一定要穿皮鞋，黑色和深褐色的系带皮鞋是最佳选择。袜子则应与裤子、鞋颜色相同，或颜色较深。勿选白色或者其他浅色袜子。

2. 便装的穿着

便装，是相对于正装而言的，适合在各类非正式场合穿着的服装。一般来说，穿便装没有严格的限制或规定，但同样需要遵守相关礼仪。

便装的选择，应根据自身形体的特点，同时要注意搭配协调、风格统一。着装时既要注意防止出现多中心、多重点的装扮，也要注意款式、颜色与自己的性格、年龄、形体、脸型、肤色以及所处场合、季节等诸多因素协调一致。

便装的搭配，可以随意发挥，但也有一定的规范可循。第一，风格协调。教师在身着便装的时候，应力求使其在风格上保持一致。第二，色彩和谐。教师在挑选便装时，可依据自身对色彩的偏爱，以及与其他服饰的色彩相呼应来进行选择。第三，面料搭配。便装应当舒适、美观，同时还要注意在搭配时选择面料大致相同的衣服。

（二）女教师的着装

女教师的着装，应既体现教师职业的特点，又体现女性的美丽。对女性教师而言，主要考虑的着装是西装和套裙。

1. 西装

女教师穿西装配西装裙的职业套装，更能显露女性的高雅气质和独特魅力。西装上衣应做得长短适中，如果配裤子，则可将上衣做得稍长些。无论配裙子或裤子，一般采用同一面料做套装，具有较强的整体感。西装的"V"字形领口要高低适中，胸围和腰身都不要有紧绷感。

女教师在选择西装时要注意下面几点。第一，女子西装款式多样，要根据自己的年龄、体型、皮肤、气质等来选择，要讲究皮鞋、袜子、皮包、饰物、发型、化妆与西服的配套协调。第二，挑选西装时，选择基本色最好，不需要流行的颜色，黑、褐、灰或条纹、碎点的图案比较好，面料质地要好。第三，女教师在正式场合一般需要穿西装。

2. 套裙

套裙，是西装套裙的简称。在许多正式场合，套裙是女教师的首选，不仅看起来干练而成熟，还能烘托出着装者独具的韵味。在一般的社交场合，女性可以穿连衣裙或穿中式上衣配长裙。夏季可穿长、短袖衫配长裙或过膝裙。

（三）着装与课堂相适应

上课时的服装，男教师的服装以朴素庄重为宜，女教师的着装以素雅为佳。男教师不能穿着短衣短裤，女教师不能穿超短裙上课。教师都不宜穿着拖鞋出现。教师穿着短袖、背心、拖鞋，不修边幅地上课，给学生的第一印象就是这个老师不够庄重和严肃，会使学生感到反感，从而影响整堂课的教学效果。户外活动时，可穿运动装或休闲装，女教师不宜穿长裙和高跟鞋，以确保活动的有序、健康、安全。

教师的着装与上课的氛围要相适应。如果一位体育教师穿着西装去上体育外堂课，就不合适。如果教一篇悼念性的文章，教师却穿着很华丽的衣服去教，那也会破坏课堂学习的氛围。反之,如果是一篇很欢快的文章,教师却穿了很沉闷的衣服,也会影响课堂学习氛围。因此,教师的着装要考虑与所教内容的协调。

> **案例3-2**　　　　　　　　　　阿迈尔老师的着装
>
> 在法国作家都德的著名短篇小说《最后一课》中,阿迈尔先生的着装就与"最后一课"相协调。
>
> 迟到了的小弗朗兹经老师允许坐到座位上之后,"仅仅到这时候,稍微从惊慌中平静下来以后,我才注意到我们的老师换上了他那件漂亮的绿色常礼服,套上精美的打褶颈饰,戴上绣花的黑绸子无边圆帽,这些只有在督学来视察和学校发奖的日子他才会穿戴"。为什么今天的阿迈尔先生会穿戴得如此特别呢?因为这是他最后一次给学生上课,而且在这里的学校从明天开始就不能再教法语了,这也是他与学生们的最后一堂法语课。"正是为了对这最后一堂课表示敬意,他才穿上漂亮的节日服装。"
>
> 阿迈尔的特别穿戴当然引起了学生小弗朗兹的注意,使他在上课伊始就体会到了异样的课堂教学气氛,在课堂教学过程中体会到了教师的特别用意。也正因如此,平时贪玩、不爱学习的小弗朗兹发生了很大的变化:"使我感到惊奇的是我理解得多么透彻,他讲的那一切我觉得很容易,很容易。我也相信我从来没有这么用心地听过。"教师上课时的衣着会直接影响学生的情绪。可以说,阿迈尔的穿着非常符合教学情境,在一定程度上营造了学习氛围,促进了学生的学习,也达到了最好的教学效果。
>
> 教师的服饰不仅对自身起修饰作用,对学生也起着潜移默化的榜样和示范作用。可以说,教师的服饰是无言的课本,决不可随随便便,应具有端庄、严谨并富有亲和力的特征。如果教师穿上奇装异服,打扮得花里胡哨,极易分散学生的注意力,既影响了教学效果,又会给学生留下不好的印象。

(四)不当的着装

不当着装除上面谈到的之外,还有如下情况需要注意避免。

1. 衣着休闲

休闲的着装可以接近师生之间的心理距离,但太休闲的着装,相较于正式的课堂教学而言，显得随意。因此，教师的着装不能太休闲。

2. 衣着混搭

衣着混搭，就是把正装与休闲装、运动装等混搭在一起穿。衣着混搭会呈现出一种随意、不庄重，甚至叛逆的气息。这也是不适合教师的着装。

防止衣着混搭，就需要根据服装着装要求，穿出统一风格的衣着，穿西装就是西装，穿运动装就是运动装。

3. 衣着失色

衣着失色主要表现为三个方面。一是衣装颜色陈旧。陈旧的衣装颜色，给人以老旧、保守、贫乏的感觉，不利于提神。二是衣装颜色艳丽。艳丽的衣装颜色，容易分散学生的注意力。三是衣装颜色多样。具有多重色彩和图形的衣装，同样会分散学生的注意力。

防止衣着失色，一是不要穿太陈旧的衣装，二是不要穿太艳丽的衣装，三是遵循着装的"三色原则"。"三色原则"，指全身上下的衣着，西服、衬衫、领带、皮鞋、手帕、袜子等，在正式的场合里一般应当保持在三种色彩之内。如果超过三种颜色，着装就会给人杂乱无章、华而不实的感觉。

4. 衣着不净

服饰整洁，是教师着装的基本要求。教师着装时，不能污迹满身、衣饰不净，不应有杂物、碎屑、油垢、牙膏遗迹等附着在衣物上，这些会给人以邋遢的印象。

防止衣着不净，一是要勤洗衣、换衣；二是勤检查衣物上有没有杂物、碎屑，如果有，需要及时清除；三是尽量防止液体等不小心沾在衣服上，如果有，要及时清除或更换衣物。

5. 衣着异味

衣着异味有两种情况，一种情况是衣服不洁净，比如长期不洗或有汗臭味等所形成的异味。二是由于喷洒过多味浓或刺激性气味的香水所形成的异味。这两种异味都会使学生分散注意力或使人厌烦。

防止衣着异味，一是要勤洗衣、换衣；二是注意喷洒香水等的浓度与效果。

二 配饰得体

配饰，顾名思义是配合、装饰其他物体的，如果没有它们，其他物体本身也可以存在。配饰的目的是使其他的物体更加美好。然而，不当的配饰则会破坏物体原有的美感。

身体上的配饰有耳环、耳坠、耳钉、眼镜、手表、项链、头花、头绳等。衣服上的配饰有围巾、手提包、套袖、领带、领带夹、衣服上的挂坠和挂扣等。这些小东西看似不起眼，却能吸引学生的注意力，成为他们关注的对象，并可能影响他们的价值观。在佩戴配饰时，要注意以下几方面。

（一）配饰不要过大

从配饰的大小上看，不宜佩戴太大的配饰。太大的配饰，因其体大而容易抢人眼球。比如女教师佩戴比较大的耳环或佩戴比较大的戒指等，就容易引起学生的关注，分散其注意力。

（二）配饰不要过艳

从配饰的色彩上看，不宜佩戴色彩鲜丽的配饰。就如衣服的鲜丽色彩可以分散学生的注意力一样，鲜丽的配饰也会吸引学生的眼球。因此教师要注意配饰的色彩，不宜太鲜艳亮丽。当然，也不是说一定要灰暗，而是以素雅为宜。

（三）配饰不要过亮

从配饰的光泽上看，不宜佩戴光泽太突显或有发光性质的配饰。这样的配饰同样容易吸引人的眼球，分散或干扰注意力。无光但有润泽的配饰比较适合教师佩戴。

（四）配饰不要过贵

从配饰的价格上看，不宜佩戴价格昂贵的配饰。教师披金戴银、满身珠光宝气，就无法教育学生艰苦朴素，很容易让学生产生拜金主义的思想。但也不宜挂一大堆廉价首饰，这会导致学生看不起教师。因此，配饰的价格需适中。

（五）配饰不要过多

从配饰的数量上看，不宜太多，最好只戴一只戒指、一块手表、一只手镯。手上戴多只戒指、多只手镯则有显摆的嫌疑，而且也不符合审美要求。

（六）配饰不要过异

从配饰的形状上看，不宜戴奇形怪状的配饰。比如，女教师不宜戴悬吊式耳环、耳坠等。悬吊式配饰的抖动容易分散学生注意力。

我们并不反对教师佩戴配饰，而是主张教师要配搭恰当的配饰。配饰佩戴以适当性为原则，无论是修饰程度，还是修饰数量和修饰技巧，都应把握分寸、自然适度，追求虽刻意雕琢，但又不露痕迹的效果。教师的配饰以小巧、雅致为宜。

合适的配饰有助于提升教师形象、增添教师魅力。小小的配饰，隐藏着教育的价值与意义，所以，教师要对自己身上的配饰保持一种警惕，经常反思身上所有配饰的教育意义，以使自己身上的配饰达到美化自己、教育学生的目的。

三 不当衣饰的影响

教师的衣饰不仅涉及个人形象，而且具有教育的效果，会对学生起到直接或间接的影响。有研究者曾就小学生、初中生和高中生对教师外在形象的态度进行调查，发现小学高年级学生就开始在背后议论教师的衣着、发型，初中生有59%的学生关注过教师的服饰，高中生关注教师服饰的比例达到86%。学生对教师的喜欢程度与教师着装所表现出来的外在形象明显相关。[1]马卡连柯说："教师的服装对学生的性格能起怎样的影响？教师的表情对培养学生的性格有怎样的影响？要谈这样的问题，就需要写一篇小小的专题论文。这些虽然是细枝末节，却是应该加以注意的。"[2]不当衣饰会给学生造成一些不良影响，主要表现在如下方面。

（一）分散学生的注意力

教师的不当衣饰，会引起学生的关注，分散学生学习的注意力。课堂教学过程中，当学生的注意力放在教师衣饰上时，他就不再关注学习内容，就会影响教学效果。

---

[1] 刘凤英，张春梅，姚志刚.教师礼仪［M］.长春：吉林文史出版社，2013：24.
[2] （苏）马卡连柯.马卡连柯教育文集.上卷［M］.吴式颖，等，编.北京：人民教育出版社，2005：224.

> **案例3-3** 　　　　　　　　我一定要得到那枚胸针

电影《英雄之战》中，学生高若飞被女教师左胸前的蝴蝶胸针所吸引，上课时他不是专心听老师的讲解，而是在痴迷地想："她是我们全班男生的蝴蝶女神。""这枚蝴蝶胸针好美啊，我一定要得到它。"

当学生面对教师的衣饰在胡思乱想时，他是无法把注意力放在学习上的。

（二）引起学生的模仿

学生具有很强的"向师性"，他们会模仿教师的行为，特别是他们喜欢的教师的行为。教师的不当衣饰，也可能会引起学生的模仿。如果教师穿着华丽、奢侈，学生也可能会向这个方面去模仿。而这个过程中，就会对学生的价值观或性格产生直接或间接的影响。

> **案例3-4** 　　　　　　　　老师都戴这个[①]

赵英发现刚上初中的女儿手上多了许多叮叮当当的饰品，走到哪，都叮当有声，特别在孩子写字的时候，这个声音就非常明显。赵英认为这些铃铛会影响女儿的学习。晚上她走到床边问女儿："宝贝，妈妈看到你手上的铃铛非常漂亮，你怎么想起来买铃铛的呢？"贝贝听到妈妈的夸奖后，高兴地说："这就是流行的魅力啊！"赵英迷惑不解地问："流行的魅力？"贝贝很认真地答道："我们班的语文老师、历史老师都戴这个，很流行的。"赵英瞪大双眼，都不知该说啥了。

案例中的学生就是受到语文老师和历史老师戴手饰的影响，也买了、戴了手饰。而且，这种风气已经成为了"流行"，班里或许还有其他学生也是这么做的。做教师的可能还不知道自己戴手饰的个人爱好已经影响学生了。因此，教师要注意自己穿戴的细节，以避免给学生造成不良影响。

---

① 万爱莲.新编教师礼仪训练教程［M］.武汉：华中科技大学出版社，2013：57-58.

（三）影响教师的形象

教师的不当衣饰还会影响教师在学生心目中的形象和地位。一个女教师穿着领口很低的衣服去上课，结果就引起了班里学生的私下议论，他们没有想到老师会穿得这么暴露来上课。教师原来树立的形象开始打折扣了。

作为教师，一定要认识到不当衣饰可能会给学生带来的不良影响，注重穿戴合适的衣饰，以提升个人形象，取得良好教育效果。

第二节　仪容整洁

仪容，指人的外观、外貌，重点是指人的容貌。在人际交往中，仪容是容易引起交际对象特别关注的部分。在教学中，教师的仪容影响着学生的观感，也影响着学生的情绪。教师要做到个人清洁、发型得体、化妆恰当，以期得到良好的仪容效果。

一　个人清洁

个人清洁就是注意个人卫生，给人以清洁干净的感觉。个人清洁主要包括如下几方面的内容。

（一）身体清洁

身体清洁，就是身体干净、无污垢、无异味。

保持身体清洁要注意如下几方面。一是要常沐浴、更衣。这是保持身体清洁的基本做法。二是祛除狐臭、脚臭等生理疾病。这些生理疾病是导致身体有异味的原因。三是控制饮食。不当的、大量的饮食，会使身体散发出异样的味道，因此通过控制饮食在一定程度上可以消除身体异味。

（二）面部清洁

面部清洁，就是面部干净清爽，无油污、汗渍、泪痕，无不洁之物。

保持面部清洁，一是要注意洗脸，二是适当化妆，三是饭后注意清除饭菜残渣，四是注意剔除外露的鼻毛。

（三）口腔清洁

口腔清洁，即牙齿洁白，口腔无味。具体而言，一是牙齿洁白，无烟渍、茶渍等；二是口腔内无异物，如牙齿上残留饭菜残渣等；三是口腔内无异味。

保持口腔清洁，一是不抽烟，防止口齿变色；二是注意饭后刷牙，以祛除异物和异味；三是经常用漱口水、牙签、牙线等工具清洁牙齿；四是教学前忌食葱、蒜、韭菜、腐乳、虾酱等有气味的食物；五是远离烟酒，防止烟味和酒气。

案例3-5 戒烟洁齿的王老师[①]

王老师是位资历颇深的老教师，从事教育工作已有近30年的时间。可以说，王老师在学校是位德高望重的老师，学校各位教师都十分敬重他。在学校的年度总结上，王老师获得了"最杰出教师"的荣誉。理由是王老师不仅课上得好，学生教得好，更重要的是王老师给年轻老师树立了杰出的榜样。原来王老师年轻时爱吸烟，几年下来，一口洁白的牙齿被烟熏得焦黄发黑，口臭也十分严重，稍微近距离讲话，就会呼出浓烈的烟臭味。于是，同学们很不愿意和王老师面谈解决学习中的问题。渐渐地，王老师才发现了自己不良的习惯对教学工作、对学生学习成果造成严重影响。自此以后，王老师戒掉了烟。当他发现喝茶也会使自己的牙齿发黄发黑，于是也尽量以白水代替茶水。为了还原一口洁白的牙齿，为了使学生乐于和自己交流、面谈，王老师还到医疗机构洗牙，即便牙齿被洗得麻木酸胀，王老师也一直坚持洗牙到牙齿重新洁白。此后，王老师更加注重自己的面部修饰，并且一坚持就是20年，为年轻的教师树立了重视仪容仪态的榜样，也使得自己成为学生最为尊敬、最亲爱的教师。

案例中的王老师为了教育工作，甘愿牺牲自己的爱好，并坚持做好面部修饰，时刻保持整洁的形象，这种行为是值得每个教师学习的。

---

① 金秀美.教师礼仪实训教程［M］.北京：科学出版社，2012：64.

（四）胡须清洁

一般而言，男老师最好不要留胡须。"胡子拉碴"会给人以邋遢的印象，而且会给人以缺乏对人尊重的感觉。把胡须清理干净，不仅显得干净利落，而且可以显出对人的尊重。

对男士而言，如果有胡须，要做到胡须清洁，即胡须无异样、异物、油污等。保持胡须清洁，一要经常清洗，二要经常打理。

（五）头发清洁

头发清洁，就是头发干净，无异物、异样、异味。同时注意，不能使自己披头散发、蓬头垢面。

做到头发清洁，一要经常洗头，清除汗馊、油污、油味，清除发屑；二要常梳头，使头发定型，线条清晰，纹丝不乱。

（六）四肢清洁

四肢清洁，就是做到四肢干净，无异味。

做到手部清洁要注意以下几点。一要保持指甲长度适当，不宜过长。二要保持指甲干净，不能藏纳污垢。三要经常护理手部，保持手部的健康。四要及时治疗手部疾病，如皮肤粗糙、红肿、皲裂等。

做到脚部清洁要注意以下几点。一是注意脚部卫生，常洗脚，常做足部保养，保持脚部健康。二是不允许光脚穿鞋。即使拖鞋、凉鞋这类鞋子也不能穿。三是勤换鞋袜，保持鞋袜洁净、无异味。

二 发型设计

头发处于人体的"制高点"，发型是人视线容易注意到的地方，在人的仪容中占有重要的地位。得体的发型可以提升个人魅力，不当的发型则会影响个人形象。

教师如果发型不当，不仅会影响他人对自己的印象，而且也会影响教学效果。因此，教师要重视自己的发型设计。留何种发型要考虑年龄、脸型等特点。下面就教师发型需要注意的地方加以介绍，供大家参考。

（一）男性的发型设计

青年男教师的发型以分头最为常见。留分头时，不宜留中分的发型。

男教师可以留平头，但注意不宜太短，否则会显得不成熟。

男士不宜烫发、卷发。

（二）女性的发型设计

女教师的发型较男教师的样式要多一些。但不论何种发型要注意以下几点。第一，发型不宜夸张。有的人会把发型设计成爆炸式的"蓬头"，或者向四周飘扬的夸张发型。这样的发型确实能够起到吸引他人注意力的效果，但于教师却是不合适的。第二，女教师最好不要做"彩发"。第三，女教师的头上不宜戴太多饰品，头花、头巾、头绳、发卡等的形状、颜色等也要注意，不要让它们分散了学生的注意力。

不论是男教师还是女教师，都不允许留光头，不准留大鬓角，也不准剃"阴阳头"等。

三 面部化妆

为了提升个人魅力和形象，教师可以适当化妆。对男教师而言，只做简单面部修饰，如洁面、剃须、修剪鼻毛等即可。对女教师而言，宜化淡妆。淡妆的主要特点就是简约、清丽、素雅，它能够给人以美感，又不使人感到脂粉气重。

化妆的最高境界是，化过妆，却看不出你化过妆，既能够显出你的漂亮，又不露人工痕迹。化妆一事，要做到有所为，有所不为，即恰到好处。这样，才能给人留下自然、美丽、大方、得体的良好印象。

第三节 仪态大方

俗话说：相貌的美高于色泽的美，而优雅合适的举止和修饰之美又高于相貌之美。对教师而言，举止得体、仪态大方是一项很重要的内容。教师的体态语言在信息传递的过程中起着重要的作用，教师应重视体态语言的运用。

 站立姿势

古人用"站如松，坐如钟，行如风，卧如弓"来形容人们的姿势。"站如松"形容良好的站姿，就是说站立的姿势要像挺拔的松树。在课堂教学中，教师的站姿要遵循站直原则、站稳原则、站中原则和站正原则。

（一）站直原则

站直原则，就是教师要收腹、挺胸、抬头，使身体处于一种挺拔直立的状态。收腹，就是不要把腹部向前挺，而要有意识地把腹部收紧。挺胸，就是挺起胸膛，保持背部笔直。抬头是指保持头部能够正视，站立时，不要低头、歪头或昂头。

站直是相对于"站歪""站斜"而言的。有的人要么前后不直，如上课时一直低头看教案；有的人则抬头看天花板，而不看学生；还有的人左右不直，如向右侧身或向左侧身。这样的姿势都既不美观，也不利于身体健康，还会影响师生交流的效果。

（二）站稳原则

站稳原则，就是教师站立时身体要稳定，不能摇晃、颤动。规范站姿是挺胸直腰，放平肩膀，抬头摆正，目视前方，双臂自然下垂，双腿并拢直立，脚尖分呈V字形，身体重心放在两脚中间。

有的人站在讲台上，头左摇右晃；还有的人一条腿承重，另一条腿在抖动，这都是站不稳的表现。站不稳，不仅影响教师形象，而且会分散学生注意力，影响教学效果。

（三）站中原则

站中原则，是指教师要站在讲台的中间，不要偏向一边。站在讲台中间，能够方便全体同学看到自己，也方便自己观察全班同学。偏离一侧，则会影响师生之间相互的目光交流。站中原则，从教学管理的角度来说，有利于教师观察全体学生并进行教学管理。但站中原则并不仅仅是为了管理学生，更重要的是为了师生目光、言语等方面的交流。

站中是相对于站偏而言的。有的教师有站位偏好，喜欢站在黑板的某一侧（往往是向光的、有依靠或能够产生安全感的地方），这对靠近教师的学生更有利一些，而对其他学生则会产生不良的影响，如视力的偏斜、学生成绩的影响等。教师如果有站位偏好，不仅会影响师生之间的相互观看，而且也是影响教育公平、学生成绩等的隐性因素。

（四）站正原则

站正原则就是教师站立时要正面对学生，而不能侧身对着学生，更不能背对着学生。

站正是相对于"站背""站侧"而言的。一是教学时教师不能背对学生。面向观众，不"背台"，是舞台表演的基本原则。对教师而言，要面向学生，不"背台"。有一个学员在试讲时，身体正对着黑板，右手抬起准备板书，从右侧扭头向学生提问，等着学生回答。这样的姿势，看上去别扭不说，也不利于声音的传递和师生之间的交流。二是教师不能侧身对着学生。有的人喜欢侧身向教室的一面，如右面或左面而站，结果就是目光所及只是所面对的部分，而身后的学生则被置于目光之外。

总之，教师的站立姿势要做到"直而不曲，稳而不晃，中而不偏，正而不背"。

二 坐的姿势

坐的姿势是一种静态造型。端庄优美的坐姿，可以给学生留下优雅、稳重、自然、大方的美感，从而提升教学效果。

（一）正确的坐姿

教师的坐姿主要有以下几种方式。[①]

1. 正襟危坐式

这种姿势的要求是"两个直角""两个并拢"。"两个直角"，一是大腿放平，上身与大腿成直角；二是小腿与大腿形成直角，小腿垂直于地面。"两个并拢"，一是双膝完全并拢，二是双脚包括两脚的跟部完全并拢。这是最基本的坐姿，也是正规场合所使用的坐姿。

---

① 李兴国，田亚丽. 教师礼仪［M］. 上海：华东师范大学出版社，2006：16-18.

2. 垂腿开膝式

这种坐姿的要求是"两直角、一分开"。"两直角"同正襟危坐式,即上身与大腿、大腿与小腿都成直角。"一分开",即双膝允许分开,但分开的幅度不要超过肩宽。这种坐姿多为男教师所用,比较正规。

3. 双腿斜放式

这种坐姿要求双腿先并拢,然后双脚向左或向右侧斜放,力求使斜放后的腿部与地面呈45度角。它适合于穿裙子的女教师在较低的位置就座时使用。

4. 双腿叠放式

这种坐姿要求双腿一上一下交叠在一起,交叠后的两腿间没有缝隙,犹如一条直线。双脚斜放在左或右一侧。斜放后的腿部与地面呈45度角,叠放的上脚尖垂向地面。这种坐姿适合于穿裙子的女教师。

5. 前伸后屈式

这种坐姿要求大腿并紧后,向前伸出一条小腿,并将另一条腿屈后,两脚脚掌着地,双脚前后保持在一条直线上。

6. 双脚内收式

这种坐姿要求两条大腿首先并拢,双膝可以略微打开,两条小腿可以在稍许分开后向内侧屈回,双脚脚掌着地。这种坐姿适合与学生交谈时使用,男女教师都适合。

7. 双脚交叉式

这种坐姿要求双膝先并拢,然后双脚在踝部交叉。交叉后的双脚可以内收,也可以斜放,但不要向前方远远地直伸出去。这种坐姿适用于各种场合,男女教师都可选用。

(二)不当的坐姿

坐姿中要注意不要出现跷二郎腿、抖腿、双腿分开过大、架腿方式欠妥、脚乱蹬乱踩、臀部靠在讲桌或课桌上、脱掉鞋袜等不良姿势。这些姿势会给人无礼、粗鲁、傲慢、随意等不良印象。

三 行走姿势

讲课时,教师不能呆板地固定在一个地方不挪动。适当地挪动是必要的。适当挪动既有利于教师的腿部健康，也有助于学生注意力的调节。如果教师固定不动，时间一长学生的注意力就会分散。适当地走动，可以使学生的注意力随之而动，从而达到调节注意力的效果。因此，教师要注意适当走动。课堂教学中的行走要遵循轻缓原则、小步原则和稳健原则。

（一）轻缓原则

古人说的"行如风"，是对日常走路而言的。教师在教室里的走动，属于教学行为的组成部分，与日常行走有一定的区别。从行走的速度上来说，教师在教室里的行走要遵循轻慢原则，即轻轻地走、慢一点走。

走得太快容易产生一些问题。一是容易产生脚步声，会产生教学噪声，影响学生思考或学习；二是容易碰掉学生的书本、文具等物品，引发课堂突发事件；三是给人不稳重、浮躁、情绪紧张、焦虑、信心不足等不良感觉。

（二）小步原则

"昂首挺胸，阔步向前"，这是一种充满力量的形象。然而，在教室中的走动，却不能"阔步向前"。这是因为教室的空间有限，不需要大步前进。从行走步伐的幅度上来说，教师的行走要遵循小步原则，即小步行走，不宜迈大步。

（三）稳健原则

如果教师走起路来摇摇晃晃，或者忽快忽慢，就给人以不稳健的感觉。因此，从行走效果角度来说，教师的行走要稳健，给学生以可靠、安全的感觉。

案例3-6　　　　　　　　　**走姿的吸引**[①]

高三时我们换了一个新英语教师，一次英语早自习，英语老师第一次进我们教室，当她双手抱书、腰背挺直、不急不慢、自然稳健地从后门进来时，同学们都被她那优雅的走姿吸引了，后来班上不少女生刻意去向老师请教走路要领，新英语教师深受同学们喜欢。

---

① 万爱莲.新编教师礼仪训练教程［M］.武汉：华中科技大学出版社，2013：77.

人们常说，教师的一言一行都会影响学生。这一"行"，当然包括行走的姿势。案例中的女教师正是由于走得不急不慢、自然稳健、走得优雅，所以吸引了学生，获得了学生的喜欢。可见，教师的行走也是提升个人魅力的一个不可忽视的方面。

四 手势运用

手势是一种复杂的符号，能够传达很多的信息。教学中教师要注意手势运用的幅度、次数、时机、力度等技巧。手势运用时要遵循自然原则、适量原则、适时原则、适度原则、适应原则等。

（一）自然原则

手势的运用以自然而然地呈现为好。要根据表达的意图和教学内容的需要，来决定是否需要借助手势来加强表达效果，而不要刻意去突出和强调手势。

（二）适量原则

从手势运用数量的角度来说，手势运用要适量，通过一定数量的手势来达到最佳的表达效果。没有手势，或手势太多都会影响表达效果。其中，手势太多主要包括两种情况。一是手势太碎，主要表现是多个手势在同一时段内出现，令人眼花缭乱，或者一个手势反复地做来做去，让人心生厌烦。二是手势多余。比如，玩弄粉笔头、衣服上的饰品等。这些不仅会分散学生注意力，而且暴露自己的紧张感。

（三）适时原则

从手势运用时间的角度来说，手势运用要适时，即该用手势时就用，不该用时手别动。什么时候该用什么手势，什么时候又不该使用呢？这是由表达意图和教学内容的需要决定的。手势要跟着表达意图和教学内容的需要而动或者静。

（四）适度原则

从手势运动幅度的角度来说，手势运用的幅度要大小适度。手势的上界一般不超过对方的视线，下界不低于自己的胸区，左右摆的范围不要太宽，应在自己胸前或右方进行。在课堂教学过程中，教师手势的动作幅度不宜过大。

（五）适应原则

从手势与内容配合的角度来说，手势运用要适应表达意图与教学内容的需要，要能够准确地传情达意，达到加强表达效果的作用。

五 表情运用

面部表情是重要的信息传递系统。心理学家艾伯特·梅拉比恩博士经过长期研究，给出了以下公式：信息交流的全部效果=7%言语的效果+38%声音的效果+55%表情的效果。其中，38%声音的效果包括辅助语、类语言、口哨语等有声言语符号的交际功能，55%表情的效果则主要由目光语、身势语、服饰语、体距语等完成。[1] 可见，表情的运用对信息的交流至关重要。教师的表情作为教师信息交流的重要手段，在教育交往中起着言语行为难以替代的作用。这里我们所说的更主要是指面部表情，包括面部肌肉的运用、微笑的运用等。

（一）善用表情

苏联著名教育家马卡连柯十分重视表情在教育中的作用。马卡连柯说："没有适当的声调的运用，没有适当的脸部表情，是什么也做不好的。"[2] 他甚至把善用表情看作是做教师的必要条件。

> **案例 3-7**　　　　　　　**马卡连柯论教师表情**[3]
>
> 教育技巧也表现在教育者运用声调和控制自己的面部表情上。
> ……
> 做教师的绝不能没有表情，不善于运用表情的人就不可能做教师。决不能让我

---

[1] 刘维俭，王传金.现代教师礼仪教程［M］.南京：南京师范大学出版社，2006：84.
[2] （苏）马卡连柯.马卡连柯教育文集.上卷［M］.吴式颖，等，编.北京：人民教育出版社，2005：121.
[3] （苏）马卡连柯.马卡连柯教育文集.上卷［M］.吴式颖，等，编.北京：人民教育出版社，2005：146-147.

们神经成了教育的工具，决不能让我们借助内心的苦痛——我们精神上的苦痛——来教育儿童。要知道，我们毕竟是人。如果在其他的一切专门技能上没有精神上的苦痛就可过得去的话，那我们也就应该这样做。

但是，有时候需要对学生表示出精神上的苦痛，为了做到这一点，就要善于运用表情。

不过，不能单纯地像在舞台上表演似的运用表情。要有某种传动带，这种传动带应当把你们的完善的人格和表情结合起来。这种表情并不是死板的表情，不是机械式的表情，而是我们的心灵里所具有的那些变化的真实反映。而这些精神上的变化，就是以生气和动怒等表情传达给学生的。

只有在学会用15～20种声调说"到这里来"的时候，只有学会在脸色、姿态和声音的运用上能表现出20种不同的风格韵调的时候，我才成了一个真正有技巧的人。那时候，我就不怕有谁不走近我，或者感觉不到该怎样做了。

笔者曾经遇到过面无表情的老师，也曾遇到过面无表情的学生。那个教师在试讲过程中，面部没有一点表情，只看到她的嘴在动。于是，我和同学们都给她提出建议，帮助她进行改进。教学过程中，教师面无表情，学生就既感受不到教师对教学内容的感情，也感受不到教师对学生的感情，甚至会感到教师对自己的冷漠。教师面无表情，不论是对教学内容的传授，还是对师生关系都是一种伤害，甚至可能是很大的伤害。如果教师的讲课再没有抑扬起伏，那么这样的教学就给人冷冰冰、毫无生气的感觉。教师的面无表情，不仅无法把学生带入课堂教学的良好气氛中，还会拉开师生之间的心理距离，影响整个教学效果与师生关系。因此，教师要善于运用丰富的表情来传情达意。

当然，教师对表情的运用要得体，不能像滑稽演员那样夸张（除非教学需要），但也不能没有表情。

（二）保持微笑

在日常的教学中，有一种表情非常重要，那就是微笑。教师要学会微笑，要做一个会微笑的教师。微笑带给学生和蔼可亲、平易近人的感觉，能够拉近师生之间的心理距离。微笑也可以成为一种影响学生久远的力量。

著名小学特级教师于永正回忆自己的小学老师张敬斋时说："我脑海里留下的全

是张老师的笑脸和那特有的爽朗的笑声。"① 可见，教师的笑容和笑声对孩子的影响是久远的。于永正说："我要让学生一见面就喜欢我，以我的热情唤起学生的求知求进的欲望。我要像张老师那样做个'会笑的教师'。"②

著名画家、诗人、散文家席慕蓉在回忆自己成长的经历时说："我不断成为转学生，于是性格中很惶恐，常常觉得被别人排斥。生命的难关有的很早来，有的很晚来。我的难关是在从香港到台湾读书的那段时间来的。因为一直在转学，可能脸皮也就渐渐厚了，无所谓了。有过小时候感受到敌意和陌生感的经历，那样的童年，其实不容易过来。""我讲自己遭遇的原因就是，是什么让我不寂寞呢？当然教师给我的微笑是让我安心的。"③

由于不断转学，不断被人排斥，受到敌意，对席慕蓉来说形成了人生的难关，但老师的微笑给予她的是安心。可见，老师的微笑有时是多么重要，特别是对那些处于劣势、弱势，需要心灵关怀的孩子而言。有时，老师的一个微笑就温暖了一颗无助、无望的心，就点燃了一个人学习、进取的精神。因此，做老师的一定要认识微笑的价值，一定要学会对学生真诚地微笑、温暖地微笑。

当然，教师不当的笑容会给教育教学带来不良的影响。

著名作家阎连科在《最初的开悟》一文中回忆自己的高中语文老师时说：

给我们讲课时，他总是面带含有讥讽的怪异笑容，嘴里叼着一根很长的自制的炮筒子卷烟，对所讲的课文，又总是指出一些写作上的不足，并说一些"这样写"不如"那样写"的话。

实在说，尽管他的课讲得很好，但没有给同学们留下太好的印象，因为他在讲台过"狂"，他的那种异容怪笑，也难以让人接受。④

从这个案例里，我们可以看到，即使老师讲课讲得好，如果态度太狂傲，笑容太怪异，一样无法获得学生的认可。可见，教师的笑不应该是狂笑、大笑、怪异的笑，而应该是和蔼的微笑。

---

① 裴跃进.教学名家谈成长［M］.北京：北京师范大学出版社，2013：13.
② 裴跃进.教学名家谈教育［M］.北京：北京师范大学出版社，2013：11.
③ 席慕蓉.文学中的隐性价值［N］.光明日报，2014-6-9（A16）.
④ 阎连科.一个人的三条河［M］.北京：中国人民大学出版社，2012：168-169.

六 目光运用

有人说:"老师不经意的一句话,可能会创造一个奇迹;老师不经意的一个眼神,也许会扼杀一个人才。"教师的目光运用也是一种教育力量。有人曾对初中二年级的学生做过一次问卷调查,内容是"你对老师在课堂上从没看过你一眼的感觉",选"有失落感"的约占总人数的73%,感到"恼怒"的约占总人数的16%,"无所谓"的约占总人数的10%。这一结果表明,学生对教师从没有看过自己一眼有"失落感"和"恼怒"的占了绝大部分。由此看来,教师的目光所及对学生多么重要,绝大部分学生是希望教师在课堂上向自己投来关注而慈爱的目光的。[①]教师不给予学生目光的关怀,会引起学生的厌学。

案例3-8　　　　　　　**老师甚至没看我一眼**[②]

这是一件真事。一个读二年级的女孩一天放学回家后对妈妈说:"妈妈,明天我不去上学了。""为什么,孩子?""今天上课老师没向我提一个问题,甚至没看我一眼。"

每个人都希望得到别人的关注,学生特别希望得到老师的关注,而关注的一种重要的方式就是用眼睛关注着他人。案例中的女孩因为老师没有提问她,特别是没有看她一眼,就厌学了。可见,老师正确地运用目光,多关注学生是多么重要。

教学中教师的目光运用主要有环视法、注视法、虚视法等方法。

(一)环视法

环视法即用眼神环顾学生的方法。运用这种方法要神态自然,视线向前流转,以观察学生。眼光在全场按一定位置自然地流转,但头部不可摆动。这种眼神可以控制全场情绪,还可以了解学生反应、检查自己表达的效果。上课铃响,教师步入教室在讲台上站定,用目光扫视一下全班学生,学生即可安定下来,这样教师不费

[①] 赵新法. 现代教师素养导论 [M]. 天津:天津教育出版社,2011:185.
[②] 于永正. 做一个学生喜欢的老师——我的为师之道 [M]. 北京:教育科学出版社,2014:22.

一言，就可以安顿全场。讲课时，教师不时地用眼睛环视整个教室，可使全体学生都感到你在对他们讲课，可以调动他们的参与感；个别学生不注意听讲，如果被老师的环视所"扫中"，也会受到提醒，加以注意的。

（二）注视法

注视法即把视线集中在某一点或某一区域的方法。这种方法只同个别或部分学生交流视线，可以以此来引导学生专心听讲。讲课过程中，个别学生不注意听讲，教师讲课的同时用目光注视那个学生，就可以制止他的小声说话或小动作，既可保持正常上课，又不会"语惊四座"。提问时，教师的注视可以鼓励学生大胆发言，打破课堂教学提问的冷场现象。

（三）虚视法

虚视法即用眼睛似看非看的方法。运用这种方法要睁大眼睛面向全体学生，而不专注某一点，这样全体学生都以为讲话者在注视他们，于是全场便被控制。讲课中，教师不时地把视力的"焦点"对准某个学生，或者出于教学的需要对某个或某些学生仅仅一瞥，也能够唤起他们的注意。在回忆和想象时，虚视还可以把听众带入假设的意境，受到熏陶和感染。

以上方法可以综合运用、交替运用。如虚视与注视配合可以消除注视容易造成目光呆滞的不足等。通过眼神暗示，教师就可以在一定程度上达到传达信息、控制局面的目的。

目光运用时，要注意以下几个方面。一是目光分配要合理，尽量关注到每一个学生。目光运用得好的表现是，让每个学生都感到老师看到我了。目光运用的最高境界是，让每个学生感到老师始终在看着我。二是不能长时间凝视或盯视学生，这会增加学生的心理压力。三是眼睛转动的幅度不能太快或太慢。四是不要瞪眼、眯眼、斜眼看学生。五是忌用责怪、漠视的眼光看学生。

除上述仪态之外，教师在日常行为的细节上也要注意表现得体。马卡连柯说："从口袋里掏出揉皱了的脏手帕的教师，已经失去了当教师的资格了。最好还是请他到角落里，在那里去擦鼻涕，叫谁也不要看见他。"[①] 可见，作为教师要摒弃不拘小节、

---

① 赵新法.现代教师素养导论［M］.天津：天津教育出版社，2011：178.

不加检点的不良习惯，时刻注意自己仪表仪态中的细节，为学生树立良好的榜样。

英国的塞缪尔·斯迈尔斯说："培养温文尔雅的态度、正确的礼仪、优雅的行为，还有将人生变得美好、变得快乐的所有艺术都是有价值的，但是为此而放弃人的诚实、正直这些最基本的品德是不可取的。""高雅的礼仪方式，如果不发自内心，也是毫无意义的。"① "我们当然要培养正确的礼仪方式，但是我们不能忘记我们的目标不是快乐、艺术、财富、权力、知识、才能，而是崇高而伟大的'纯粹而卓越的品格'。如果不是站在真正优秀的个人美德的基础上，那么不论是多么懂得礼貌，多么高雅，多么精湛的艺术，也不能使我们进步。"②

我们学习教师的礼仪，掌握得体的仪容、仪态、仪表，不纯粹是为了掌握这些技巧，也不纯粹是为了教学，更是为了真切地、真正地提高个人修养。只有这样，我们才能有真正的进步与提升。

本章小结

教师得体的仪表，包括着装得体和配饰得体。男教师的着装分为正装和便装。女教师的着装主要考虑西装和套裙。教师的着装要与课堂教学相适应，要防止衣着休闲、衣着混搭、衣着失色、衣着不净、衣着异味等不当着装。在配饰方面，要防止配饰过大、过艳、过亮、过贵、过多、过异等情况。不当衣饰会分散学生的注意力，引起学生的模仿，影响教师的形象。

教师得体的仪容，包括个人清洁、发型得体、化妆恰当。个人清洁主要包括身体清洁、面部清洁、口腔清洁、胡须清洁、头发清洁、四肢清洁。男教师的发型以分头最为常见，不宜留中分的发型；女教师发型多样，但要适当。教师可适当化妆，女教师宜化淡妆，男教师只做简单面部修饰即可。

教师得体的仪态，包括站立姿势、坐的姿势、行走姿势、手势运用、表情运用、目光运用等。教师的站姿要遵循站直原则、站稳原则、站中原则和站正原则。端庄优美的坐姿包括正襟危坐式、垂腿开膝式、双腿斜放式、双腿叠放式、前伸后屈式、双脚内收式、双脚交叉式等。课堂教学中的行走要遵循轻缓原则、小步原则和稳健

---

① （英）塞缪尔·斯迈尔斯.品格论［M］.徐静波，朱莉莉，编译.上海：复旦大学出版社，2011：142.
② （英）塞缪尔·斯迈尔斯.品格论［M］.徐静波，朱莉莉，编译.上海：复旦大学出版社，2011：143.

原则。手势运用要遵循自然原则、适量原则、适时原则、适度原则、适应原则等。教师要善用表情，保持微笑。教学中教师的目光运用主要有环视法、注视法、虚视法等方法。

拓展阅读

1. 李振村.教师的体态语言［M］.北京：教育科学出版社，2011.
2. 李兴国，田亚丽.教师礼仪［M］.上海：华东师范大学出版社，2006.
3. 吕艳芝、冯楠.教师礼仪的99个细节（第2版）［M］.上海：华东师范大学出版社，2017.
4. 袁涤非.教师礼仪［M］.北京：中国人民大学出版社，2018.
5. 刘维俭，王传金.现代教师礼仪教程［M］.南京：南京师范大学出版社，2006.
6. 金正昆.教师礼仪规范（第4版）［M］.北京：中国人民大学出版社，2023.
7. 金秀美.教师礼仪实训教程［M］.北京：科学出版社，2023.
8. 万爱莲.新编教师礼仪训练教程［M］.武汉：华中科技大学出版社，2013.

同步训练

1. 有人认为，常言道"萝卜白菜，各有所爱""穿衣戴帽，各人所好"，因此，对教师的着装没有必要做太多的要求。请对此观点发表自己的看法。
2. 阅读下面材料，回答问题。

> **案例3-9**　　　　　　　　　　**小李老师的着装烦恼**

年轻女教师小李活泼好动，喜欢与众不同的穿着。有一天，天气闷热，她担心自己上课流汗会打湿短袖衬衫的腋下，让学生看见很难为情，于是精心挑选了一件颜色比较素净的吊带裙。走进教室后，小李看见学生露出很惊讶的样子，有的女生竖起大拇指夸奖她穿得好看，她很是暗暗得意了一下。正在高兴的时候，校长在门外喊她出去，结果出去之后因为吊带裙的事情挨了一通说，搞得她上课很没有情绪。小李认为，自己是避免天热流汗造成的尴尬，才精心挑选了这条吊带裙，又不是故意招摇过市，何错之有？再说，学校也没有规定夏天一定要穿带袖的衣服啊。每个人有自己的审美观,穿得漂漂亮亮地上课,违反哪条校规校纪了?

小李老师吸取了上次穿吊带裙的教训,第二天穿了一件白色短袖衬衫去学校。她想:"虽然这件衬衫有些大了,不太合身,样式也有点过时了,但也不至于让校长批评吧。"小李没想到,她穿着这件衬衫上课,有几位女同学下课后直接指出她今天穿的衣服不合适。小李老师很是苦恼,不知道怎样穿才既大方得体,又能带动学生的积极性。

请问:(1)小李老师穿吊带裙去上课,这样的着装合适吗?为什么?(2)如果你是小李老师,经历了第二次的挫折会怎么做?

3. 阅读下面材料,回答问题。

案例3-10　　　　　　　不修边幅的老师[①]

李老师的口头表达能力不错,对课程的讲授也掌握得恰到好处,人朴实又勤快,学历也高,资历深的老教师对他期望很高。可是李老师工作快一年了,全班的成绩一直上不去,问题出在哪儿啊?原来,李老师是个不修边幅的人,双手拇指和食指喜欢留着长指甲,里面经常藏着很多脏东西,鼻毛也时而露出鼻孔外,脖子上的白衣领更是经常有黑色的汗迹,有时,手上还抄写着电话号码。平时,李老师也喜欢吃大饼卷大葱,吃完后,也不知道祛除口腔异味的必要性。因而,在课后学生即使有不清楚的问题,也不愿意找李老师当面请教解决,许多同学都带着没有解决的问题学习,所以整个班级的成绩不理想。

请对案例中教师的仪容卫生作出评论。

4. 阅读下面材料,回答问题。

案例3-11　　　　　　　像鸵鸟的教师[②]

老师长得很高很瘦,但总是驼着背,给人一种疲惫的感觉,而且步子迈得又大又快,就像鸵鸟一样,班上调皮的学生经常学他走路。这位老师上课时还喜欢双手

---

① 金秀美.教师礼仪实训教程[M].北京:科学出版社,2012:60.
② 万爱莲.新编教师礼仪训练教程[M].武汉:华中科技大学出版社,2013:73.

叉腰，不知情的人还以为他在跟我们吵架。

请对案例中教师的仪态作出评析。

5. 阅读下面材料，回答问题。

案例3-12　　　　　　　　**教师期待的目光**①

　　记得我上小学时，很胆小害羞，但是六年级的语文老师帮我改掉了这个缺点。有一次，学校举行讲故事比赛，语文老师觉得我的声音很好听，很适合比赛，便提出让我参加。第一次在班上讲时，我满脸通红，脚在颤抖，紧张得说不出话来。我准备跟老师说我讲不了时，发现老师正用鼓励期待的目光看着我，并对我善解人意地笑了笑。我心下一宽，不由自主就有了自信，慢慢讲了起来。

请对案例中教师仪态方面的表现作出评价。

参考答案

1. 个人确实有穿衣戴帽的自由。一个人穿什么，似乎只是个人爱好的事情，没有必要多说什么。但不同的职业有不同的着装要求，作为一名从业人员，需要遵循职业的要求。对教师而言，需要"为人师表"，这个"表"既是"表率"，也是表面形象，它对学生的成长起着直接或潜移默化的影响。因此，教师的着装不仅仅是个人喜好的问题，还担负着教书育人的特殊功能。这就需要对教师的着装做出相应的要求，也需要教师自觉地注意自己的着装，以更好地为学生做出表率，更好地教书育人。因此，教师是不能随便着装的，教师的着装要考虑对学生的影响，考虑教育的效果。

2. （1）小李老师穿吊带裙去上课是不合适的。穿这样的衣服上课会分散学生的注意力。学生露出很惊讶的样子和有女生竖起大拇指夸奖她穿得好看，就已经表明她的着装在分散学生注意力了。她自己还没有意识到这一点，反而还在暗暗得意。这说明小李老师对教师着装还缺乏认识，对教师着装与

---

① 万爱莲. 新编教师礼仪训练教程［M］. 武汉：华中科技大学出版社，2013：67.

教育教学之间的影响关系的认识也有待提高。（2）小李老师第二次的着装过大而且过时，所以不能达到良好的着装效果。她应该学习教师如何着装才能显得得体，才能达到良好的着装效果。

3. 案例中的教师不修边幅，没有注意手部清洁、面部清洁、身体清洁和口腔清洁。由此导致学生不愿意接近他，积累了很多学习上的问题，以致影响了教学效果。这个案例说明，教师的仪容卫生会直接影响教学效果，教师应该重视个人仪容卫生。

4. 从站姿上看，教师应该站直，不能弓腰驼背，最好双臂自然下垂，不能双手叉腰，这样的姿势很不优雅，而且有冒犯别人的嫌疑。从行姿上看，教师在教室里行走应走得轻缓，步幅要小，不能又快又大。

5. 案例中的教师是一个会用眼睛说话的教师。当学生紧张得说不出话来时，他没有用言语提醒学生，而是投以鼓励期待的目光。这既保护了学生的自尊心，又给予了学生以自信心。作为一名教师，要学会运用眼睛来说话，当学生需要鼓励时，教师要投之以鼓励期待的目光；当学生出现不良行为时，教师也要用眼神传达信息，提醒、警告、制止他。总之，学会运用眼睛来说话，对教师而言，是一项重要的教育技能。

自我检测

学习过本章内容，请对照反思。

项 目	是	否	改进措施（如否，请写要点）
1. 作为教师，我的着装是否得体			
2. 作为教师，我的配饰是否得体			
3. 作为教师，我的发型是否合适			
4. 作为教师，我的妆容是否合适			
5. 作为教师，我身上是否有异味			
6. 教学中，我是否有站位偏好			

续 表

项　　目	是	否	改进措施 （如否，请写要点）
7. 教学中，我的行走是否合适			
8. 教学中，我的手势是否合适			
9. 教学中，我的表情是否合适			
10. 我是否已做到为人师表			

学习心得

学习完"仪表仪态"这一章，你有怎样的心得收获，请写出几条。

_____
_____
_____
_____
_____

实践转化

你准备在实践中怎样落实、转化"仪表仪态"这章所学内容，请写下要点。

_____
_____
_____
_____
_____

第四章　言语表达

语言,是我们最重要的教育工具,任何东西都无法取代它。[①]

——(苏)苏霍姆林斯基

教师的语言修养对学生在课堂上的脑力劳动起着决定性的作用。我们证实,高度的语言修养是合理利用教学时间的重要条件。[②]

——(苏)苏霍姆林斯基

[①] 蔡汀,王义高,祖晶.苏霍姆林斯基选集(五卷本)第4卷[M].北京:教育科学出版社,2001:140.
[②] 蔡汀,王义高,祖晶.苏霍姆林斯基选集(五卷本)第4卷[M].北京:教育科学出版社,2001:661.

学习目标

1. 语言清晰，语速适宜，表达准确。口齿清楚，讲话流利，发音标准，声音洪亮。讲话中心明确，层次分明，表达完整，有感染力。
2. 善于倾听、交流，有亲和力。具有较强的口头表达能力，善于倾听别人的意见，并能够较准确地表达自己的观点。在交流中尊重对方，态度和蔼。

教师工作主要使用语言来进行。教师语言素养的高低直接影响教育教学的效果。教师的言语表达包括两个方面：一是单向表达的要求，如语言清晰，语速适宜，表达准确等；二是与人交流时双向表达的要求，如善于倾听、交流，有亲和力等。前者是后者表达的基础，后者是前者表达的运用。作为一名教师，对两方面都需要全面把握。

 案例展示

案例 4-1 　　　　**于漪老师的单元导入语**

在教某一写景单元文章时，于漪老师做了如下的单元导入。

继米开朗基罗之后的法国大雕刻家罗丹曾这样说："美是到处都有的，对于我们的眼睛不是缺少美，而是缺少发现。"我们人总要和大自然接触，大自然的美可以说是无处不在。它不同于巧夺天工的工艺美，也不同于绕梁三日的音乐美，更不同于充满青春活力的人体的健壮美。然而，它似乎又是各种美的综合。尤其是我们伟大祖国的锦绣山川，真是美得令人陶醉，它在春、夏、秋、冬不同的季节，展现不同的美姿。现在我们学习的这个单元是一组描写四季景物的散文，情文并茂。我们要反复吟诵，分析比较，仔细推敲，理解它们高超的艺术手法和表现的情境美，培养我们用双眼观察美的能力，陶冶我们的情操。

于漪老师的教学语言一直是为人们所津津乐道的。她的语言是那样地简洁、优美、有条理，同时又饱含感情，在抑扬顿挫中，徐徐流入学生的耳朵，学生不知不觉中就被她吸引住，进入到她所创设的教学情境中。倾听这样的语言，上这样的课，是一种享受。教师良好的言语表达会产生一种教学魅力，它能够紧紧抓住学生的心，引发学生强烈的学习兴趣，使学生跟随教师流淌的语言展开一段愉悦的学习旅程。

第一节 语言规范

普通话是教师的标准语言。虽然，很多教师通过了普通话考试，但并不等于普通话没有问题了，有些人仍然存在这样那样的不足。因此，还需要不断地加强普通话的练习与使用。教师的语言要规范，这样才能够给学生以积极的、正确的语言影响。语言规范要做到说标准的普通话，口齿清楚，讲话流利，发音标准，声音响亮，语速适宜。

一 口齿清楚

口齿清楚主要是发音准确、吐字清晰、声调准确。口齿清楚，还需要做到控制语速、注意停顿等方面。与口齿清楚相对的是口齿含糊、口齿不清、口齿结巴等。这主要是由发音不准，特别是声母、韵母等发音不准，或者表达不流畅等原因造成的。要做到口齿清楚，就要加强普通话的练习。民间所运用的说"绕口令"的方式也是锻炼口齿清楚的一种好方法，可供需要练习口齿清楚的人参考。

二 讲话流利

讲话流利就是讲话时做到语流连贯，表达具有流畅性，说话时不出语速迟缓、磕磕绊绊、时断时续等情况。教师的语流与学生的学习成绩之间具有重要的关联。据希勒等人的研究表明，教师语流的流畅性与学生成绩之间有显著正相关。另外，还有人研究发现，教师语流中断可造成学生成绩的显著下降。[1]

讲话流利，要把握语流的速度。语流的速度指单位时间内所发出音节的多少。只有在单位时间内发出恰当的音节才能达到良好的表达效果。一般而言，教师在进行单向表达时以1分钟250个音节左右为宜。

讲话流利，语流连贯，并不是指不停地说。教师在表达时，也要注意适当地停顿，从而让言语表达充满节奏。

说话时"卡壳"是影响表达流畅性的一个重要因素。防止卡壳，需要分析出现卡壳的原因，并采取相应的对策。人在对内容不熟悉、出现遗忘的情况时，容易出现卡壳，此时需要加强对内容的熟悉程度；人在紧张时，也容易出现卡壳的情况，此时需要放松心情，不紧张，慢慢说；当思维还没有反映过来，但口头表达已经跑到前头时，也会出现卡壳，此时需要做到想好了再说，想着说，而不是抢着说。找到了导致卡壳的原因，并采取有效措施后，就有助于增加表达的流畅性。

三 发音标准

发音标准，要求教师使用普通话，不要使用方言。讲普通话，语音的正确运用是基础。语音是语言的物质外壳，是语言符号系统的载体。它由人的发音器官发出，负载着一定的语言意义。音高、音强、音长、音色，是语音的物理基础，也是构成语音的四要素。音高指声波频率，即每秒钟振动次数的多少；音强指声波振幅的大小；音长指声波振动持续时间的长短，也称为"时长"；音色指声音的特色和本质，也称作"音质"。语音和意义的联系是人们在长期的语言实践中约定的，这种音义的结合关系体现了语音有重要的社会属性。教师的语音表达主要指教师读书或说话的口音。教师言语表达要做到发音标准，关键是要做到发声准确和声调准确。

发声准确，就是要发好声母和韵母的音，特别是声母的发音。声母不准，是语音表达方面的重要障碍，比如，"n""l"不分、"l""r"不分、平舌音（z\c\s）和卷舌音（zh\ch\sh）不分等。其中，方言是形成发音不准的一个重要原因。比如有些地方"人"字的音"yin""ren"不分，"肉"字的音"rou""lou"不分，就是由于声母不准造成的。因此，在言语表达时，特别要注意把声母的发音发准确了，这有

---

[1] 施良方，崔允漷. 教学理论：课堂教学的原理、策略与研究 [M]. 上海：华东师范大学出版社，1999：176.

助于清晰地吐字发音。

声调准确就是阴平、阳平、上声、去声四声的声调能够准确地发出来。声调不准，是语音表达问题的原因之一。声调是语音表达的重要方面，指整个音节的高低升降的变化，音高的变化决定了声调的性质。作为教师要善用声调。苏联教育家马卡连柯说："只有在学会用15～20种声调说'到这里来'的时候，只有学会在脸色、姿态和声音的运用上能表现出20种不同的风格韵调的时候，我才成了一个真正有技巧的人了。那时候，我就不怕有谁不走近我，或者感觉不到该怎样做了。"[1]普通话有四种基本调值，可以归并为四个调类。根据古今调类演变的对应关系，定名为阴平、阳平、上声和去声。具体描写如下：阴平，高而平，叫高平调；阳平，由中音升到高音，叫中升调；上声，由半低音降到低音再升到半高音，叫降升调；去声，由高音降到低音，叫全降调。汉语的声调可以区分意义，即不同的声调表达的意思也不一样。比如"山西"（shān xī）和"陕西"（shǎn xī）的不同，"主人"（zhǔ rén）和"主任"（zhǔ rèn）的不同，就是由于声调的不同。再比如，"喂！你怎么才来？"这个"喂"，发"wèi"的音比较有力，是责怪，如果发"wéi"的音力量就弱了，如果发"wěi"那么就是嗔怪了。在汉语中，凡是意思比较强的字或词，多半发第四声。用四声发出来的音调比较硬朗、干脆、有力。有的人分不清声调，或发不准，就容易造成表达问题。

四 声音响亮

声音响亮就是运用响亮的声音来传达信息。语音包括音量的大小，音量大小对学生会产生不同的影响。如果音量过大，易于造成学生的听觉疲劳，甚至会抑制听者的兴趣，高音量就成了噪声，音量太大还会给人粗暴、无礼、缺乏修养的感觉。音量过小，则会使学生听起来感到费力。如果声音太小，听者听不清楚，就不会有好的效果。可见，适当的音量是恰当表达的要素之一。

音量的大小是相对的，与所处的场合有关。在人声嘈杂的地方，即使面对面甚至贴着耳朵大喊大叫，也会听不清楚；在万籁俱静的环境里，一点声响都可能觉得声音很大。王籍的诗句"蝉噪林逾静，鸟鸣山更幽"，就说明了在幽静的环境中，显

---

[1] （苏）马卡连柯. 马卡连柯教育文集（上卷）[M]. 吴式颖，等，编. 北京：人民教育出版社，2005：146-147.

示出的声音的响亮。

在不同场景中，教师需要运用不同的音量。当学生犯严重的错误需要立即制止时，教师的声音要有威慑力，甚至可以说是越严厉越好。当然，教师的"大声"，不是咆哮，更不是泼妇骂街，而是理智控制下的骏马奔腾，非常情况下的理智表现。

在面对全体学生讲话时，教师应该根据学生的多少、空间的大小设计自己的音量，控制自己音量，既不能太小，以免坐在后面的同学听不清楚，也不能太大，让坐在前面的同学受不了。最好的表达效果是让自己的声音具有一种穿透力，让坐在教室每个角落里的人，都能够清晰地听到。

五 语速适宜

语速是言语表达的速度。语速因人而异，有的人语速快，连珠炮一般，有的人则语迟，半天才一句。语速的快慢可用单位时间内的所说字数与所用时间的比率来测算。当然，在日常说话中，我们不会这样去计算，也没有必要去计算，除非是进行专业的训练，人们一般凭感觉来判断一个人语速的快慢。

语速的快慢与人的性格、思维敏捷性、年龄、情境等有关。一般而言，急性子的人语速快些，慢性子的人语速慢些；思维反应快的人语速快些，思维反应慢的人语速慢些；年轻人语速快些，年纪大的人语速慢些；紧张状态下语速会变快，放松状态下语速则会慢些。

语速的快慢，对表达的效果有一定的影响，太快太慢都不合适。

语速太快，传递的信息量大，信息在听者大脑里停留的时间太短暂，不容易被记忆；如果听者还没有反应过来，下一句就跟来了，那么更不容易被记忆。语速太快，对说话者也有一定的影响，说话太快容易出错，容易思维短路或空白，出现上句不接下句的情况，影响表达的流畅性和整体效果。语速特别快，则会显得太高昂，不沉稳，缺乏定性。可见，语速太快会影响表达效果。

语速太慢，也会影响表达效果。语速太慢，在单位时间内传递的信息量偏小，容易让听众等得焦急，情绪烦躁，产生厌烦感、压抑感。语速特别慢，会显得说话者有气无力，思维迟钝，思考不成熟。

用适当的语速进行表达是良好交流与沟通的前提条件之一。教师应该注意自己的语速，并学会控制语速。

易于学生接受的语速应有比较稳定的标准，即适度。如前所述，教师在进行单向表达时以1分钟250个音节左右为宜。虽然如此，语速的调控还要根据具体情境而设定。

说话的速度要看对象。对年纪很小的学生，特别是小学低年级的学生说话，语速不宜过快，因为他们的思维发育还未到一定的程度。对思维敏捷的学生说话速度可快，对思维迟缓的学生则要放慢语速。由于语速与年龄有关系，不同年龄段的教师要注意控制自己的语速。年轻的教师要适当放慢自己的语速，年龄大的教师则要有意识地加快一点说话的语速。

说话的语速要看内容。在需要强调的地方，则需要放慢语速；在无关紧要的地方，则可加快语速；有些非常关键或重要的内容，则需要一字一句地来说，以突出强调，加深印象。对学生熟悉的内容，可以加快语速；对学生陌生的内容，则要适当放缓语速，以便于学生记忆。

说话的语速要看场合。在欢快的情境中，说话的语速要快些；在沉重、悲伤的场合中，语速则要沉缓些。个别谈话时语速一般要慢，而集体场合讲话时则宜用中等速度。人的语速，有时受到自然环境变化（时间）的影响，比如白天的语速与夜晚的语速会有差别。一般而言白天说话会快些，而夜晚则会慢些。这与人白天生活紧张、节奏快，而夜晚身体和心理都比较放松有一定关系。

语速是可调控的，有意识地进行语速控制是必要的。教师要学会调节控制自己的语速，以争取最佳的表达状态和效果。语速慢的人，可以一边说，一边不断在内心里告诉自己，说得快一点。语速快的人要控制语速，可以一边说，一边在心里默念"放慢一点，放慢一点"。在一开始训练时，往往会控制得比较好，说着、说着就又变快了，这需要在说话时不断地进行语速监控，渐渐能控制之后，可以进一步练习快慢相间。快慢相间，最简单的办法就是在一整句话中，把某些字放慢，即每隔一段"快的话"，就接几个"慢的字"，这样可以达到比较好的效果。哪些字需要放慢呢？一些专有名词，听众不熟悉的字，特殊的人名、地名、国名等都需要说得慢一点。在慢的时候，反而容易引起听众的注意，加深他们对所讲内容的记忆与认识。某些字放慢速度，显得说话者考虑到听众的感受，会给人以亲切感，而且可以给自己喘口气的机会，不至气急，由此可以表现出说话者从容不迫的神采。"讲话如果没有快慢变化，非但句子不清楚，还容易有催眠的效果，给人喋喋不休的感觉。

相反，当你有疾有徐，而且疾得流利，徐得有力，在不重要的地方轻松带过，在重要的地方又能特别强调，则能给人顿挫分明、思路清晰的权威感。"① 可见，控制语速，该快的时候快，该慢的时候慢，快慢相间，疾缓相辅，就能够达到良好的表达效果。

第二节 恰当表达

说标准的普通话、口齿清楚、讲话流利、发音标准、声音响亮、语速适宜等还只是涉及言语表达的物理层面，还没有涉及内容层面。从言语表达的内容层面上，要求讲话时做到中心明确、层次分明、表达完整、有感染力等。

一 中心明确

"中心"，是指言语表达中讲话者思想、情感、意图的集中点，是讲话者的立意，是讲话的主题。它是整个言语表达的核心、灵魂、统帅。古人说"意犹帅也"，这里的"意"就是立意，就是"中心"。言语表达的一个基本要求是中心明确。中心明确，就是说话时始终围绕一个明确的主题展开，并让这个中心贯穿始终，统帅所有的材料。缺乏中心的表达，如同乌合之众，一盘散沙，不能起到良好的表达效果。

做到中心明确要注意如下几点。第一，首先要做到表述清晰明白，不能含糊其辞。第二，中心必须确定、唯一。如果有太多的中心，等于没有中心。中心要简明扼要，以便于把握。第三，表达时始终聚焦中心、围绕中心展开，让"中心"这一红线贯穿整个言语表达的始终。第四，防止游离中心，防止横生节枝，东拉西扯，东一榔头，西一棒槌。第五，防止中途变换中心。第六，注意在表达的过程中反复点题，结束时回扣主题以突出中心。总之，只有聚焦中心，做到不蔓不枝，始终如一，才能达到中心明确、重点突出的表达效果。

---

① 刘墉.说话的魅力——你不可不知的沟通技巧[M].南宁：接力出版社，2006：71-72.

二 层次分明

层次是指事物的次序。层次具有多样性，可按物质的质量、能量、运动状态、空间尺度、时间顺序、组织化程度等多种标准划分。不同层次具有不同的性质和特征。

层次分明，就是事物的次序界限清楚。从表达的角度来说，就是表达的次序界限清楚，表达的内容界限清楚。层次分明的一个重要标志是表达富有条理性。

要做到层次分明，首先是把层次划分准确了，防止出现层次错乱的情况。层次有时表现为一定的层级，要保持同一层级的内容在同一层次上，不能把下一层级的内容放到上一层次上来，或上一层级的内容放到下一层次上，这样会出现层次错乱的情况。

教师的言语表达要做到层次分明，就要注意表达的条理性。教师说话，不能太随意，不能想到哪儿说到哪儿，必须事先有规划，至少要打腹稿，特别是在面对全体学生讲话时，要计划好了再说。

为了突出表达的层次性，可以采取清晰表示层次的序数语言。如第一……，第二……，第三……；首先……，其次……，再次……，最后……。教师在讲话时，把需要讲的内容列出个一二三，这是使讲解条理清楚、层次分明的好办法。需要注意的是，讲话中的一二三、有条理，与写文章时的一二三、有条理不同。写文章时，可以有一级标题、二级标题、三级标题，甚至更多级的标题，但讲话时，不能在一条里面再分太多的二级标题、三级标题，这样会让学生听得混乱，所谓的一二三、有条理，反而会干扰听觉。这是因为运用视觉读文章可以有较长时间的思考停留，可以返回重读，而听话往往是一听而过，来不及反复回想。讲话时最好只有一个层级的次序表示，最多不要超过两个。

为使表达具有层次性，还可以采取关联词。如，"首先，……；其次，……；再次，……；最后，……""一方面，……；另一方面，……""虽然……，但是……""因为……，所以……""不仅……，而且……"。此外，使用排比句也可以体现出表达的层次性，而且能够显示出表达的气势。

停顿是言语表达中使层次更加分明的一种方式。在写文章时，人们常通过分段的方法来使表达的层次分明。口语表达时的分段，可以通过稍长时间的停顿来表示。

当讲完一个比较完整的意思时，可以稍作停顿，然后再讲后面一层的意思。这样也可以表达出内容的层次性。通过这样的表述，可以很好地呈现表达的条理性，从而达到层次分明的表达效果。

三 表达完整

表达完整就是用完整的句子表达完整的意图。表达完整包括两个方面：内容上的完整和形式上的完整。

表达内容完整，就是表达的意思是完整的。表达意思完整，就是不出现意思遗漏、缺失的情况，比如，一件事情有10个注意事项，如果只说了9个，就是意思不完整。表达意思完整，也指把一个意思表达到位。有时一个意思的内涵可能十分丰富，甚至有多层含义，如果表达不到位，就会出现表达内容不完整的情况。

表达形式完整，就是用完整的句段表情达意。表达形式不完整的表现有如下几方面。一是说话留半截，说了前句没下文。二是说话成分缺失，如缺乏必要的前提条件和界定。完整表达要防止这些情况的出现。当然，在口语表达中，由于双方的默契程度高，加上态势语言的运用等，表达形式不完整时，双方也能够理解对方的意图，出现完整理解内容的情况。但从防止误解的角度来说，完整表达更为保险，更能够准确地表情达意。

四 有感染力

言语表达富有感染力，就是语言表达要生动、形象、幽默，能够感染学生。富有感染力，强调教师的言语表达具有"带入感""融入感""在场感"，即把学生融入教育教学的现场、教学内容的现场。要使言语表达具有感染力，可从以下几方面入手。

（一）抑扬顿挫

教师在表达时恰当地运用语调的抑扬、轻重、缓急来传情达意。讲述时的语调，有先抑后扬、先扬后抑、扬抑交错等不同方式，有先轻后重、先重后轻、轻重交错等不同方式，也有缓有急。只有运用多种语调来表达，才能够避免讲述的乏味，使讲述表现出鲜明的节奏性。

笔者曾经听过著名特级教师孙双金老师的课《走近李白》，那是我听过的少有的令我沉醉其中的课，那不仅是知识学习中的愉快，更是一种艺术上的享受。孙老师那充满磁性的诵读也给我留下了深刻的印象。后来读他的文章看到了我没有想到的事情：他从教之初曾因教学语言平淡而受到打击。在刚参加工作时，他面对50多位教师进行"空试教"：没有学生，必须把教学环节的每一句话像面对学生那样讲出来。结果，老师们对他这堂课的评价是：教学语言平淡，没有起伏和高潮，不能激发学生的情感，拨不动学生的心弦。课后，他孤零零地站在空荡的教室里，脑子里一片空白，脊背上凉飕飕的，伸手一摸，内衣已经湿了。后来，他就天天晨读，吟诵唐诗宋词、美文佳作。渐渐地，他的朗读有感染力了，演讲有号召力了，参加县市组织的演讲比赛也屡屡获胜，他的自信心渐渐地增强了。[①]当然，他的教学也越来越好了。很多教师像孙老师一样，教学之初的教学语言并不好，但通过不懈的努力，他们取得了教学语言的突破，拥有了充满感染力和吸引力的教学语言。

（二）善用譬喻

譬喻是一种使表达生动形象的好方法。在教育教学中，适当地运用譬喻可以把抽象的内容形象化，从而增加表达的吸引力和感染力。例如，教师讲到细胞壁时，将细胞壁比作人体的皮肤，保护作用显而易见；也可以将细胞壁和细胞膜的关系比作鸡蛋外壳和内膜的关系，让学生清晰地认识到细胞壁的支持和保护作用，细胞膜的控制物质进出、分隔开外界环境、信息交流等作用；还可以将细胞膜控制物质进出功能比喻为学校的门卫，既要阻止不怀好意的人随便进入影响教学秩序，又不许不该出门的学生随便地向外开溜，同时还肩负着学生与家长、学校与社会的紧密联系。经过这样的譬喻教学，学生十分容易理解所学内容，而且教学中也充满了吸引力。

（三）善用幽默

教师要善于生动形象，甚至幽默地表达。为此，教师应善于通过举例子、讲故事、打比方等方式向学生传达自己的思想或任务。

---

① 裴跃进. 教学名家谈成长 [M]. 北京：北京师范大学出版社，2013：81.

> **案例 4-2**　　　　　谈谈吸烟的好处①

一位教师发现不少青年学生躲着吸烟，危害极大。但他不正面指责，而是对全班学生说："今天我想与大家谈谈吸烟的好处。吸烟的好处至少有四：一则可以防小偷。因为吸烟会引起深夜剧咳，小偷怎敢上门。二则节省衣料。咳的时间一长，最终成了驼背，衣服可以做短一些。三则可以演包公。从小就开始吸烟，长大后脸色黄中带黑，演包公就惟妙惟肖，用不着化妆了。四则永远不老。据医学记载，吸烟的历史越长，寿命越短，当然永远也别想老了。"

这位教师就运用了正话反说的策略，向学生讲解吸烟的危害。这位教师的正话反说，其含义是明确的，寓庄于谐，易于学生接受，比一本正经地批评学生效果要好得多。

（四）声情并茂

教学语言是否具有感染力，不仅取决于言语表达本身，还依靠教师的情感投入。情感是言语表达的催化剂，教师饱含情感、声情并茂的言说比不带情感的言说更能够打动人。因此，教师言语表达时要带着情感进行表达，这样才能更容易地产生感染力，从情感上感染学生，带动学生，使学生融入教师所营造的言语表达情境中来。

> **案例 4-3**　　　　　是什么打动了学生？②

有一位青年教师，喜欢电影。他上蒙田的《热爱生命》，通过反复阅读，自己被深深打动了，于是他探究了自己被打动的原因，他将有关热爱生命的史实、名言收集起来，制成多媒体课件。上课时一边点击，一边模仿电影的旁白，深情朗诵。这堂课容量极大，同学们完全沉浸其中，师生一句话没说，都被深深地打动了。

在这一课中，是什么力量使学生完全沉浸其中？教师精心制作的多媒体课件是其中的一部分，教师的"深情朗诵"是另一种把学生带入其中的重要力量。正是教

---

① 郭启明，赵林森.教师语言艺术（修订本）.2版［M］.北京：语文出版社，1998：273.
② 黄玉峰.教学生活得像个"人"：我的大语文教学［M］.上海：上海教育出版社，2011：22.

师声情并茂地朗诵，达到了引领学生入情入境的教学效果。

第三节 善于交流

作为一名教师，不仅要善于单向的言语表达，还要善于双向、多向的口语交际。这就要求教师要善于交流。善于交流，一方面要求教师具有较强的口头表达能力，能够准确地表达自己的观点，另一方面，要善于倾听别人的意见，做出恰当回应，并且在交流中尊重对方、态度和蔼、有亲和力。

 准确表达

教师应能熟练地运用精确、简练的语言表达意思和交流思想，使对方能获得准确的信息，而不会发生疑义和误解。准确清晰是语言表达的第一要务。如果不能准确清晰地传递信息，就会产生误解，造成误事。下面的这些技巧能够帮助教师准确表达，避免出现不准确的情况。

（一）概念清晰

汉语的一个特点是一词多义现象比较突出。正是因为一词多义现象的存在，有时会出现同样的一个词语产生不同理解的情况。

案例 4-4 　　　　　　　**到底考过没？**

招聘会上，面试官问一学生：英语四级考过没？

学生：考过。

面试官：为啥没带证书来？

学生：没考过。

面试官：到底考过没？

学生：考过，但没考过。

面试官所说的"考过"是指"考的结果是'通过'了",而考生回答的"考过"是有过考试的经历。虽然都是"考过"两个字,但两人所说的意思是不一样的。因此会出现交流的障碍。教学中也会出现这样的情况。为了避免这种情况的出现,就需要在使用词语时,对词义作出明确的界定和说明。

(二)指向明确

指向明确,就是明确话语所指向的具体对象。与之相对的是"指向不明",即教师提问或讲解时,没有把问题的指向明确化,从而使学生无所适从、不知其意。例如,"请靠窗的同学回答一下"。请问:"靠窗的同学多了,到底叫的是哪一个?"有的教师说:"请这位同学回答一下。"请问:"到底是哪位同学?"教师的这一类提问都是指向不明、表意含糊的,不能达到明确的交流目的,甚至会造成交流障碍。

(三)用词准确

用词准确,就是能够运用恰当的词语准确地表达意思。尽量不使用模糊性和模棱两可的词语,比如,"大约、可能、差不多、大体上、也还行、还可以"这一类的接近性词语。使用模糊性用语时,学生往往难以准确把握教师到底要确切表达的是什么意思。有的教师在评判学生课堂回答时这样说:"基本上全答对了。"这句话中的"基本上"与"全(部)"是矛盾的,因为"基本上"就表示有些内容有偏差,而"全"字则概括了所有的,表示没有一点偏差。如果改为"基本上答对了"或"全部答对了"就没有这个矛盾存在了,表达也就准确了。

(四)没有语病

语病是指语言中存在措词失当或不合逻辑的毛病。除词语不当、表意不明之外,还包括语序不当、搭配不当、成分残缺、结构混乱等。语病的存在会影响学生的学习。在言语表达时,要注意清除语病。比如,有的教师说:"只要同学们稍微深思一下,就会明白它的含义。"这句话中存在词语搭配不当的毛病。因为"稍微"与"深思"是矛盾的,如果把"深思"改成"想"就准确了。

(五)正面回答

正面回答,就是能够正面回答的问题要直接回答,尽量不要侧面回答或委婉回答。因为侧面回答或委婉回答，转了一个弯，可能会导致理解上出问题。

（六）慎用反语

反语又称"倒反""反说""反辞"，即通常所说的"说反话"，运用跟本意相反的词语来表达此意，却含有否定、讽刺以及嘲弄的意思，是一种带有强烈感情色彩的修辞方法。教育教学中，尽量不要对学生使用反语。一是因为学生如果没有领会到教师在使用反语，会不理解教师的意思，达不到表达的效果；二是因为反语多含有否定、讽刺的意味，即使学生领略到老师的意思，对学生也会形成一种刺激或者伤害。因此，教育教学中要慎用反语。

（七）慎用双重否定

双重否定，在汉语中有两种类型的句式。一是一般的双重否定句式，即连用两个否定性词语。常用的否定词有：不是不，并不是不，不可能不，不……不……，没有……不……，非……不……，非……不可，无不，无非，不无，未必不，不得不，不能不，不会不，不可不，不要不，不得不，谁也不能否认等。二是特殊的双重否定句式，即由一个否定性词语和一个反语语气连用组成。双重否定有表达肯定、强化语气等功能，但双重否定有时容易使人理解不过来，从而导致误解。因此，在教育教学中，尽量少使用双重否定。

（八）慎用缩略语

缩略语是把比较长的词语缩略为比较短的词语。规范的缩略语大家比较熟悉，一般不会产生歧义，但不太规范的缩略语就容易产生歧义。比如，有学生问："老师，你是哪个学校毕业的？"老师说："我是华师毕业的。"学生就不清楚"华师"是哪所学校，因为"华东师范大学""华中师范大学""华南师范大学"都可以简称"华师"。有时必须要说规范的全称才能清晰准确地传递信息。

（九）慎用省略语

省略语是直接省略掉话语中的部分内容。省略是表达中常用的一种方式。比如，在日常口语交际中，对双方都知道、心里明了的事情，往往不需要重复或说明。在书面语中，常有主语省略、宾语省略等。但有时，不恰当的省略语会导致误解。

> **案例 4-5**　　　　　**蚂蚁怎么说？**
>
> 一天，一名学生在厕所门口遇见自己的英文老师。女学生叫道："老师！刚才我在厕所看见很多蚂蚁，好恶心！"
>
> 因为不久前教过"蚂蚁"这个单词，英语老师顺口问道："蚂蚁怎么说？"
>
> 女学生吃惊地看着老师说："蚂蚁什么都没说……"

之所以会造成上面的笑话，是因为老师提问时省略了相关信息，造成了学生的误解。如果老师加上定语，问学生"在英语中'蚂蚁'这个单词怎么说（发音）"就不至于导致学生误解了。在使用省略语时要保持一种警惕，防止因为省略而导致误解。

二 善于倾听

"听"是人际交往中的一种重要行为方式。倾听，是一种主动地、全身心投入地听的行为。善于倾听要求人们要一次性听得准、理解快、记得清。教学中的善于倾听要做好两件事情，一是关注发言的学生，二是善听学生发言的内容。

（一）关注学生

关注学生就是关注学生本人，为表示对学生的关注，教师要与学生进行目光交流，不要做其他的事情，同时富有倾听的耐心。

1. 目光交流

当学生或他人在发言时，教师应用和蔼的态度、微笑的表情、专注的目光面对着他，特别是要用眼睛看着对方，让对方感到你对他的重视，同时通过目光与表达者进行适当的交流，给他积极的鼓励和暗示。

2. 不做他事

与目光交流的要求相对应，教师不应在学生或他人发言时做其他的事情。有的教师在学生发言时，去板书或者翻书，这样的做法是不妥当的，因为他忽视了发言的人，影响了他人表达的效果，也影响了师生之间交流的效果。善于倾听就是要专注。专心倾听是一件不容易做到的事情，因为它在某种程度上耗费着我们的心智，令我们身心疲惫。但当我们克制自己想做其他事情的冲动时，这件事情也就容易做到了。

3. 富有耐心

耐心也是善于倾听的必备条件。世界知名教育专家兰本达在她的"探究—研讨教学法"中指出"耐心是一种品德，是取得教学成功的理所当然的必备条件"。教师应该具备诲人不倦、耐心倾听的品格。学生在课堂上发言，是一种情感态度，是一种积极参与，无论说得对与错、清楚与不清楚、流畅还是吞吞吐吐，教师都要耐心而专注地听，不能有半点不耐烦，可以偶尔作些提示，但不能打断学生的发言，要沉得住气，要让学生把话说完，不要过早下结论。

案例 4-6　　　　　　青蛙跳出井口又跳回去了

李老师在上《坐井观天》这一课。课上，李老师以多种形式引导学生理解掌握课文，让学生分角色扮演，学生们学得很开心。课的最后，李老师提出一个问题："如果青蛙跳出井口，它会说些什么呢？"学生们纷纷说："它跳出井口发现天很大。它说：'早点跳出来就好了'。"这时有个男孩子举手发言道："青蛙跳出井口又跳回去了。"这时李老师很生气地说："坐下，它怎么会跳回去呢？"其他同学接着说。这个男孩子很委屈地坐在那儿，一言不发。

课后，校长问那个小男孩："你为什么说青蛙跳出井口又跳回去呀？"小男孩说："青蛙看到外面污染很严重，还没有井里好，所以又跳回去了。"校长感到这个小男孩很有创新思维。于是召集老师们再听李老师的第二节课《青蛙跳出井口之后》。

第二节课上，先让这个小男孩说说自己的想法。一石激起千层浪，孩子们思维的闸门大开，纷纷发表自己的看法。有的说："青蛙跳出井口之后，被污染的环境夺去了生命。临死前给自己的子孙们——小蝌蚪写了一封遗书，告诫孩子们千万别出井口，外面太危险了。"还有的说："青蛙看到外面污染这么严重，于是上网发起了保护环境的倡议，使全世界的青蛙联合起来，共同保护环境。"……同学们还发起了一次保护环境"绿色青蛙"活动，制作环保宣传栏、手抄报，当一名从我做起的保护环境的"青蛙卫士"。这些都是由这一个小男孩的回答所引发的。

案例中小男孩第一次的回答不符合老师心目中的答案，教师没有听完他的回答就粗暴地让他坐下了，结果错过了一个精彩的解释，也挫伤了学生学习的积极性。教师在教学中往往为了宝贵的教学时间，为了自己的教学节奏，为了完成设计好的教学任务，为了赶教学进度，也为了使整个课堂不节外生枝，而忽视学生的回答。有时学生的表述还没来得及充分展开，还意犹未尽，就被教师粗暴地夺走了发言权。很多时候只有听完对方的话才能真正领悟他的真实含义。

（二）善听内容

善听内容，就是善于倾听学生发言的内容，主要包括善于听其发言的内容是否正确、是否有弦外之音、学生是何种思维类型以及如何恰当评价发言等。

1. 听内容准确与否

教师要善于倾听学生回答的内容是否符合提问的要求，是否准确，是否全面，是否有创新。根据听取的结果作出判断，设想处理的对策。

2. 听弦外之音

学生的回答中有时隐藏着字面意思之外的意思，有时隐藏着可能连学生也没有意识到的问题。教师要善于听出学生回答中的弦外之音，以便于准确回应学生的回答，或及时帮助学生改正可能存在的问题。

3. 听思维类型

教师应善于通过学生的回答发现其思维类型。有的学生属于思维缓慢型，对这样的学生要有足够的耐心。有的学生属于思维冲动型，一听提问马上举手，当教师请他回答时却由于缺乏周密细致的思考而回答不上来或回答不周全。遇到思维冲动型学生，教师不要以为他是不懂装懂、欺骗教师，而要多给他们留出思考的时间，或者告诉他把问题想清楚了再举手回答。

4. 想如何评价

教师要边听取学生回答，边进行分析，思考如何评论学生的回答。如果学生回答存在问题，要思考这是一种什么性质的问题，出现问题的原因何在，如何解决等。只有提前想好如何评价，学生回答完毕后，教师才能及时准确地作出恰当的回应。

三 恰当回应

教师在交流中还要善于对对方的发言作出恰当回应。在教学中，对学生发言或回答的回应是教育的艺术，对学生的学习态度、学习积极性、学习效果等都有着极为重要的影响。教师一定要重视回应、恰当回应、善于回应。

（一）必须给予回应

学生回答问题或发言后，教师一定要恰当地给予回应，不能对学生的回答或发言没有回应。教师对学生的发言没有回应，那么学生的回答就如同被放在了空气里，这会影响学生学习的积极性，而且也不利于学生了解自己回答得是否正确。教师要重视对学生的回应，尽量做到每个回答都有回应。

（二）把握回应时机

教师回应学生发言的时机要把握好，不能太快，也不能太慢。回应太快是指学生还没有发言完毕就开始回应，或者其他学生还没有反应过来就开始回应。回应太慢是指学生都已经发言完毕一段时间了，在等教师回应了，结果教师还在那儿没有作出反应，此时，会影响教学的节奏与进度，也会影响学生学习的积极性。一般要等发言的学生发言完毕，其他学生也反应过来，再进行回应。

（三）回应内容恰当

教师对学生发言的回应内容要恰当，特别是要进行富有针对性的回应，即每个人的发言都应该给予具体的分析与评价，忌千篇一律的回答，比如说"好""很好"。到底"好"在哪里，"很好"在哪里，要分析出来。这样才能让学生更加清楚自己的优点与不足。

（四）注意辩证回应

从内容的角度而言，学生的回答可能会存在正反两方面。教师在回应时要善于运用辩证思维，能够从正反方面或不同方面给予学生辩证的分析，使学生既看到自己的长处，也看到不足处，从而帮助学生更好地发展与成长。

（五）回应态度真诚

教师回应学生的态度应该真诚，忌模式化表态或者职业化表态。教师如果在教学中不真诚，学生是能够很敏锐地感受到的。不能抱着应付一下的态度对待学生的发言，而一定要持一种尊重学生发言权、尊重学生言论自由权的态度，真诚地对待学生的发言。

（六）回应以激励为主

教师对学生发言的回应以激励为主，不能打击学生的积极性和自尊心。如前所述，对学生的评价可从正反两方面进行，对反面内容的看法，很多情况下不宜直接指出，可以委婉地指出，特别是可以运用建议的方式给学生指出。以学生能够接受的方式进行回应，是保护学生积极性和自尊心、激励学生的基本要求。

四 有亲和力

在交流中，教师还要做到尊重对方、态度和蔼，这样才能体现交流中的亲和力。

（一）尊重对方

尊重他人是人际交往的基本素养。尊重他人，才能得到他人对我们的尊重，在这个意义上，尊重他人也就是在尊重自己。尊重他人才可以使交流愉快而流畅地进行下去。尊重可以产生巨大的力量，从而改变他人。

案例4-7　　　　　　尊重的力量

在美国，一个颇有名望的富商在散步时，遇到一个瘦弱的摆地摊卖旧书的年轻人，他缩着身子在寒风中啃着发霉的面包。富商怜悯地将8美元塞到年轻人手中，头也不回地走了。没走多远，富商忽又返回，从地摊上拣了两本旧书，并说："对不起，我忘了取书。其实，您和我一样也是商人！"两年后，富商应邀参加一个慈善募捐会时，一位年轻书商紧握着他的手，感激地说："我一直以为我这一生只有摆摊乞讨的命运，直到你亲口对我说，我和你一样都是商人，这才使我树立了自尊和自信，从而创造了今天的业绩……"不难想象，没有那一句尊重鼓励的话，这位富商当初即使给年轻人再多钱，年轻人也断不会出现人生的巨变，这就是尊重的力量啊！

在教育中，尊重同样可以产生巨大的力量。苏联著名教育家马卡连柯说："我的基本原则永远是尽量多地要求一个人，同时也要尽可能多地尊重他。实在说，在我们的辩证法里，这两者是一个东西：对我们所不尊重的人，不可能提出更多的要求。当我们对一个人提出很多要求的时候，在这种要求里也就包含着我们对这个人的尊重，正因为我们向他提出了要求，正因为他完成了我们的要求，所以我们才尊重他。"①对学生，我们要想给他们提出要求，就要尽可能多地尊重他们。正是因为给予了他们足够的尊重，所以他们才能够更加积极主动地完成我们所提出的要求。学会尊重，学会尊重学生，是教育的重要力量。

尊重对方表现在态度、衣着、行为、语言、守时等多个方面。

尊重对方表现在态度上。只有在心理上有尊重别人的想法，才可能做出尊重别人的行动。我们要牢记：每个人在人格上都是平等的。尊重对方就要做到平等交流，既不把对方看得高人一等，也不把对方看得低人一等，在交流中自己要保持独立思考、不卑不亢。对教师而言，要尊重我们的交往对象，不论对方是什么人：校长、同事、家长，还是学生，都要给予尊重，以平等的态度对待他们。

尊重对方表现在衣着上。得体的衣着是对对方的尊重。与人交往时，如果蓬头垢面，不仅有损自己的形象，也是对别人的不尊重。作为为人师表的教师更不应该出现这种情况。

尊重对方表现在行为上。尊重对方，就要在对方发言时学会倾听，用眼睛正眼看着对方，而不是左顾右盼，或者睨眼看人；站着和别人交谈时，不要用脚连连打地；坐着与人交谈时，不要跷"二郎腿"。

尊重对方表现在语言上。"交际以对方为中心"，这就需要"见什么人说什么话"，需要了解对方的年龄、身份、语言习惯等。言语表达时，在称呼上要礼貌，打招呼时不要"喂喂……"不停，或者叫绰号；在语气上要委婉；在语速上要舒缓；在话题上要"投其所好"，交谈时不谈对方不愿讲的话题，"打人不打脸，说话不揭短"，不揭对方的伤疤等。尊重别人要注意场合，别人高兴时，不说丧气的话；别人不高兴时，不要兴高采烈。

尊重对方也表现在守时上。按照约定时间赴约，这也是对对方的尊重。迟到，

---

① （苏）马卡连柯. 马卡连柯教育文集（上卷）[M]. 吴式颖，等，编. 北京：人民教育出版社，2005：104.

特别是较长时间的迟到,会被认为缺乏应有的尊重。

(二)态度和蔼

与人交流时,还要做到态度和蔼。态度和蔼就是与人交往时做到和颜悦色,让人感到和蔼可亲、平易近人。和颜悦色,即脸色和蔼喜悦。笑容可掬、笑容满面都是和颜悦色的表现。态度和蔼可以拉近人与人之间的心理距离,使人产生交往上的愉悦感,使交流氛围更加热烈和谐,交流内容更加深入,从而达到良好的交流效果。

与态度和蔼、和颜悦色相对的是面色难看、怒容满面、疾言厉色、声色俱厉、金刚怒目、横眉立眼、正颜厉色、盛气凌人、发指眦裂、严词厉色、面无表情、态度冷淡。这样的态度会产生拒人千里之外、冷若冰霜的感觉,不利于交流的展开与深入。这些情况在交流时是要加以避免的。

教师的态度投射在学生心灵上会产生巨大的影响。教师在与学生交往中做到态度和蔼、和颜悦色,会使学生感受到教师对自己的尊重,从而更加愿意接受教师的教育引导,所谓"亲其师,信其道"是也。

案例4-8 "老师,我能不用书中的原话吗?"

一位教师在教学《两条小溪的对话》时,老师让学生分角色表演。
有一位学生问:"老师,我能不用书中的原话吗?"
老师和蔼地问:"为什么呢?"
"因为书中的原话太长,我背不下来,如拿着书表演,又不太好。"孩子说出了原因。
"你的意见很好,用自己的话来表演吧。"老师高兴地抚摸了一下孩子的头。
果然,这个孩子表演得非常出色。

案例中的教师面对学生提出的要求,采取了和蔼的态度,并且高兴地鼓励学生用自己的话来表演,不仅消除了学生的心理顾虑,而且激发了学生投入表演的积极性,最终达到了良好的教学效果。可见,与学生交流时的态度和蔼,也是一种教育的力量。

本章小结

言语表达的要求包括两个方面：一是单向表达的要求，二是与人交流时双向表达的要求。单向的表述要做到语言规范，从言语表达形式的层面看，要做到说标准的普通话，口齿清楚，讲话流利，发音标准，声音响亮，语速适宜；从言语表达内容层面看，讲话时要做到中心明确，层次分明，表达完整，有感染力等。

作为一名教师，不仅要善于单向的言语表达，还要善于双向的口语交际，做善于交流的教师。这要求教师一方面具有较强的口头表达能力，能够准确地表达自己的观点；另一方面善于倾听别人的意见，并作出恰当回应，在交流中尊重对方、态度和蔼，有亲和力。

拓展阅读

1. 郭启明，赵林森. 教师语言艺术［M］. 北京：语文出版社，1998.
2. 易匠翘. 教学口才［M］. 长沙：湖南人民出版社，2001.
3. 蒋同林，崔达送. 教师语言纲要［M］. 北京：华语教学出版社，2001.
4. 郑尔君. 教师口语［M］. 合肥：中国科技大学出版社，2011.
5. 陈国安等. 新编教师口语·表达与训练［M］. 上海：华东师范大学出版社，2007.
6. 陈传万. 教师口语艺术［M］. 武汉：华中科技大学出版社，2022.

同步训练

1. 请谈谈你对"言传身教"的理解。
2. 如何清除"口头禅"和口语表达中"嗯嗯啊啊"等语言杂质？
3. 阅读下面案例，并从教学语言的角度加以评析。

案例 4-9   **"破釜沉舟"的讲解**[1]

有一位教师大致是这样讲的："'破釜沉舟'表示坚决的意思。做事一定要坚决。无论做什么，只要是正当的、应该做的事，就必须抱定只许前进、不许后退，只许

---

[1] 易匠翘. 教学口才［M］. 长沙：湖南人民出版社，2001：13.

胜利、不许失败的决心。只有这样才能得到成功。如果前怕狼后怕虎，工作还没开始就准备了失败的退路，那样一定不会成功，碰到一点困难就向后转了。当然，前进的目的必须正确。在这一点上，古人不能跟我们相提并论。由于时代的局限，古人，尤其是封建统治阶级的人，做事的目的在今天看来很多是成问题的，下定决心做好事是应当的，如果坚决做坏事，那就不应当了。"

有一位教师是另一种讲法，他说："'釜'就是锅，'舟'就是船。'破'和'沉'都是动词。'破釜'是'使釜破'的意思，也就是把锅砸碎；'沉舟'是'使舟沉'的意思，也就是把船凿沉。这样用法的动词叫作'使动词'。同是做饭的家具，古代叫'釜'，现代叫'锅'；同是水上运输工具，古代叫'舟'，现代叫'船'。这是古今词汇的演变。像古代叫'冠'，现代叫'帽子'，古代叫'履'，现代叫'鞋'，都是这种情形。曹植《七步诗》里有'豆在釜中泣'的句子，柳宗元《江雪》里有'孤舟蓑笠翁'的句子，这里的'釜'和'舟'跟'破釜沉舟'里的'釜'和'舟'意思相同。"

另一位教师讲得比较简单，话说得比较少。他这样讲："项羽渡河进攻秦国的军队，渡河之后，把造饭的锅砸碎，把船凿沉，断了自己的退路，以示有进无退的决心，终于把秦军打败了。后来大家就用'破釜沉舟'这个成语表示下定最大的决心，不顾任何牺牲的意思。"

参考答案

1. 常言道，教师要"言传身教"。对这句话的理解，人们常常把其中的"言传"与"身教"理解为并列关系，即教师既要"言传"，也要"身教"；不但要"言传"，而且要"身教"。其实，这句话还可以有另一种理解：教师的言传本身就是身教。教师的语言是学生语言学习的榜样，教师的语言会直接或间接影响学生的语言表达。因此，教师的语言要规范化，教师要不断提高语言素养，这样才能够给学生以积极的、正确的语言影响。

2. 要清除口头禅和语言杂质，首先要有语言干净的意识，要能够不断进行自我反思，同时采取适当的措施，慢慢做到语言简练、干净。比如，训练自己思维的条理化，锻炼"心明"，促进"言明"；勤奋阅读，增加知识素养，丰富词汇量；用"以死求活"的方法，用比较规范的书面语言改造自己不规范的口头语言。

3. 三位老师的修养都很好,讲得都对,第一位讲的那番道理,第二位讲的那些知识,于学生都是有用的。不过,要是处处都像第一位那样,只说些大道理,不讲字句本身的意思,恐怕不太好;要是像第二位那样,只讲字句的知识,不管这些字句合在一起表达怎样的思想感情,用在什么场合,效果怕也有问题;要是把两种讲法加在一起,每句话都这样讲,费时过多且不说,恐怕对于学生的理解掌握也不见得有好处。一般来说,第三位讲法可能好一些,话说得比较少,可以把知识、道理结合在一起。

自我检测

学习过本章内容,请对照反思。

项 目	是/能	否	改进措施 (如否,请写要点)
1. 我是否做到了口齿清楚			
2. 我是否做到了讲话流利			
3. 我是否做到了发音标准			
4. 我是否做到了声音响亮			
5. 我是否做到了语速适宜			
6. 我能否做到中心明确的表达			
7. 我能否做到层次分明的表达			
8. 我的表达是否有感染力			
9. 我是否善于倾听			
10. 我能否恰当回应学生			

学习心得

学习完"言语表达"这一章,你有怎样的心得收获,请写出几条。

实践转化

你准备在实践中怎样落实、转化"言语表达"这章所学内容,请写下要点。

第五章　思维品质

提高教育技巧，首先要靠自修，靠个人努力提高自己的工作素养，而且首先是提高思维素养。[1]

——（苏）苏霍姆林斯基

教育不能创造什么，但它能启发儿童创造力以从事于创造工作。[2]

——陶行知

---

[1] 蔡汀，王义高，祖晶. 苏霍姆林斯基选集（五卷本）第2卷［M］. 北京：教育科学出版社，2001：667.
[2] 曹长德. 教育学案例教学［M］. 合肥：中国科学技术大学出版社，2008：60.

学习目标

1. 思维严密，条理清晰，逻辑性强。
2. 能正确地理解和分析问题，抓住要点，并作出及时反应。
3. 具有一定的创新意识，在解决问题的思路和方法上有独到之处。

    思维是在表象、概念的基础上进行分析、综合、判断、推理等认识活动的过程。思维是人类特有的一种精神活动，是从社会实践中产生的。[①]思维品质是人在思维活动中所表现出来的思维能力的个性特征。思维虽然是无形的，但却通过具体的行为体现出来。思维品质体现了个体思维水平、智力与能力的差异。思维品质主要表现在思维的准确性、深刻性、条理性、灵活性、敏捷性、独创性、批判性等方面。教师的思维品质会直接影响到教育教学的质量，因此教师工作对从业者的思维品质有一定的要求。虽然思维品质不是一天两天能够形成的，但进行适当的思维开发与训练，对提高某方面的思维品质还是有帮助的。教师应该注重个人思维品质的改善与提升。

案例展示

案例 5-1	学生思维与教师思维品质[②]

    学习《变色龙》时，课将结束，一位同学突然站起来对我说："你教错了！"吓我一跳（听课的有一百多人），还反应不过来，不知错在哪儿。我立即请这位同学上讲台前讲述。她指着板书说："这时奥楚蔑洛夫警官已吃准了这条小狗是将军哥哥家的狗，巴结拍马的心情更急切了，你用和前面一样的线条来表示，不符合实际情况，应该频率更快，距离更短，波峰更高。"一石激起千层浪，许多同学七嘴八舌表示赞

[①] 中国社会科学院语言研究所词典编辑室.现代汉语词典（修订本）[M].北京：商务印书馆，1996：1194.

[②] 裴跃进.教学名家谈教育[M].北京：北京师范大学出版社，2013：7-8.

成。学生是可爱的，我请他们用红粉笔修正我白粉笔线条的错误，并诚恳地告诉他们："我在习惯的轨道上走多了，课前只考虑到主人公变的现象和不变的本质之间的关系，用两根线条表示，而忽略了现象本身也在变化。"我是单向思维，学生是多向思维，就这一点而言，学生是我的老师。

上面是于漪老师的一个课例，于漪老师面对学生的指正进行了深刻反思，她把这个教学失误归结到思维方式上，自己是单向思维，而学生是多向思维。正是因为思维方式的问题，才导致了教学设计和实施的问题。可见，教师的思维品质会直接影响教学的实施和教学效果。因此，教师具备良好的思维品质是一件十分重要的事情。

第一节 思 维 构 成

思维是每个人在思想和行动中所运用的，具有普遍性。但在不同的职业中，对思维类型与思维特征的要求又是有差异的，这就形成了职业思维。不同的职业需要不同的思维类型及思维特征。从业者需要掌握自己所从事职业的思维构成。对教师而言，思维构成是指教师应具备的思维类型及思维特征。

一 教师思维的类型

思维有不同的类型，对教师而言，学生思维（儿童思维）、利导思维、系统思维、发散思维、逆向思维、辩证思维等是比较重要的思维类型。

（一）学生思维

学生思维，就是从学生的角度进行思维的思维方式。与学生思维相对的是成人思维。成人思维就是以成年人的方式来思考问题。教育教学的一个忌讳就是用成人思维来代替学生思维。

著名小学语文特级教师于永正就是一个具有学生思维的教师。他说："我们明白了语文学科的性质，知道了学语文的目的还不够，还得明白小学语文教学是干什么的。小学语文教学是教6～12岁的小孩学语文的。小学阶段是启蒙教育，教小孩学语文与教中学生、大学生学语文不同。不能把小学生当成中学生、大学生。即使是小学生，也有区别，不能把一年级的小朋友当作六年级的学生。"[1]这就是很典型的学生思维，能够站在学生的角度来思考问题。于永正批评了小学语文教学中的问题："现在小学语文教学有'越位现象'，如不适当地拔高、挖掘、拓展，忘记了坐在我们对面的是几岁的娃娃。"[2]于永正的提醒非常重要。我们一定要有学生意识，形成学生思维，站在学生的角度来思考问题。

具备学生思维就要在备课、教学设计、教学实施、教学评价的方方面面体现出对学生的关注，采取学生能够接受、乐于接受的方式进行教育教学。

教学中，如果缺乏学生思维就会在学情估测上出现偏差，就会在教学上出现设计问题过难、学生难以理解等情况。比如，有一个教师教小学三年级的课文，在讲到比喻时，她给学生讲，比喻是由本体、喻词和喻体构成的句子。这样讲从学术角度来讲没有问题，但在教学中面对三年级的学生，他们知道什么是"本体"、什么是"喻词"、什么是"喻体"吗？教师自己对"本体""喻词""喻体"的理解都有困难，让小学三年级的学生如何去理解这些学术概念呢？从教师思维的角度分析，这就是运用成人思维来思考问题，缺乏学生思维所导致的。

（二）利导思维

利导思维是指把问题向有利有益方面思考的思维方式。与之相对的是弊导思维，即面对问题时往往向不利的方面思考的思维方式。利导思维是一种乐观的、积极的思维方式。许多事实证明，利导思维比弊导思维更有益。

教育是教人求真、向善、爱美的，教育在本质上是利导思维的。因此，教师要形成利导思维，在教育中多看学生向真善美的一面，多把学生向真善美的方面引导。

著名特级教师魏书生是一个典型的利导思维者，可以说运用利导思维对学生进行教育是魏书生教育艺术的精髓。他自己用利导思维思考事情，同时也把这种思维方式教给自己的学生，培养学生的利导思维。魏书生让学生真善美的一面战胜假恶丑的一面：引导学生多看社会的光明面，少看社会的阴暗面；发展自己的长处，少看自己的短处；多看他人的长处，少看他人的短处。利导思维教育能够使学生建立起

---

[1] 裴跃进.教学名家谈语文[M].北京：北京师范大学出版社，2013：7.
[2] 裴跃进.教学名家谈语文[M].北京：北京师范大学出版社，2013：8.

自信心,建立与他人的良好关系,树立对社会的积极认识,从而形成健康的心理、良好的品格、积极的入世态度。魏书生的利导思维教育也确实产生了良好的教育效果。

(三)系统思维

系统思维,是指思维主体坚持从系统的观点出发,着眼于事物的整体与部分、部分与部分、整体与环境之间的相互联系、相互作用和相互制约,多角度、多层次、多变量地考察事物的思维方式。[1]系统思维,也可以称之为整体思维或联系思维。

系统思维坚持从事物的联系、运动、发展、变化中去把握思维的对象,从整体上去认识和把握事情,从而拓宽人们的思路,防止和克服孤立、静止、片面地看问题,防止"只见树木,不见森林""抓住一点不见其余"的情况出现。形成系统思维还可以防止教学中只教局部不教整体的情况。

系统思维是教师必须具备的一种思维方式。教师要运用系统思维来思考教育教学的问题,而且要教给学生系统的思维方式。用系统思维思考问题,就不会在某一具体问题上陷得太深,片面偏颇地看待问题,有利于培养人的全面观,增加系统的功能,提高系统的效益。

以教师的备课为例,教案中要写教材分析、学情分析、教学目标、教学重点、教学难点、教学过程、教学板书等。这些都是教案的组成部分,但是这些部分之间有什么关系呢?这样思考时,就需要运用系统思维。它们之间存在各种各样的关系:比如,教材分析与学情分析是确定教学目标、教学重点和教学难点的前提和基础,教学重点和教学难点是为实现教学目标而确立的;教学过程是教学目标的实现过程,是教学重点的凸显过程,教学难点的突破过程;教学目标与教学过程或环节之间存在一对一、一对多等多种关系,即一个教学目标可以通过一个教学环节来完成,也可以通过多个教学环节来完成;教学板书是教学重点和难点的简约化、形象化、概括化呈现,是教学目标达成的重要手段。这样看来,上述部分有着非常密切的关系,它们是一个有机的整体,相互制约,互相作用,不可分割。只有实现它们之间的有机统一,才能更好地实现教学。

再比如,在学习了一些知识之后,教师与学生一起把知识进行系统化的归纳,使知识形成知识链、知识树的过程也是系统思维的运用过程。教师根据专题,把相关内容进行专题归纳时,也是在运用系统思维。系统思维是教师必备的一种思维方

---

[1] 龚春燕,冯友余.魏书生的教育特色[M].北京:北京师范大学出版社,2012:254.

式，只有把握好这种思维方式并在教育教学中运用好，才能取得好的教育教学效果。

（四）发散思维

发散思维，也称求异思维、扩散思维、辐射思维等，是一种从不同方向、不同途径、不同角度思考问题的思考方式，是从同一来源材料、从一个思维出发点探求多种不同答案的思维过程。发散思维要求人们打开思维向四面八方扩散，无拘无束、海阔天空，甚至异想天开。正确的答案并不只有一个，解决问题的途径也非只有一条，条条大道通罗马。通过思维发散，可以打破原有的思维格局，提供新结构、新思路、新发现、新创造。

魏书生非常善于运用发散思维。他说："我喜欢'条条大路通罗马'这种思维方式，这种思维方式，不至于使人钻牛角尖，容易使人变得开朗、乐观、豁达。""运用某种方法没做好，无须懊悔，无须烦恼，再换一种就是了。""牢记'条条大路通罗马'，就能在做事一筹莫展时持积极的心态，想出几种、十几种，乃至几十种、上百种办法来。"[1] 魏书生认为："变换角度思考问题，选择积极角色进入生活，容易使人成为一个成功者。"[2] 他是这样想也是这样做的，他成为了成功者。

（五）逆向思维

逆向思维，也称为反向思维，是实现某一创新或解决某一用常规思路难以解决的问题时，采用相反的方式求解问题的思考方式。有时答案或解决问题的路径就在事物的另一面，运用逆向思维，可以取得意想不到的结果。逆向思维能令教师打破常规的束缚，立新创意，达到柳暗花明的教学效果。

案例 5-2　　　　　　　　**逆向思维，出彩的奇招**

我国著名教育家叶圣陶对如何启发学生的逆向思维方面就颇有研究。我们来看看叶先生在作文教学中的精彩片段。

叶先生问学生："你们谁能说说'飞蛾扑火'这个成语的意思？"

---

[1] 魏书生.班主任工作漫谈［M］.桂林：漓江出版社，2014：101.
[2] 魏书生.班主任工作漫谈［M］.桂林：漓江出版社，2014：16.

这个问题太小儿科了，学生们纷纷举手。

"太简单了，自取灭亡。"

"自不量力。"

"不就是明知山有虎，偏向虎山行的意思吗？"

……

学生们你一言、我一语争先恐后地回答。

叶先生微微一笑："大家都说对了。但是，我们能不能从另外一个角度去解释这个成语呢？"

学生们面面相觑、抓耳挠腮。

"另外一个角度？"

"怎么解释啊？"

教师不急不忙："我给大家一个提示，就是从另一个相反的角度去考虑，或者说，换位思考，站在第三立场上思考这个成语。"

还是没有学生举手发言。

叶先生耐心地说道："我刚才听见有同学在解释'飞蛾扑火'时，说'明知山有虎，偏向虎山行'。这个解释很好。你们再想想，这只飞蛾明知前方有危险，但还是勇敢地冲上去，这是一种什么精神？"

学生们恍然大悟："啊。'飞蛾扑火'可以理解成'不怕牺牲、舍生取义'。"

叶先生吁了一口气："对，你们真是太聪明了。"

学生们终于找到了感觉："就是从反义的角度考虑考虑啊。""还可以理解成'追求光明'，是吗？"

……

学生们的思维拓展得越来越宽。

叶先生十分高兴："'飞蛾扑火'本来是个贬义词，但我们却通过某种客观分析，把它变成了褒义词。这就是我今天要讲的'在作文写作中如何应用逆向思维'的内容。逆向思维就是突破常规、常识，从一个相反的角度去写，往往使作文写起来比较有新意。有些同学所写的作文当中，几乎是千篇一律，根源就在于我们学生不能突破常识，不能从新的角度去挖掘……"

学生们豁然开朗，很快就明白了老师的用意。

叶先生见学生们都理解得差不多了，便道："如果我让大家写一篇以《我看狐假虎威》命题的作文，你们准备怎么去写？"

很快就有学生举起了手："老师，这篇作文可以从以下几个方面着手。一是从狐狸的聪明才智上着手，它为了能在动物中混得一席之地，借力打力应该是个很不错的方法。二是从老虎的虚荣心上着手，它只是为了排场，以显示百兽之王的威风……"

吕淑湘先生说："如果说一种教法是一把钥匙，那么，在各种教法之上还有一把总钥匙，它的名字叫作'活'。"成功的教师之所以成功，就是因为他把课教"活"了。上述案例中，叶圣陶运用逆向思维就把知识的教学教活了，从而取得了良好的教学效果。

（六）辩证思维

辩证思维是指以变化发展的视角来认识事物的思维方式。在逻辑思维中，事物是"非此即彼""非假即真"的，而在辩证思维中，事物可以在同一时间里"亦此亦彼""亦真亦假"地存在。辩证思维正是以世间万物之间的客观联系为基础而进行的对世界进一步的认识和感知，并在思考的过程中感受事物之间的关系，进而得到某种结论。辩证思维最主要的特征是，事物普遍联系的观点、发展变化的观点和对立统一的观点。辩证思维模式要求观察问题和分析问题时，以动态发展的眼光来看问题，从正反两方面来看待问题，而不是孤立地、片面地、静态地看待问题。教育是十分复杂的现象，需要教师具备辩证的思维来看待和分析教育中存在的问题。

魏书生认为作为一名教师，"要紧的是，必须坚信每位学生都至少有两个自我在内心深处并存。尽管有的学生很气人，似乎是铁板一块、顽石一块，那也仅仅是似乎。实质上，没有矛盾、没有对立的头脑是不存在的。当教师的一定要善于发现后进学生心灵深处藏着的那个先进的自我，发现打架学生脑子背后躲着的那个不想打架的自我，发现自私学生偶尔表现出的关心别人的自我"。[①]

这里，我们可以看到，魏书生并不只看到后进生不好的一面，还看到他好的一面；并不是只看到打架学生不好的一面，还看到他好的一面。这就是因为他具有辩证思维，不是孤立地、静态地、片面地看待学生。魏书生辩证地对待学生的发展，对学生有一种正确的认识。

---

① 魏书生. 班主任工作漫谈 [M]. 桂林：漓江出版社，2014：78.

在此基础上,魏书生认为:"教育学生的时候,力争不站在学生的对面,让学生怎样,不让学生怎样,而要力争站在学生心里,站在学生真善美那部分思想的角度,提出:我们需要怎样,我们怎样做能更好。"魏书生启发学生在生活中发现"强大的自我",善于强化头脑中"善的自我"来抑制"恶的自我"等。这样就能够使学生对自己有一种正确的态度和认识,就能够引导学生为不断转变而努力。

二 教师思维的特征

教师的思维有一些基本特征,其中思维严密、条理清晰、逻辑性强是三个主要特征。

(一)思维严密

思维严密,表现为思维过程服从于严格的逻辑规则,考察问题时严格、准确,进行推理时精确无误。教育教学工作需要教师具备严密的思维,以便于清晰准确地向学生传递信息。如果教师思维不严密就可能会导致一些教育教学问题。

案例 5-3 　　　　　　　　**学生思维缜密难倒老师**

下面是一则与思维有关的教学笑话。

某日,老师在课堂上想看看一学生智商有没有问题,问他:"树上有十只鸟,开枪打死一只,还剩几只?"

学生反问:"是无声手枪或别的无声的枪吗?""不是。""枪声有多大?""80~100 分贝。""那就是说会震得耳朵疼?""是。""在这个城市里打鸟犯不犯法?""不犯。""您确定那只鸟真的被打死啦?""确定。"

老师已经不耐烦了:"拜托,你告诉我还剩几只就行了,OK?""OK,树上的鸟里有没有聋子?""没有。""有没有关在笼子里的?""没有。""边上还有没有其他的树,树上还有没有其他鸟?""没有。""有没有残疾的或饿得飞不动的鸟?""没有。""算不算怀孕肚子里的小鸟?""不算。""打鸟的人眼有没有花?保证是十只?""没有花,就十只。"

---

① 魏书生. 班主任工作漫谈 [M]. 桂林:漓江出版社,2014:5.

老师已经满脑门是汗，且下课铃响，但他继续问："有没有傻得不怕死的？""都怕死。""会不会一枪打死两只？""不会。""所有的鸟都可以自由活动吗？""完全可以。""如果您的回答没有骗人，"学生满怀信心地说，"打死的鸟要是挂在树上没掉下来，那么就剩一只，如果掉下来，就一只不剩。"

老师晕倒……

正是因为教师的思维不严密，而学生的思维很严密，所以导致教师被学生一一询问，最终因为学生的回答晕倒。从这个反面案例可以看出，教师如果在向学生提问时把一系列的条件都说清楚、说充分，那么就不容易出现教学问题。思维严密是保证教育教学顺畅进行的前提。

（二）条理清晰

条理清晰是思维品质的基本要求。条理清晰是指思路有条理，层次分明，线索清晰，重点突出，详略得当。

条理清晰是教学成功的重要因素。教师一定要注意表达时做到条理清晰。条理清晰才能在教学的各个环节中清晰地表达自己的意思。口语表达与书面表达对条理清晰的要求是不同的。书面表达中，可以用各级标题把事物之间的层次展示出来，即使用到五级标题，人们也能够清晰地看出各级标题之间的关系。但在口语表达中则不同。如果口语表达中，第一条中还有第一条，这个第一条里面又有第一条，那么听者就容易混淆，不知道到底哪一条在哪个层级上。口语表达中，不能使用过多的层次，一个层次排列开来最好，最多到两个层次，不能再多了，层次再多听众就混淆了。可见，在教学中，条理清晰非常重要。

做到条理清晰，可采用如下策略。

一是使用序数词。例如，一是……，二是……，三是……；或者，第一……，第二……，第三……。

二是使用关联词语。例如，"首先……，其次……，再次……，最后……""一方面……，另一方面……""虽然……，但是……""因为……，所以……""不仅……，而且……"。

三是使用排比句。使用排比句，在一定程度上也可以显示出表达的层次，而且能够显示出表达的气势。

(三) 逻辑性强

逻辑性强，就是按照符合逻辑的方式和顺序进行思维和表达。教学逻辑性强主要表现为教师高度重视问题的提出、分析和解决的全过程，注意知识之间的联系，从而使教学自始至终都保持严谨有序、合乎逻辑规律的思维过程。

案例5-4　　　　　　　　**教学中的逻辑性证明**

教学需要思维严密和逻辑性的论证。例如，"人站在平地上，对地的压力等于自己受到的重力"，似乎不需要任何说明。但其实要论证这一点，却要用相关的物理、数学规律进行推断。请在横线上写出相关的理论依据，并在右边的图中用示意图画出题中涉及的几个力（请用不同的符号区分）。

证明：∵ 人处于<u>静止状态</u>，

∴ 人受到的重力 G 和支持力 N 是<u>平衡力</u>（填"力的关系"），

∴ 这两个力<u>大小相等</u>；

又 ∵ <u>物体间力的作用是相互的</u>（填理论依据），

∴ 地面对人的支持力 N 和人对地面的压力 F 大小相等；

根据数学规律等量代换，

∴ 人对地面的压力等于自己受到的重力。

在上述论证中，就体现出严密的逻辑推理。如果教师不具有严密的逻辑思维和逻辑推理能力，那么在教学表达中就会出现漏洞，就不能够完整、严谨地把内容讲解清楚。教师要在日常的工作、生活、学习中有意识地加强思维逻辑的训练，使自己的思维更加富有逻辑性，更加严密。

第二节　思维运用

教师在思维运用时，要能正确地理解和分析问题，抓住要点，并作出及时反应。

这要求教师具有良好的思维品质，即思维的准确性、深刻性、独特性、敏捷性等。

 能正确理解问题——思维的准确性

教师要能够正确地理解和分析问题，就需要具有思维的准确性。思维的准确性，是指能够朝着正确的方向，运用正确的方法，达到对事物的正确认识。

正确理解，首先需要有正确的理解方向。要保证正确的理解方向，就需要对事物做出宏观的把握，综合各方面的信息，包括主要信息和次要信息，高屋建瓴地看待事物，从而作出正确的判断。

正确理解，需要有正确的方法。一定的方法适用于一定的问题，一定的问题需要用一定的方法来解决。如果方向正确，方法不正确，也是难以达到正确的结果的。因此，在理解和分析问题时，要选择正确的方法，注意方法与问题之间的匹配性。

教育教学中，教师要正确理解所教的知识，从而保证不出现知识性错误等硬伤。教师还要正确理解学生的行为，从而保证不误解学生、不冤枉学生。教师也要对自己的教育教学行为有正确的理解，从而保证个体行为的正确性。

 能深入分析问题——思维的深刻性

教师要能够对教育现象和问题进行深入分析，从而把握事物的本质。这就需要思维的深刻性。思维的深刻性是指人能够透过纷繁复杂的现象看到事物的本质。要抓住事物的本质特征，就需要思维活动具有较强的抽象程度和逻辑水平，需要思维具有活动的广度、深度和难度。

思维的深刻性，主要表现为在智力活动中深入思考问题，善于概括归类，善于抓住事物的本质和规律，能够一眼看穿，一语中的。深入分析事物或问题，不要被表象所迷惑，在感性材料的基础上，经过深思熟虑，去粗取精、去伪存真、由此及彼、由表及里、由现象到本质，抓住事物的内在联系，揭示事物的内在规律。

教师思维的深刻性，表现在对所教知识的深刻理解上。教师对知识理解深刻，才能高屋建瓴、深入浅出地教给学生，给学生以深刻的启迪。如果教师对知识理解浅尝辄止，那么就难以超越学生的认知，难以引领学生更加深入地学习。

教师思维的深刻性，也表现在对学生行为的深刻理解上。面对学生的各种行为，教师不能就事论事，而要善于"以事析理"，即通过日常的小事或者学生的问题行为，发现背后隐藏的教育道理。在此基础上，教师才能进一步地晓之以理，从而达到良好的教育效果。如果就事论事，那么同样的事情就不能得到彻底的解决，就有可能还会反复出现。

三 能抓住问题要点——思维的独特性

教育教学工作中，需要教师能够抓住问题的要点。这就需要教师思维具有独特性，即在新情况、新问题面前，能够采用独特的方法抓住事物的要害处、关键点，并用适当的方法解决问题。要快速准确地抓住事物的要点，就需要教师运用独特的眼光、独特的视角和独特的分析和解决问题的方法。

能够抓住事物的要点，需要教师掌握矛盾分析法，即能够区分事物的主要矛盾和次要矛盾，区分矛盾的主要方面和次要方面。这样就能够抓住主要矛盾，抓住矛盾的主要方面，即抓住事物的要点。

教育教学中，教师对教学重点和教学难点的把握，就是抓住要点的集中表现。只有抓住教学重点，才能在教学中突出重点；只有抓住教学难点，才能在教学中突破难点。抓住教学重点难点，教学就有了方向、有了抓手，从而可以使教学有明确的努力方向。在教学设计中要能够抓住要点，就需要教师找准教学的切入点，从而体现教学设计的独特性。

案例 5-5　　设计"一日游"路线图的教学切入点[①]

一位教师在开展"了解家乡"的活动前，做了大量的收集和调查工作，对以往的教学设计逐一进行筛选，集各家所长，根据自己本班的特色，最后决定以设计"松江一日游"的路线图为切入点，让学生自己设计旅游路线图，安排参观的景点、时间及所乘的交通工具，以评选"十佳导游员"活动的反馈作为评价方式。这个活动将学习的主动性充分地还给学生，学生通过课前收集资料，在对松江的各个旅游

---

① 赵国忠. 说课最需要什么——中外优秀教师给教师最有价值的建议 [M]. 南京：南京大学出版社，2009：238.

景点做了充分的了解后，选取有代表性的作为"一日游"的内容，并配上解说词向游客介绍。活动不仅培养了学生收集、整合、运用信息的多元化能力，还培养了学生的语言表达能力。时间及交通工具的安排，体现了学生考虑问题的周密性。独特的创新视角，不仅丰富了学生的课外知识，还拓展了学生的各方面能力，收到了良好的教学效果。

这次教学活动设计成功的关键在于教师抓住了一个好的切入点，即设计的要点，从而主导了整个教学活动，带动了学生多方面的学习。可见，在教学设计和实施过程中，能够抓住要点，才能设计出主问题、主活动，带动整个教学活动的展开。

四 能遇事迅速反应——思维的敏捷性

思维的敏捷性是指人能够在短时间内对具体情境做出快速的反应，迅速解决问题的思维品质。思维敏捷性在教育教学中的运用主要表现在教师能够及时敏锐地发现教育教学中存在的问题或潜在的问题，能够及时快速地形成对问题的处理意见，并迅速地做出行动上的反应。

案例5-6　　教师敏锐地认识到学生回答中存在问题

有一位老师在执教"温度和温度计"这一课时曾有过这样一个插曲。

老师让学生用温度计测量一下身边能测量到的温度。结果在反馈时，一位学生汇报的最高温度为39℃。老师敏锐地察觉到了其中存在的问题，因为当时身边没有其他的材料，最高温度也就是人的体温，到底是学生在谎报还是确实如此呢？

教师问学生是怎么测量的，学生就演示了一遍，原来他是用双手搓温度计的方式使温度上升到了39℃，学生的汇报显然是真实的。

但教师却并未就此而罢休，反而向学生提了一个问题："同学们，你们知道老师刚才为什么会对他的汇报产生怀疑吗？"

学生通过讨论、思考，最后明白了其中的原委。

在这个过程中，学生虽然参加的是一个验证和讨论的过程，虽然最终实验证明学生汇报是科学的，但这中间教师的行为真的是一种"多虑"吗？学生所收获的只是一个人的体温在正常情况下只有37℃这样一个常识吗？若教师不从心底关注学生的表达，又怎能发现其中的"不科学"，发现其中蕴涵着的教育资源呢？

在这个案例中，我们可以看到教师非常敏锐地发现了学生回答中可能存在的问题，并及时进行了追问，最终促进了学生对问题认识的深入，达到了良好的教学效果。如果教师缺乏思维的敏捷性，就难以达到这样的教学效果。

第三节　思维创新

思维创新就是打破固有的思维定势，另辟蹊径，开创出新的解决问题的方式方法。思维创新对任何想开拓、变革的人或事来说都是非常重要的。教师的思维创新同样具有重要的价值与意义。

一　教师思维创新的意义

从教育教学的角度看，教师的思维创新对打破模式化的教学、激发学生的多样发展、促进教师专业发展等具有重要的意义。

（一）思维创新才能打破教学的模式化

思维创新是相对于思维定势而言的。头脑在处理信息，包括筛选信息、分析问题、做出决策时，并不需要对每一条信息都仔细地想该怎么办，往往总是自觉或不自觉地沿着以前的思维习惯、熟悉的思维方向和路径进行思考，而不另辟蹊径。这种思维习惯、熟悉的思维方向和路径，就是一个人特有的思维定势。思维定势的好处是，在处理信息时不需要费很多脑力和时间，可以比较快捷地解决问题；它的不足在于墨守成规，一成不变，没有新意，而且它会成为解决问题的一种束缚。

长期使用一种思维方式容易形成思维定势，对教学而言容易形成僵化的教学模式。教学模式在一定意义上有助于教学的实施，但一味地使用某种教学模式，就会形成僵化的教学模式。僵化的教学模式，会使得教学千篇一律，毫无新意，而且也无法满足不同类型教学内容的需要，因此会对教学形成桎梏。要想打破僵化的教学模式必须进行思维创新。思维不断创新，不断探索符合每一种教学内容、每一堂课的教学方式，教学才能多样化、多元化、丰富化、差异化、个性化，教学才能充满无限的生机和活力。

（二）思维创新才能激发学生多样发展

思维创新对学生的多样发展也具有重要影响。思维创新能带来多样化的教学方式方法，使每堂课的教学都各不相同，充满新鲜活力。这样就能激发学生的学习兴趣和动机。教师思维创新，打破模式化教学对学生思维的发展具有直接影响。教学模式化本身会导致学生形成定式思维，不利于学生思维开阔性、多样性地发展。而教学方式的多样化，则有利于学生思维多样性的形成和发展。

（三）思维创新才能促进教师专业发展

思维创新也是促进教师专业发展的重要方式。著名特级教师王栋生说："如果教师没有创造意识，没有创造的激情，学生从我们这里学到的只不过是死的知识，我们的工作将是普通工匠都能完成的无趣的活计。"[1]怎样才能在教学中有所创造呢？王栋生认为，教师每天都得有所期待，每次上课都想到能不能"再朝前跨一步"，期待有新的发现。要创造性地使用教科书，要建立自己的教学风格，争取教出一个"我"来。[2]他的说法是很有道理的。教师要拒绝重复，同样的内容绝不重复第二次，每次上课前都重新备课，重新进行教学设计，每次设计都争取有新的内容或因素加入。这样，教师才能不断地成长，教学才能不断地改进，学生也会学得更好。

二 教师思维创新的表现

教师思维创新表现在很多方面。从教学创新的角度看，教师思维创新可以带来新颖的教学思路、多样的教学方法、常新的教学流程和多变的教学组织方式等。

---

[1] 裴跃进.教学名家谈成长［M］.北京：北京师范大学出版社，2013：75.
[2] 裴跃进.教学名家谈成长［M］.北京：北京师范大学出版社，2013：75.

（一）教学思路新颖

教学思路是教师对教学活动的整体构思，是教学内容与教学活动匹配的结构图。教学思路的创新，源于教师能够积极寻找新的教学切入点和新的教学观察视角。新鲜的切入点和新颖的观察视角可以打开整个教学过程。新颖的教学思路，不仅可以使教学内容得到更好的传达，而且可以使教学活动以新颖活泼的方式展开，使学生在闻所未闻、见所未见的状态中学习新内容。

（二）教学方法多样

同一种内容可以用多种不同的方法来教。如果不进行思维创新，运用思维定势，那么就会依赖常规方法进行教学。如果进行思维创新，那么就可以不断寻找到新的教学方法，运用多样的方法进行教学，以更好地传授教学内容。多样化的教学方法，可以激发学生的学习兴趣，使学生在充满新鲜感的教学方法中学习新的内容。

（三）教学流程常新

教学流程是教学活动展开的过程。模式化的教学中，教学流程往往是按照既定的教学模式而展开，程序固定，方式单一，往往不能满足学生的学习兴趣和需要。思维创新，则可以使教学流程不固守一种教学模式或程式而经常发生变化，从而带来不断变化的常教常新的教学流程。

（四）组织方式多变

教学组织方式是教师对学生活动时间、空间、方式、资源等的安排情况。思维定势下，教师习惯于运用固定的方式来组织学生，学生相对在比较固定的状态和封闭的环境中学习。思维创新，则会带来组织方式的多样化变革，从而使学生在活动的时间、方式、资源等方面产生多样的变化，带来教育教学的多样化发展。

三 教师思维创新的路径

教师思维创新需要教师具备广博的知识和开放的教育教学思想，并多视角地思考问题、逆向思考问题、批判性思考问题，主动迁移与嫁接，善于捕捉思维火花，善变模糊为清晰。

（一）广博的知识积累

思维创新是有一定前提条件的，其中重要的一项是要有丰富的知识积累。人们常说"长袖善舞，多财善贾"。思维的创新也是一样，拥有大量的知识积累，在思维创新时就能够左右逢源，灵活自如地进行思维转换，否则只会捉襟见肘。教师要多读书、多积累，丰富自己的理论知识与实践经验。这样就为思维创新积累了良好的基础，提供了可能性。

（二）开放的教育思想

思维创新不仅需要广博的知识作为基础，也需要教师有开放的教育教学思想。教育教学思想开放，才能允许思维自由流动、灵活组合，不囿于一隅、不定于一尊、不墨守成规、不满足于固有的标准答案，而去探求新的思路，从而带来创新。具有开放的教学思想，教师就能够把积极思维、突发奇想、标新立异、锐意创新作为一种需要，不断追求新鲜新奇的事物，从而在求新、求奇、求异中带来创新。

（三）多视角思考问题

创新思维视角，是用不同寻常的视角观察事物，使事物显示出不同寻常的性质。学会从多角度观察同一事物，尽量多地增加思维视角，就会看到更多日常所未见、常人所未见的内容，从而增加更多的教学设计创意。

如何才能多视角地思考问题呢？发散思维是思维创新中的一种重要的思维方式。要多运用发散思维来思考问题。发散是创造性思维的特点之一，它使人们沿着各种不同的方向去思考，从而增加寻找到问题解决突破口的机会。对同一问题，要站在不同的侧面、不同的立场，出于不同的心理，选取不同的角度，采用不同的思路进行思考，这样就会获得不同的看法。发散思维的产物是多种多样的，具有新颖性、多端性、伸缩性和精细性等特征。数学中的一题多解、变式训练，外语中的一句多译，都属于发散的范畴。学会运用发散思维，就会思路开阔、灵活，不至于囿于一孔之见。教师要根据自己的经验不断总结新的思维视角，有了足够的视角储备，教学设计时才能够游刃有余。

（四）逆方向思考问题

一般而言，事物都具有正反两面性，如果事物只呈现其一面性时，那么我们就需要从另一面进行思考，即逆方向思考问题。逆方向思考需要逆向思维的加入。逆向思维就能够从事物的反面出发去思考问题。比如，当学生打架时，我们不仅要看到他打架的一面，而且要看到他不希望打架的一面。这样就可以更好地理解学生，从而找到教育学生的突破口。当然，逆向思维立意的目的不是鼓励面面猎奇，不是乱发议论，不是任何情况都可以使用，它同样要求论之有理，述之有据，要有说服力。

（五）批判性思考问题

批判性思考问题，就是对事物、观点、态度等的存在持一种怀疑态度，并追究其存在的合理性与合法性。这就是批判性思维的加入，在思考时多问一下"凭什么？""合理性何在？""合法性何在？"。这样就会撤销禁锢我们思想的篱笆，对现在的事物、观点、态度等提出挑战。批判性思维，不仅推进对事物的深入认识，而且会促进教育教学中的公平正义，使秩序更加合理，存在更加合理。批判性思维与多视角思考、逆方向思考等一样，可以看到他人没有看到的东西，可以产生更为深刻的洞见，从而使我们对事物的认识更加深刻。

（六）主动迁移与嫁接

主动迁移，就是积极主动地把这一领域的内容、方法、视角等迁移到相关相近的领域或其他领域里去。举一反三、闻一知十，都是迁移的典型表现。主动嫁接，就是把一个领域的内容移植到其他领域里面去，从而形成内容的嫁接。主动嫁接需要多学科支撑，在某种意义上，主动嫁接也可称为学科间嫁接。教师要广泛学习，尽量多接触自己专业之外的其他学科，并尝试或学会运用其他学科的视角来审视自己学科的问题。

（七）善捕捉思维火花

创新思维有时来源于灵感，即思维的火花。教师要善于捕捉思维火花，善于抓住思想的闪光点。非凡的灵感，往往产生于极其细小的一闪念、极为普通的一瞬间。教师要特别留意这"一闪念""一瞬间"。灵感来去突然、迅速，有时甚至在睡意蒙眬中产生，但稍纵即逝，因此要善于迅速及时地抓住灵感闪现时出现的思维火花。为此，就需要养成"即时记录""及时写作"的好习惯。"即时记录"，就是思维火花出现时立即把它记录下来，这就需要在身边常备纸笔。现在，手机上也有"备忘录"等功能可以帮助我们随时记录思维火花。"及时写作"就是要及时把思维火花进一步阐释性地写作出来。如果能够实现"即时写作"，即当时想当时写，那就更好了。

（八）善变模糊为清晰

灵感是思维创新的重要契机。我们要善于抓住日常生活中不时迸发的灵感。然而，灵感产生后往往是模糊的，并不能马上形成清晰的思路，并带有很强的偶然性，这时需要有能力变模糊为清晰，通过严密的逻辑思维使灵感变成清晰的思路。[①]怎样才能使模糊的灵感变清晰呢？写作是一种促使思想由模糊到清晰的手段。有了灵感时，要及时地把它记录下来，记录的过程也就是整理思路的过程。画示意图是使灵感由模糊变清晰的一种手段。通过示意图可以把灵感的内容或形式等以简洁明了的方式呈现出来。

总之，教师的思维创新并没有想象的那样难，而是有很多途径和方法，只要注重日常积累，并积极运用各种途径和方法，那么就有很大的思维创新的空间和很多的思维创新的机会。

本章小结

思维品质是人在思维活动中表现出来的思维能力的个性特征。教师的思维具有思维严密、条理清晰、逻辑性强三个主要特征。对教师而言，学生思维（儿童思维）、利导思维、系统思维、发散思维、逆向思维、辩证思维等是比较重要的思维类型。

教师在思维运用时，要能正确地理解和分析问题，抓住要点，并作出及时反应。这要求教师具有良好的思维品质，即思维的准确性、深刻性、独特性、敏捷性等。

---

① 丁帆．著名特级教师教学思想录（中学语文卷）[M]．南京：江苏教育出版社，2012：149．

思维创新就是打破固有的思维定势，另辟蹊径，开创出新的解决问题的方式方法。教师的思维创新对打破模式化的教学、激发学生的多样发展、促进教师专业发展等具有重要的意义。从教学创新的角度看，教师思维创新可以带来新颖的教学思路、多样的教学方法、常新的教学流程和多变的教学组织方式等。思维创新需要教师具备广博的知识、开放的教育教学思想，并多视角地思考问题、逆向思考问题、批判性思考问题，且主动迁移与嫁接，善于捕捉思维火花，善变模糊为清晰。

拓展阅读

1. （美）克雷格·勒尔. 策略性思维［M］. 黄远振，译. 沈阳：辽宁教育出版社，2001.
2. 李维安，等. 突破惯性思维［M］. 北京：中国人民大学出版社，2004.
3. 王小燕. 科学思维与科学方法论［M］. 广州：华南理工大学出版社，2003.
4. 张大松. 科学思维的艺术——科学思维方法论导论［M］. 北京：科学出版社，2008.
5. 武宏志，周建武. 批判性思维——论证逻辑视角（修订版）［M］. 北京：中国人民大学出版社，2010.
6. 李冲锋，于源溟. 利导思维：魏书生教育艺术的精髓［J］. 教育艺术，2006（11）.

同步训练

1. 在教学中如何体现出良好的辩证思维品质？
2. 阅读下面的案例回答问题。

案例5-7　　"愚公精神"果然值得学习吗？[①]

某教师执教《愚公移山》一文，当教师大赞愚公精神时，有学生提出疑问："愚公率领'荷担者三夫'，以微薄的人力去搬'方七百里，高万仞'的太行、王屋，这

[①] 蔡伟. 语文课堂教学技能训练［M］. 上海：华东师范大学出版社，2009：219.

举动果真明智、果真值得歌颂吗，这样的'愚公精神'果真值得学习吗？"一石激起千层浪，一位学生的质疑引来诸多学生的附和。教师沉默片刻后说："刚才这位同学的质疑是老师没有想到过的，一直以来也没有学生这样问过我，但显然，这个问题引起了在座不少同学的共鸣。因此，老师不能回避，支持愚公的同学也要勇敢面对。这样吧，下面的时间我们先相互讨论一下，接着自由发言，然后支持派与反对派各选出三名代表到讲台上展开一个小辩论。大家同意吗？"

请分析这位教师在教学中体现出来的思维品质。

3. 阅读下面的案例，回答问题。

案例5-8　　三个国家的孩子学画苹果[①]

美国孩子画苹果，老师拎来一篮鲜果，由孩子们任拿一个去照着画；日本孩子画苹果，先由老师拿苹果让大家观察一番，再让学生照着画；中国孩子画苹果，则是由老师先在黑板上画一个标准苹果，然后规定先画左、后画右，这里涂红、那里涂绿……结果，只有中国孩子画得最像苹果，而日本孩子画得则像鸭梨，美国孩子画得或如南瓜，或如葫芦。

请从培养学生创造性思维的角度，对上述案例进行分析。

参考答案

1. 要有明确的辩证思维意识，遇到问题时尽量从正反两方面来看待。结合具体问题、具体事件，进行具体分析。回答问题做到不片面、不走极端，但同时注意做到观点明确、态度鲜明。
2. 教师没有想过学生质疑的问题，可见教师对该问题的思考一直是单向思维，没有进行过逆向思维，这说明教师的逆向思维能力比较弱。面对学生的质疑，教师沉默片刻之后才做出反应，一方面说明他做事比较稳妥，另一方面也说明他的思维敏捷性不够强。面对学生的质疑，该教师

[①] 曹长德.教育学案例教学［M］.合肥：中国科学技术大学出版社，2008：90.

没有固执己见，打击学生的异己之见，而是进行教学临境设计，组织学生展开讨论、辩论，这又表现出该教师具有灵活性和创新性的思维品质。
3. 中国教学注重给予学生标准的答案，注重让学生模仿，其结果是不能很好地培养学生的个性和独立思考的能力、开拓精神和创造性思维能力。美国的教育虽然教师的指导作用似乎发挥不够，但注重学生的自主性、独立性和创造性，有助于学生创新精神和创造性思维的培养。我们要改变传统的教师主导的教学模式，给予学生更多的自主权，让学生发挥自己的聪明才智，培养他们的创造性思维。

自我检测

学习过本章内容，请对照反思。

项　　目	是	否	改进措施 （如否，请写要点）
1. 我是否了解教师思维的类型			
2. 我是否把握教师思维的特征			
3. 我是否具备思维的准确性			
4. 我是否具备思维的深刻性			
5. 我是否具备思维的独特性			
6. 我是否具备思维的敏捷性			
7. 我是否理解教师思维创新的意义			
8. 我是否理解教师思维创新的表现			
9. 我是否明白教师思维创新的路径			
10. 我是否能成为一名创新型教师			

学习心得

学习完"思维品质"这一章,你有怎样的心得收获,请写出几条。

_____
_____
_____
_____
_____

实践转化

你准备在实践中怎样落实、转化"思维品质"这章所学内容,请写下要点。

_____
_____
_____
_____
_____

第六章　教学设计

凡事豫则立，不豫则废。言前定则不跲，事前定则不困，行前定则不疚，道前定则不穷。①

——《礼记·中庸》

如果我不得不将教育心理学还原为一条原理的话，我将会说，影响学习的最重要的因素是学生已经知道了什么，我们应当根据学生原有的知识状况进行教学。

——（美）教育心理学家　奥苏伯尔

---

① 胡平生、张萌.礼记（下）[M].北京：中华书局，2017：1025.

学习目标

1. 了解课程的目标和要求，准确把握教学内容。准确把握所教的教学内容、理解本课（本单元）在教材中的地位以及与其他单元的关系。
2. 根据教学内容和课程标准的要求确定教学目标、教学重点和难点。
3. 教学设计要体现学生的主体性，因材施教，选择合适的教学形式与方法。

教学设计也称"教学系统设计"，是20世纪70年代在系统理论指导下发展起来的一项现代教学技术。教学设计运用系统方法，将学习理论与教学理论的原理转换成对教学目标、教学条件、教学方法、教学评价等教学要素进行具体规划的系统化过程。教学设计是教学实施和评价的前提，从某种意义上说，好的教学设计才能带来好的教学效果。教师要重视教学设计。教学设计技能是教师应掌握的基本技能。

 案例展示

| 案例6-1 | 李清照《声声慢》教学设计[①] |

一、感受诗歌的韵律

1. 你认为应该用怎样的语气语调来诵读这首词？听同学诵读这首词，并对其加以评议。
2. 反复朗诵课文，说说这首词字音的特点。

---

① 王荣生，倪文尖. 国家课程标准高中实验课本（试编本）. 语文4（必修）[M]. 上海：上海教育出版社，2007：102-103.

3. 找出词的韵脚，概括该韵脚的语音特征，并说说它们给你的心理感受。

二、揣摩诗人的心理活动

1. 从词人心理活动的角度，讨论下列问题。

（1）"寻寻觅觅，冷冷清清，凄凄惨惨戚戚"这3句可以变换顺序吗？为什么？

（2）为什么"乍暖还寒时候，最难将息"？

（3）为什么"三杯两盏淡酒"，敌不过"晚来风急"？

（4）为什么"雁过"的时候，"正伤心"？

2. 找出描写动作、声响和色彩的词语，说说这些词语的心理特征。

3. 词依次写了"寻寻觅觅""乍暖还寒""晚来风急""雁过""黄花憔悴""守着窗儿""梧桐细雨"，试描述词人的心理活动过程。

三、想象当时的创作情境

1. 比较链接中的《醉花阴》，说说这两首词给你的不同感受；想象词人写作这两首词的情境和心态。

2. 想象词人写完《声声慢》，放下手中的笔，内心又是一番什么感触？试写一段话，描述词人当时的心理活动。

这则教学设计以学生的学习活动为中心，而不以教师的教学活动为中心，符合新课程提倡的学习方式转型的要求。整个设计教学内容清晰，教学流程有序，教学结构简洁明了。怎样才能又快又好地进行教学设计呢？带着这个问题，我们进入"教学设计"这一章的学习吧。

第一节 教学设计的内容

从宏观到微观，教学设计有不同的层次：学段教学设计、学年教学设计、学期教学设计、单元教学设计、课题教学设计、课时教学设计等。在教学中，教师用得最多的就是课时教学设计，即一节课的教学设计，本节对此展开探讨。

教学设计受设计理念的影响。我们首先需要树立良好的教学设计理念。第一，以学定教。即根据学情确定教学方案。第二，学生是课堂学习的主体。传统的教学设计中,"问题是老师的,答案是教参的"。①以往的教学设计中常见的是教师设计一系列的问题,后面备注了来自教参的答案,上课的过程就是教师不断地、一个接一个地抛出设计好的问题,学生一个又一个地回答的过程。新的教学设计观认为,学生是课堂学习的主体,一切教学活动都要围绕学生展开,而不是围绕教师的问题展开。要将学习主体地位还给学生,让课堂真正成为学生学习的地方,而不是教师提问或讲授的讲台。教师的作用是在学生学习遇到困难需要指导时,或在需要指导之处给予必要的指导和帮助。第三,设计以学生活动为核心。教学设计主要是设计学生的活动,而不是教师的活动。把握住以上三条基本理念,我们就要在具体教学设计中加以落实。

一般而言,课时教学设计需要做好教材分析、学情分析、确立教学目标、教学重点、教学难点、择取教学资源、选择教学方法、设计教学流程、教学板书和课外作业等10个方面的工作。

一 教材分析

在进行教材分析前,教师需要深入钻研领会课程标准,把握课程标准的各项要求。教材是为了有效反映和传递课程内容诸要素而组织的文字与非文字材料及所传递的信息。现代教学论强调"不是教教材,而是用教材"。新的教材观认为,教材是国家课程方案和课程标准的主要载体,是学生在校学习的主要资源(非唯一资源),是教师进行课堂教学的依据(仅是依据),是教学的工具和教学的抓手。教师在开始设计具体的教学方案时,必须确立新的教材观,创造性地使用教材,灵活地利用教材,使教材成为一种动态的、生成性的资源。教学设计需要教师对教材进行整体把握与具体分析。

(一)整体把握教学内容

教材分析首先要整体把握教学内容。这就需要搞清所教的教学内容在学段中、在整册教材中、在单元教学中、在整篇课文或课题中的地位和作用。换言之,要把具体的教学内容置放进教材内容体系之中来考察。这就要求教师要通读教材,不仅

---

① 王泽芳.语文有效教学的一点思考[J].教育艺术,2013(03):74-75.

要通读一学期的教材，还要通读一学年，甚至一学段的教材。这样才能从整体上把握具体教学内容在整个教材体系中的地位，准确对教学内容进行定位。

（二）具体分析教学内容

具体分析教学内容就是对具体的课文进行文本解读。教材的具体分析，可从序列化特征和个性化特征两方面入手。

1. 教学内容的序列化特征分析

教学内容的序列化特征是指教学内容在整体的教学内容体系中所处的位置及其教育教学价值与作用。确定教学内容的序列化特征才能够知道所教的内容在整个教学内容体系中的位置，使教学内容具有连贯性、系统化、整体性。教学内容序列化特征的分析可以从纵向与横向两个角度进行。

（1）纵向的序列化特征

纵向的序列化特征是指这一课所教的内容与前后课所教内容的关系，以及它在整个单元、学期、学年甚至学段中所处的位置、所发挥的作用。

纵向的序列化特征分析需要把这节课所要教的内容放置在与前一节课后一节课、前一周后一周，乃至前一学期后一学期的关系之中进行"连续性考察"。

要进行"连续性考察"可从两个方面着眼：第一，点与点的区隔，这一课的教学内容与那一课的教学内容有差别。第二，点与点的内在联系，在同一个学习领域或学习主题中，后一课的教学内容是前一课教学内容的延续、拓宽、提高或加深。[1] 只有进行这样的连续性考察才能真正看清本节课所要教的内容的位置、价值与意义。

（2）横向的序列化特征

横向的序列化特征是指本课所要教的不同的知识点之间的关系。

分析清楚本节课所要教的知识点之间的关系，有助于在教学设计时做到详略得当、重点突出、主次分明、难易适度。

2. 教学内容的个性化特征分析

教学内容的个性化特征是指所要教的课文（课题）与其他文本相比所独有的特征。正是因为这一课文（课题）具有这样一些特征，所以才具有学习的价值与意义。

---

[1] 王荣生. 听王荣生教授评课 [M]. 上海：华东师范大学出版社，2007：24.

只有分析出一篇篇课文不同于其他文章的特征，才能使学生在每学习一篇课文时都有新的内容、新的收获，从而避免出现在学习同类型、同文体的文章时，所学或所用的都是相同的内容，导致学生对学习失去兴趣。

教学内容个性化特征的分析可以从文本内容特征、文本结构特征、文本艺术特征、文本语言特征、文本人文特征这五个角度进行。

（1）文本内容特征

文本内容特征指文本所写的内容以及所写内容的特点。内容特征分析就是对内容及其特点进行提炼概括。

（2）文本结构特征

文本结构特征指文本在结构布局上的特色。结构特征分析就是把文本在结构上的特点一一分析出来，并分析清楚为什么是这一结构，即该结构的作用与功能是什么。

（3）文本艺术特征

文本艺术特征主要是指文本在表现手法方面所具有的特色，即作者运用了哪些艺术手法来表现作品。艺术特征分析就是把这些表现手法及其特点分析出来，并分析清楚这些手法的作用与功能是什么。

（4）文本语言特征

文本语言特征指文本在语言上所具有的特色。不同作家有不同的语言风格与特色，不同文本也具有自己的特点。语言特征分析就是把文本的语言特点分析出来，并分析清楚这些语言特点的作用与功能是什么。

（5）文本人文特征

文本人文特征包括文本蕴含或体现的文化特色、思想内涵以及情感态度价值观等方面的特色。人文特征分析就是要把蕴含在文本中的人文特色挖掘出来，以供教学设计时使用。

对上述五个方面的分析应力求全面、深入。只有全面、深入地对文本特征进行分析，才能清楚地把握文本内容，为教学设计提供基础。虽然要求文本分析要全面、深入，但教学设计与实施时却未必把全部内容都教给学生。具体要教些什么内容，不完全取决于文本有什么，还取决于课程目标的要求、单元目标的要求、教学内容进度的整体安排、学生的学情等因素。也就是说，文本分析要全面，教学时却要有所取舍。取舍的情况要根据课程目标、单元要求教学内容的整体安排和学生学情等因素。

案例6-2　《木兰诗》的教材分析

一、内容特征

《木兰诗》叙述了木兰女扮男装、代父从军、征战沙场、凯旋回朝、建功受封、辞官还家的故事，充满传奇色彩。诗中热情赞扬了这位奇女子勤劳善良的品质、保家卫国的热情、英勇战斗的精神，以及端庄从容的风姿。它不仅反映出北方游牧民族普遍的尚武风气，更主要的是表现了北方人民憎恶长期割据战乱，渴望过和平、安定生活的意愿。它对木兰的讴歌，也冲击了封建社会重男轻女的偏见。它"事奇诗奇"（沈德潜语），富有浪漫色彩，风格也比较刚健古朴，基本上保持了民歌特色。

二、结构特征

开头两段，写木兰决定代父从军。诗以"唧唧复唧唧"的织机声开篇，展现"木兰当户织"的情景。然后写木兰停机叹息，无心织布，不禁令人奇怪，引出一问一答，道出木兰的心事。木兰之所以"叹息"，不是因为儿女的心事，而是因为天子征兵，父亲在被征之列，父亲既已年老，家中又无长男，于是决定代父从军。

第三段，写木兰准备出征和奔赴战场。"东市买骏马……"四句排比，写木兰紧张地购买战马和乘马用具，表示对此事的极度重视，愿为父亲分担压力；"旦辞爷娘去……"八句以重复的句式，写木兰踏上征途，马不停蹄，日行夜宿，离家越远思亲越切。这里写木兰从家中出发经黄河到达战地，只用了两天就走完了，夸张地表现了木兰行进的神速、军情的紧迫、心情的急切，使人感到紧张的战争氛围。其中写"黄河流水鸣溅溅""燕山胡骑鸣啾啾"之声，还衬托了木兰的思亲之情。

第四段，概写木兰十来年的征战生活。"万里赴戎机，关山度若飞"，概括上文"旦辞爷娘去"八句的内容，夸张地描写了木兰身跨战马，万里迢迢，奔往战场，飞越一道道关口，一座座高山。"朔气传金柝，寒光照铁衣"，描写木兰在边塞军营的艰苦战斗生活的一个画面：在夜晚，凛冽的朔风传送着刁斗的打更声，寒光映照着身上冰冷的铠甲。"将军百战死，壮士十年归"，概述战争旷日持久，战斗激烈悲壮。将士们十年征战，历经一次次残酷的战斗，有的战死，有的归来。而英勇善战的木兰，则是有幸生存、胜利归来的将士中的一个。

第五段，写木兰还朝辞官。先写木兰朝见天子，然后写木兰功劳之大，天子赏赐之多，再说到木兰辞官不就，愿意回到自己的故乡。"木兰不用尚书郎"而愿"还故乡",固然是她对家园生活的眷念,但也自有秘密在,即她是女儿身。天子不知底里,木兰不便明言,颇有戏剧意味。

第六段,写木兰还乡与亲人团聚。先以父母姊弟各自符合身份、性别、年龄的举动,描写家中的欢乐气氛,展现浓郁的亲情;再以木兰一连串的行动,写她对故居的亲切感受和对女儿妆的喜爱,一副天然的女儿情态,表现她归来后情不自禁的喜悦;最后作为故事的结局和全诗的高潮,是恢复女儿装束的木兰与伙伴相见的喜剧场面。

第七段,用比喻作结。以双兔在一起奔跑,难辨雌雄的隐喻,对木兰女扮男装、代父从军多年未被发现的奥秘加以巧妙地解答,妙趣横生而又令人回味。

三、语言特征

大量运用了拟声词,如"唧唧复唧唧""流水鸣溅溅""胡骑鸣啾啾""磨刀霍霍向猪羊"中的"唧唧""溅溅""啾啾""霍霍"等。拟声词入耳,使得诗歌语言琅琅上口。

口语入诗。"问女何所思""不闻爷娘唤女声""开我东阁门""出门看火伴"等均是日常用语。"双兔傍地走,安能辨我是雄雌!"更是民间俗谚,富有乡土气息,表现了木兰的淳朴性格和自豪气概。

从文言的角度看,还有如下语言特征。

【通假字】

① 对镜帖花黄:"帖"通"贴",贴,粘贴。

【古今异义】

① 爷:古义指父亲,如:卷卷有爷名;今指爷爷,即父亲的父亲。

② 走:古义为跑,双兔傍地走;今义行走。

③ 但:古义为只,副词,如:但闻黄河流水鸣溅溅;今常用作转折连词。

④ 郭:古义为外城,如:出郭相扶将;今仅用作姓氏。

⑤ 户:古义为门,木兰当户织;今义人家、门第。

⑥ 迷离:古义为眯着眼,今义模糊而难以分辨清楚。

⑦ 十二:古义为虚数多;今义数词,十二。

【一词多义】

① 市:a. 集市,如:东市买骏马;b. 买,如:愿为市鞍马。(名词作动词。我愿意为此去买鞍马。)

② 买：a. 买（东西），如：东市买骏马；b. 雇，租，如：欲买舟而下。

③ 愿：a. 愿意，如：愿为市鞍马；b. 希望，如：愿驰千里足。

【词语活用】

① "何"疑问代词作动词，是什么：问女何所思。

② "策"名词作动词，登记：策勋十二转。

③ "骑"动词作名词，战马：但闻燕山胡骑鸣啾啾。

【特殊句式】

① 省略句：愿为市鞍马。（愿为"此"市鞍马，"此"指代父从军这件事。）

② 倒装句：问女何所思，问女何所忆。（"何所思"是"思所何"的倒装，"何所忆"是"忆所何"的倒装。宾语前置。）

【互文】

① 东市买骏马，西市买鞍鞯，南市买辔头，北市买长鞭。

到东市买了骏马，去西市买了鞍鞯，往南市买了辔头，从北市买了长鞭。

意思是：到各处街市备办鞍马等战具，不是一处地方买一样东西。

② 将军百战死，壮士十年归。

将军身经百战生存无几，壮士（木兰）戎马十年胜利归来。

意思是：征战多年，经历很多战斗，许多将士战死沙场，木兰等幸存者胜利归来。

③ 开我东阁门，坐我西阁床。

打开我东屋的闺门，坐在我西屋的床上。

意思是：每间房子都要开了门进去看看，不是开了东阁的门而不进去，然后转到西阁的床上去坐着。

④ 当窗理云鬓，对镜帖花黄。

对着窗户梳理美丽的鬓发，对着镜子贴上好看的花黄。

意思是：当着窗户，对着镜子，先理云鬓，后贴花黄。

四、艺术特征

其诗中几件事的描绘详略得当，一、二、三、六、七段详写木兰女儿情怀，四、五段略写战场上的英雄气概。从内容上突出儿女情怀，丰富英雄性格，使人物形象更真实感人。结构上使全诗显得简洁、紧凑。

它以浓挚的感情和铺叙、对照、渲染的表现手法，集中地描绘了一个平凡的女子——木兰代父从军和她解甲还乡的不平凡的经历。

修辞手法：

复沓

复沓与叠句的区别是，复沓可以更换少数词语，而叠句的词语完全相同。"问女何所思，问女何所忆"是复沓，"女亦无所思，女亦无所忆"两句也是复沓。"旦辞爷娘去，暮宿黄河边。不闻爷娘唤女声，但闻黄河流水鸣溅溅。旦辞黄河去，暮至黑山头。不闻爷娘唤女声，但闻燕山胡骑鸣啾啾"两节八句，也是复沓。

顶真

"军书十二卷，卷卷有爷名。""壮士十年归，归来见天子，天子坐明堂。""出门看伙伴，伙伴皆惊惶。"

互文

东市买骏马，西市买鞍鞯，南市买辔头，北市买长鞭。

排比

爷娘闻女来，出郭相扶将；阿姊闻妹来，当户理红妆；小弟闻姊来，磨刀霍霍向猪羊。

五、文化特征

北朝民歌大多是北方少数民族的歌曲，《木兰诗》是长篇叙事诗，是北朝民歌中最为杰出的作品。

这首诗塑造了木兰这一不朽的人物形象，既富有传奇色彩，而又真切动人。木兰既是奇女子又是普通人，既是巾帼英雄又是平民少女，既是矫健的勇士又是娇美的女儿。她勤劳善良又坚毅勇敢，淳厚质朴又机敏活泼，热爱亲人又报效国家，不慕高官厚禄而热爱和平生活。一千多年来，木兰代父从军的故事在我国家喻户晓，木兰的形象一直深受人们喜爱。

"谁说女子不如男"，它也是对女性建功立业、功成身退、忠孝两全的赞美。这个故事，不仅在当时是激励女性的传奇，在今天仍然可以作为激励女生的典范：女性只要努力去做，一样可以像男子一样建功立业，做出一番不凡的成就。

大家可以看到，有了对《木兰诗》上述五个方面的分析，这首诗所特有的一些知识点就出来了。虽然，教材分析出来的内容未必都会成为教学内容，但这是教学内容全面的前提和基础。教材分析得越深入透彻，到底应该教什么、怎么教，就越清楚。因此，教学设计前一定要高度重视教材分析，力争全面、深入地把握教材内容（见图6-1）。

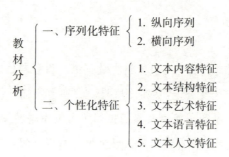

图6-1 教材分析框架

 学情分析

教学是为了帮助学生学习，教学设计时同样要围绕帮助、促进学生的学习而展开，要为学生着想。为此，教师必须要对学生的情况有全面而深入的把握，这就需要进行学情探测、学情分析、学情利用。目前教学设计中普遍存在的问题是，教师缺乏学情探测、分析、利用的手段和方法，对学情探测、分析和利用的技术缺乏掌握。加强对学情的重视，加强学情分析技术与方法的学习与掌握应成为教师专业发展的一个努力方向。

（一）学情类型

学情，概言之指学生的情况，具体言之指学生的学习情况。根据学情指向范围的大小，可把学情分为一般学情、具体学情和目标学情三种类型。

1. 一般学情

一般学情，即学生所具有的常态下的情况，包括学生的来源、家庭背景、生活经历、个性心理特征、兴趣爱好、班风班纪、知识能力状况等。一般学情具有稳定性，可以在日常的接触中逐渐了解和把握，它对教学会产生直接或间接的影响，主要是间接影响。

2. 具体学情

具体学情，是学生学习具体的某一课时所具有的情况，包括学生已经具备的知识与能力，经过努力对将要学内容的把握程度，对将学内容的困惑、困难等。具体学情具有不确定性，对教学会产生直接的影响，需要有针对性地探测和分析。

3. 目标学情

目标学情，是学生要达到学习目标所具备的知识与能力、存在的问题与困惑等情况。目标学情具有针对性，它指向学习目标的达成。教学设计要重点关注的学情是目标学情，要对应"目标学情"与"目标达成"之间的关系，有针对性地利用学生的已知已能，有针对性地解决学生的问题与困惑。

由上不难看出，从一般学情，到具体学情，再到目标学情，对学情的把握是由一般到具体，由普通到个别，越来越具体，越来越有针对性的（见图6-2）。

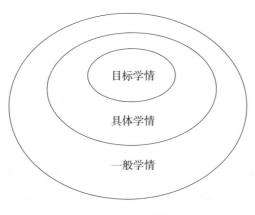

图6-2　三种学情

案例6-3　　钱梦龙把握《故乡》的学情[①]

著名特级教师钱梦龙到浙江省金华市第四中学执教鲁迅的《故乡》。课前，他请市教研员先布置学生自读，自读的唯一要求是提出问题，并把问题写在小纸片上。他的计划是到金华的第一天白天做讲座，晚上看学生提出的问题、备课，第二天上课。到金华后，教研员却告诉他，已经布置过学生自读了，学生说都已读懂了，没有问题。于是，钱老师不得不先把学生召集起来，给他们上了一节自读课。经过指导，全班50来个学生总共提出了600多个问题。

当天晚上，钱老师在招待所备课。看着学生提出的孩子气十足的问题，他边看边笑。比如有学生问："闰土因为多子而受穷，那为什么不实行计划生育少生几个呢？"

① 教育部师范教育司. 钱梦龙与导读艺术［M］. 北京：北京师范大学出版社，2006：167-168.

又如:"据我所知,鲁迅只有一位叫许广平的夫人,杨二嫂怎么说他有三房姨太太?"看完学生的全部问题,他对第二天的教学心中有了底。最后,他从中筛选出30多道题,把它们分为七个大的"话题",准备第二天教读时发还给提问的同学,请他们当堂提出,由全班一起讨论。他归纳的七大话题是:一是一般疑问,二是回乡途中的"我",三是闰土,四是杨二嫂,五是宏儿和水生,六是离乡途中的"我",七是写景。第二天的教学就围绕这七大话题展开,课堂教学气氛十分活跃,教学效果良好。

在这个案例中,学生读了课文以后提不出什么问题来,可能是一种常态,也就是说一般情况下,老师布置了这样的阅读任务,不仅仅是指学习《故乡》这篇课文,学生们都是提不出问题,认为自己读懂了。这种情况属于一般学情。

经过钱老师的指导,学生们提出了600多个问题,平均每个学生提出10多个问题,这些问题属于具体学情。具体学情,既是指全班学生提出的学习《故乡》的这600多个问题,也是指每一个学生所面临的自己的具体问题。当然,这些问题中有些是比较偏僻的问题,如令钱老师发笑的那两个问题。

经过筛选后,钱老师确定了七大话题,围绕这七大话题,学生们还有30多个问题。这30多个问题是老师课堂上准备解决的。这些问题是目标学情。对教学准备而言,要重点准备的是如何解决目标学情。

除关注上述三种学情,特别是目标学情外,还要关注动态学情。所谓动态学情是指学生在学习的过程中所产生的学习状态。教学过程就是推动学情不断向前发展的过程。学生的学情发生了变化,教学也应该做出相应的变化。在教学设计时,应该把一段时间的教学后发生的学情变化也考虑进来,并据此设计后续的教学过程。

(二)学情探测

学情探测,即通过一定的手段和方法探测学生对已学或将学内容掌握情况的过程。

学情探测主要是获得学生的学习信息,为学情分析和学情利用做好准备。

很多教师对学情的探测是通过"经验估测"的,对于有经验的教师而言,这或许有一定作用,但"经验估测"往往会存在不准确的情况,学情是变化的,适用于上一级学生的学情,不一定适用于这一级学生;适用于这一班的,不一定适用于另一个班。因此,每次上课前,都应该重新准确地测定学情。

课前学情探测常用的方法有问卷调查、导学案反馈、预习反馈、个别访谈等。

1. 问卷调查

问卷调查就是教师设计一些针对课文的题目让学生回答以获得学生对课文掌握的情况。设计问卷调查时，可以设置一些开放性的问题，比如你最喜欢课文的哪一部分，你认为哪些部分难以理解，学习这篇课文你还想知道些什么，需要教师提供些什么帮助之类。当然，要根据课文的情况来设计，不能每次都是一样的问题。问卷调查的结果经过归纳和量化处理，可以比较准确地显现出学情。但设计问题、结果统计等都比较占用时间。

2. 导学案反馈

导学案反馈是教师事先设计导学案让学生课前自学，通过学生做导学案的反馈情况来了解学生的学情。

3. 预习反馈

预习反馈是教师有针对性地布置预习题目，通过检查预习的情况来了解学情。预习反馈与导学案反馈有一定的相似性。相比较而言，导学案反馈更具体一些，预习反馈更粗略些。

4. 个别访谈

个别访谈是教师找几个学生询问学习这篇课文或这一课题的感受、困难等以了解学情。个别访谈时，一般需要找好、中、差三类学生的代表来询问，询问的学生数量越多，针对性越强。这种方法比较简便易行，但不太容易量化。

只有学情探测时所设计的问题或练习针对性强，才能准确地获得学情。不论采用什么探测手段，学情探测都要具有针对性，主要涉及学生通过自学能够掌握到什么程度、还不能理解和掌握的是什么这两部分内容。教师特别要了解学生的兴趣点、困难点和认知冲突点，学情探测设计时可以侧重从这些方面设计问题。这些点往往也是教学设计的重点。

（三）学情分析

在学情探测的基础上，可以进行学情分析。学情探测很重要，学情分析也很重要，它直接决定了教师对学情的判断。学情分析是对学情探测所获得的信息进行分析的过程。通过学情分析，可以掌握学生的已经发展水平与可能发展水平，进而确定学生的"最近发展区"。

"最近发展区"是苏联心理学家维果茨基提出的理论。他的研究揭示：教育对儿童的发展能够起主导作用和促进作用，但需要确定儿童发展的两种水平：一种是已经达到的发展水平，表现为儿童能够独立解决智力任务；另一种是儿童可能达到的发展水平，表现为儿童还不能独立地解决任务，但在成人的帮助下，在集体活动中，通过模仿能够解决这些任务。这两种水平之间的距离就是"最近发展区"。把握好"最近发展区"，能够促进学生的发展。学情分析，就是要分析出学生已有的发展水平和可能达到的发展水平，从而确定"最近发展区"。

学情分析的方法主要是量化分析与质性分析。学情分析需要对所探测到的信息进行数据统计，然后进行量化分析，也需要直接或在量化分析的基础上对其作出定性评价。

通过学情分析，可以知道学生是否学习过相关知识；学过之后掌握得怎样；学习新知识已具备什么条件，还需要什么条件；学生和学习内容之间有多大距离；学习本内容适合的教学方式方法是什么；应该准备些什么内容帮助他们拾级而上等。

（四）学情利用

通过学情分析，我们知道了学生的已有发展水平和可能发展水平，知道了学生的兴趣点、困难点、认知冲突点等情况。接下来就是根据这些情况，想办法利用它们。有些学情要在教学设计与教学过程中加以体现，并帮助学生解决其中的问题，有些学情则可以根据需要与整体的教学安排选择放弃。

对于兴趣点，要想办法在教学中点燃它们，使它们成为引发学生学习兴趣的导火线；对于困难点，要想办法加以克服，比如铺设适当的学习台阶、提供学习的支架等；对于认识冲突点，要么让学生进行辩论，在辩论中加以澄清，要么直接给予讲解澄清等。

学情利用的过程就是一个策略选择的过程，主要是选择何种策略能充分地利用学生的已有发展水平，选择何种策略能有针对性地帮助学生达到可能的发展水平的过程。

三 教学目标

教学是一种有目的、有计划、有组织的活动，它要从一定的教学目标出发，围绕教学目标展开活动。教学的评价也需要以教学目标为依据来进行。因此，教学目标是教学活动的出发点，也是教学活动的归宿，是教学过程不可缺少的组成部分。教学目标是预期的学生学习的结果，是预期的学习活动要达到的标准。教学目标具有教学定向的功能，同时对指导测量与评价、指导教学策略的选择和学生的学习等具有重要影响。科学地设计教学目标是教学设计的重要工作。

（一）教学目标的发展变化

中华人民共和国成立以来，教学目标的发展经历了"双基"目标、"三维"目标以及核心素养目标三个阶段。教学目标的变化与社会、时代的发展密不可分。

1. "双基"目标

"双基"目标中的"双基"是指基础知识、基本技能。中华人民共和国成立初期，国家急需大量建设者，因此培养具有基础知识、基本技能的劳动者成为时代的迫切需求。1952年3月，教育部颁布的《中学暂行规程（草案）》中首次明确提出"双基"的概念，旨在让学生"掌握现代化科学的基础知识和技能，形成科学的世界观"。此后很长一段时间，"双基"都是教育教学所追求的目标。

2. "三维"目标

2001年第八次基础教育课程改革开启，教育部印发的《基础教育课程改革纲要（试行）》明确提出了"三维"目标，即"知识与技能""过程与方法""情感态度与价值观"，要求"使获得基础知识与基本技能的过程同时成为学会学习和形成正确价值观的过程"。需要注意的是，"三维"是一体的，不能将其理解为三类目标，在教学目标表述中将其割裂开来分为三个部分进行表述是错误的。正确的表述应该是一条目标中同时包含三个维度，即通过什么样的过程与方法，掌握什么知识或技能，在这个过程中习得了何种情感态度与价值观。例如，通过教师的讲解与自己的练习（过程与方法），正确认读并书写"玫瑰""珍珠""琼瑶"等三组词语（知识与技能），品味这些汉字左右结构之美（情感态度与价值观）。这条目标里就有机地融合了三个维度。

3. 核心素养目标

2016年9月13日《中国学生发展核心素养》在北京发布。这是适应新的国际国内形势的变化而出现的素养目标。中国学生发展核心素养共三个维度、六大要素、十八个基本点。三个维度是文化基础、自主发展、社会参与。文化基础包括人文底蕴、科学精神两大要素，人文底蕴包括人文积淀、人文情怀、审美情趣三个基本点，科学精神包括理性思维、批判质疑、勇于探究三个基本点。自主发展包括学会学习、健康生活两大要素，学会学习包括乐学善学、勤于反思、信息意识三个基本点，健康生活包括珍爱生命、健全人格、自我管理三个基本点。社会参与包括责任担当、实践创新两大要素，责任担当包括社会责任、国家认同、国际理解三个基本点，实践创新包括劳动意识、问题解决、技术运用三个基本点。

2022年发布的《义务教育课程方案》和义务教育各学科课程标准充分体现"素养导向"，聚焦中国学生发展核心素养，将"核心素养内涵"作为各学科"课程目标"部分的重要内容。由此，教学目标实现了从"双基"目标到"三维"目标，再到核心素养目标的两次转变。在当今时代，每一位教师都应为培养学生的核心素养而努力。

（二）教学目标的表述

教学目标的表述常用的有三种方法：认知观的描述方法、行为观的描述方法和内外结合的描述方法。

1. 认知观的描述方法

认知观的描述方法，强调通过内部心理过程来描述教学目标，往往只使用表示内部心理过程的含糊动词，如：懂得、理解、欣赏、领会等。

这种方法的优点是有助于对教学目标做出概括，缺点是缺乏质与量的规定性，作为度量教学质量的标准有困难。有些心理过程无法行为化，可这样表述。

2. 行为观的描述方法

行为观的描述方法，用可观察的行为动词来描述学生学习的表现程度。

运用这种方法描述教学目标要注意目标表述的 ABCD，即 Audience——行为主体，Behavior——行为动词，Condition——行为条件，Degree——表现程度。

（1）弄准行为主体

教学目标的行为主体必须是学生。教学目标的表述要以学生为第一人称。"教学目标"陈述的是学生学习中的变化结果，而不是教师的行为。所以，教师设置教学目标时，不可用"指导""培养""教育""教会"等词来陈述教学目标，这些词语都表示教师的行为，而不是学生学习的行为。

教学目标的主语都是学生，为了行文的方便往往省略不写。

（2）用准行为动词

每一陈述中只能包含一个行为目标。每一教学目标内都含有一个行为动词，如把母目标表述为"知道和理解……"就不妥当，应该改为"知道……"或"理解……"。

目标表述所使用的行为动词代表可观察的学生行为表现，这样，就可以拉开目标达成的档次，区分实现目标的层次。

（3）体现行为条件

目标实现的行为条件即学生完成规定行为所需要的环境和条件。例如，"根据课本……""不用笔记……""不参考资料的帮助来做……""根据地图""看完全文后"之类。同样的行为表现，若是条件不同，行为的性质也将有所改变。

行为条件的表述有四种情况：

① 工具的使用。是否允许使用手册或辅助手段。如可否用计算器，可否看课本等。

② 提供信息或提示。如给出一张中国行政区规划图，能标出……

③ 时间的限制。如在10分钟内，能做完……

④ 完成行为的情景。如在课堂讨论时，能叙述……要点。

（4）体现表现程度

教学目标要描述学生学习结束后的结果和状态。教学目标实现的表现程度即教学所要求的行为完成的质量水平。例如，"没有语法错误或拼写错误""30分钟内完成……""至少写出三种解题方案""90%正确""完全无误"等。有时不仅要有具体的表现程度，必要时还要附上产生目标所指向的结果行为的条件。

教学目标要尽量可评价。不能只判断不评价。目标实现的表现程度的编写使教师评估学生的学习结果有了依据。

3. 内外结合的描述方法

内外结合的描述方法提倡用内部心理过程和外显行为相结合来描述教学目标。

这种方法典型的描述方式是：先用描述心理过程的术语陈述一般教学目标，然后用可观察的学生表现使之具体化。例如，品味文中的细节描写，有感情地诵读课文。

上述三种方法中，行为观的描述方法是重点，同时辅之以内外结合的描述方法，尽量不要使用认知观的描述方法。

四 教学重点

（一）教学重点的概念

教学重点是课程中最主要、最基本的内容。教学重点是学习教材中其他内容的基础。

教学重点是相对于一般知识点而言的。教材中有多个"知识点"，但并不是每个都是重点。各个部分在教学中也并不是平分秋色，而是有轻重之别。既然如此，教学中就不能平均用力，而是要区别对待，有所侧重。

（二）教学重点与教材重点

教学重点是由课程内容来决定的。注意：教学重点不是由教材重点来决定的。教学重点与教材重点是两个既有联系又有区别的概念。

教材重点是就教材的具体内容而言的，一般来说，对学习教材中其他内容能起到举足轻重作用的知识点便是教材重点。从章节重要性的角度而言，有的章节重要一些，是重点章节，有的则是非重点章节。从章节内容的角度而言，其中有的内容重要一些，是本章或本节的重点内容，这就是教材重点。

而教学重点是那些在课堂教学过程中需要教师着重讲解，要求学生学习时特别加以关注的知识点或能力点等。

教学重点与教材重点是两个内涵不完全相同的概念，它们之间既有联系，又有区别。教材重点是教学重点，然而教学重点则不仅仅指教材重点，还包括那些不属于教材重点，但在上课时必须要着重强调的内容。

教材重点是由其在整册教材或整个章节中所处的地位和所起的作用决定的。而教学重点的确定，除了要看其是否是教材重点，还要看它在整个课程中所处的地位，还应根据学生的学习基础和可接受程度的实际情况来确定。[1]

（三）教学重点的确定

如何确定教学重点？确定教学重点的一般标准有三条。

---

[1] 沈龙明，肖建红，任献新. 初中语文有效教学实用课堂教学艺术［M］. 北京：世界图书出版社公司北京公司，2009：12.

1. 基本概念。
2. 基本理论。
3. 基本方法。

其中的关键是"基本"二字,"基本"的含义是"主要的"和"根本的"。学习这些知识、理论、方法的意义,不仅限于获得它们本身能解决当时学习情境的问题,还在于有助于解决其他学习过程和其他情境中的种种疑难问题。

在面对具体课题或课文时,要具体情况具体对待,根据课题或课文内容选择其中的重点内容。

(四)教学重点的突显

在教学设计中,如何突出教学重点呢?

教学重点当然是教学设计的重点,也是课堂教学中占用时间比较多的教学内容。教学中要通过教师讲解、学生讨论、反复练习、课外作业等方式强化突出教学重点,达到重点突破、重点掌握的目的。注意,强化突出重点不是机械重复,而是将重点放在理解的基础上加强巩固和掌握。

五 教学难点

(一)教学难点的概念

教学难点,是指大部分学生难以较快较好地理解、掌握和运用的知识,比较复杂的技能和比较生疏的技巧和难以达到的认识。具体地说,难点有以下方面。

1. 学生不容易理解掌握的知识。通常是比较抽象的概念、知识等,如专业性较强、学生未掌握的科学知识,理论性较强、学生难以理解的问题等。

2. 学生不容易理解掌握的技能技巧。通常是比较复杂、有一定难度的技能技巧。

3. 学生难以达到的认识。通常是比较复杂的问题,或表面相似、容易混淆的内容;超越学生现阶段认知水平的内容;以及一节课不能完成的,有内在联系的学习内容。

简言之,学生难以理解处、难以掌握处、易混易错处都是教学难点。

(二)教学难点与教学重点

有些人进行教学设计时,在教学重点难点一栏下直接列出一、二、三,那么,这一、二、三到底是教学重点还是教学难点呢？有人说，既是重点，也是难点。这种认识是有问题的。

教学重点是从课程内容重要性的角度而言的，而教学难点是从学生学习困难程度而言的，两者的角度不同，内容也不同。

教学重点具有确定性，教学难点不是绝对的，具有相对性。在这个班里这个"点"是难点，在另一班里这个"点"就不是难点。但不论在哪个班里，教学重点却始终是教学重点。

可见，教学难点不等同于教学重点，不存在有些教学重点也是教学难点的情况。既是重点也是难点的说法是错误的，模糊了教学重点与教学难点的区别。

有些教学难点是从对教学重点的理解、掌握、运用中分化出来的。正是因为如此，才会出现既是教学重点，也是教学难点的错误认识。

重点就是重点，难点就是难点，不存在既是重点也是难点的情况。为了防止把教学重点和教学难点混淆在一起，我们建议把教学重点和教学难点分别列、分别写。

表6-1　教学难点与教学重点的区别与联系

项　目	教学重点	教学难点
来　源	课程内容的规定性	学生学习的接受程度
存在性	确定性/客观性 不以学生的改变而改变	相对性/主观性 因学生群体不同而改变
相对知识	一般知识点	易学知识点
联　系	有些教学难点是从对教学重点的理解、掌握、运用中分化出来的	
结　论	教学难点不等同于教学重点。不存在教学重点与教学难点有交叉，既是教学重点又是教学难点的情况	
建　议	教学设计时，把教学重点和教学难点分别列、分别写	

（三）教学难点的确定

1. 难点确定的意义

教学难点的确定具有重要教学意义。教学是有目的的活动，只有确定了教学难点，才能有计划地设计教学活动，帮助学生克服学习困难，顺利完成学习任务，达成学习目标。可见，教学难点的确定，可以增加教学设计和教学实施的针对性，教学难点突破后，可以增强教学的实效性。

2. 难点确定的依据

教学难点的确定主要依据学情分析，为此教师要充分把握学生的学情。当然，这种学情不仅是指一般学情，更多的是指具体学情和目标学情。一是学生学习本课题已有的基础和水平，二是学生学习的认知特点。为了把握学情，教师可通过问卷的方式、谈话的方式、提问的方式等进行学情调查。

3. 难点确定的方法

教学难点确定的方法是学情与内容的交叉。学生预习或学习教学内容时所遇到的问题、困难、困惑，就是教学难点。

对教学难点来说，要具体说出"难"的那个"点"是什么。只有把这个"难"的"点"辨析出来，才真正找到了"难点"。

教学难点主要是由教材本身的难度、学生的接受程度来决定的。如果教材内容本身比较抽象、内容复杂，那么就往往容易成为学生学习的难点。

教学内容的难度、学生的理解程度，在一定程度上决定了教学难点的出现。教学难点要根据学生的实际水平和程度来确定。同样一个问题，在这个班里是难点，在另一班里则不是。

（四）教学难点的突破

教学难点的突破是教师必备的一项教学能力，它体现着教师的教学水平，影响教学效果。

怎么突破教学难点？教学难点的突破，要从学生的实际可接受程度出发，针对具体的教学难点，采取相应的解决方法，真正把难点"化难为易"。针对不同类型的难点，可以采取不同的解决方法（见表6-2）。

表6-2 教学难点及其突破方法

教学难点	解 决 方 法
抽象概念	增补感性材料，配备生动形象案例，辅助理解，化抽象为具体
理论性强	层层剖析，分散讲解，化复杂为简单

续 表

教学难点	解 决 方 法
超越认知	创设情境,感知体验;搭建台阶,变生疏为熟悉
专业性强	补充专业知识,化难为易
内容复杂	分化处理,先分后合;动手实践,熟能生巧
内容分散	整合材料,前后联系,贯穿连通,化分散为集中,提升认识
容易混淆	加强辨析,比较异同
容易犯错	指明注意事项,适当变式训练

案例6-4　　"解方程"中的"相遇"难点的突破[①]

初一数学上册"解方程"中的"相遇"问题历来是初一数学教学中有相当难度的一类应用题,是教学难点。这类应用题既要学生掌握相遇、同时、相向的特点,又要理解路程、相遇时间和速度的关系,而且还要会应用它们之间的关系设未知数,列方程解题。

为了突破这一难点,使学生较好地理解,可以运用多媒体进行教学:首先在屏幕上出现小明和小颖分别在A、B两地(指示灯分别在A、B两地连续闪两下,强调两地),接着显示两人同时从两地对面走来(强调同时相向而行),再分时段对行程进行演示,通过一分钟或一小时行程的演示,一直到两人碰到一起(强调相遇)。多媒体的动态演示,其图像准确科学、简洁明了、真实可信,使学生正确、科学地理解了"两人两地同时出发""相向而行""相遇"等术语的含义,帮助学生正确掌握路程与速度、时间之间的关系。

学生不理解"两人两地同时出发""相向而行""相遇"等术语的含义,这属于教学中的难点问题,教学中要想办法让学生理解。案例中,教师运用多媒体技术,通过两个人的演示,形象地展示相关术语的意思,从而帮助学生正确地理解了教学内容,突破了教学难点。

---

① 苏鸿.高效课堂:备课、上课、说课、听课、评课[M].上海:华东师范大学出版社,2013:22.

> **案例6-5**　　　　《中国石拱桥》的难点突破[①]

学习《中国石拱桥》时，学生对拱桥比平桥结构坚固这一点不太容易理解。一位老师在教学《中国石拱桥》时，课前让学生准备一块长方形的硬纸板和两个硬纸板做成的桥墩。上课时，首先让学生自行动手做实验：先让学生把纸板平放在两个桥墩上，然后再放上文具盒，"桥"塌了；接着老师让学生把纸板弯成弧形后再放到桥墩上，然后放上文具盒，"桥"没有塌。这一实验让学生自己得出了"拱桥比平桥结构坚固、形式优美"的结论。在这样的境界下再去学习茅以升的《中国石拱桥》，自然是驾轻就熟，容易多了。

该案例将课文的难点转化成相对应的实验，并且实验的工具由学生亲自动手制作，这既符合探究性教育原理，又拓展了学科之间的相互联系，还把教学引向了生活实践，同时又突破了教学难点，真可谓一举数得。

六　教学资源

为了更好地进行教学设计，有时需要教师合理地开发利用教学资源。教学资源的开发与利用可分为教学用具准备和内容资源准备。

（一）教学用具准备

为了便于学生理解和巩固所学知识，促进学生技能技巧的形成，教学时常常需要教师运用教具。教具包括实物、标本、模型、图片、挂图和地图、幻灯、教学电影、教学录像、录音、教学仪器、药品等。有些教具可以直接购买使用，有些教具则需要教师自制。随着信息技术和多媒体的发展，许多课堂教学还需要教师自制教学课件。教师选用或自制教具，要清楚详细地写入教学设计方案，并在课前准备妥当，以避免临时忙乱，乱中出错。

---

① 吴永军. 新课程备课新思维［M］. 北京：教育科学出版社，2004：54.

（二）内容资源准备

为了更好地达成教学目标，教师还需要对教学内容进行调整、组织、剪裁等，这个过程就是内容资源的开发利用。比如，补充作者简介、写作背景、与课文有关的事件之类。这些内容需要教学设计前查阅资料，并在教学设计时将其设计进教学活动之中。

七 教学方法

教学方法是为实现既定的教学目标，在教学过程中师生共同活动时所采用的一系列办法和措施。[1]例如，讲授法、讨论法、演示法、练习法、实验法、角色扮演法等。一般来说，一节课的教学需要多种教学方法的综合运用。

写作教学方法时，不能只是写上用什么方法，还要揭示在这一课中，这一种教学方法的具体运用情况，即用这一方法教学何种内容。

八 教学流程

教学流程，就是依据学生的学情和要达成的教学结果的需要，从起点到终点的过程。流程是有流向的，学生开展着有指向、有组织、有结构、有可见成效的学习活动。这一过程，可以分成几个阶段，一个阶段也就是一个环节，上一个环节流向下一个环节，一步一个台阶，抵达课堂教学的终点，即教学目标。换言之，教学流程讲的就是环节与环节之间的关系。教学环节就是组织"学的活动"，教学流程就是"学的活动"的充分展开。[2]

环节的设计主要是组织学生"学的活动"，而不是设计教师"教的活动"。"把'教的活动'与'学的活动'混淆起来，往往导致教师以自己'教的活动'来代替学生'学的活动'，这是我们当前语文课堂教学中存在的问题。"[3]语文课堂教学中存在这样的问题，其他课堂教学中也存在类似的问题。要改变这种状况，就要求我们从

---

[1] 郑金洲.教学方法应用指导［M］.上海：华东师范大学出版社，2006：4.

[2] 王荣生.系列讲座：教学内容的选择与教学环节的展开（第五讲） 教学流程就是"学的活动"的充分展开［J］.语文学习，2010（03）：23-27.

[3] 王荣生.系列讲座：教学内容的选择与教学环节的展开（第四讲） 教学环节就是组织"学的活动"［J］.语文学习，2010（01）：29-33.

"以教的活动为基点"转向"以学的活动为基点"进行教学设计。

"以教的活动为基点"进行教学设计时,教师常考虑的是:"我要教这些""我要这样教",整个教学设计是站在教师的"教"的立场来进行的。

"以学的活动为基点"进行教学设计时,教师常考虑的是:"学生需要学什么""学生怎样学才好",整个教学设计是站在学生"学"的角度来进行的。

就主要的教学流程而言,一堂课的教学环节以2～3个为宜,即每个环节15～20分钟。教学环节就是组织学生较充分的"学的活动",即每个环节的大部分时间是"学的活动"。[1]

常规的教学由六个步骤组成:导入新课——讲授新课——巩固新课——拓展运用——结课——布置作业。

(1)导入新课。选择与课文或课题相符的材料,设计相关的活动,导入新课的学习,目的是激发学生兴趣、思考,为后续学习做铺垫等。

(2)讲授新课。通过言语讲解、试验演示、小组讨论等方式向学生传授新的知识或技能等内容。

(3)巩固新课。学生通过复述朗读、练习或变式练习、活动设计等巩固所学新知识与新技能等。

(4)拓展运用。学生运用所学习的新知识或新技能,解决新情境下的问题。有时,运用新内容可以与巩固新内容合在一起进行。

(5)结课。教师自己总结或让学生总结本节课所学习的主要内容。总结不仅是对内容的复述,更要注重提炼概括、归纳整理,使学生的认识进一步提高和升华。

(6)布置作业。布置与本课学习有关的内容,如巩固练习、拓展练习等,也可以布置学生预习后续学习内容。布置作业的内容要适量,要求要明确。

上述流程只是教学的基本框架,并不是一成不变的,大家最好能够根据具体的学科、具体的教学内容,在这个基础上加入自己个性化的内容,进行创造性使用。

九 板书设计

教学板书是指教师通过设计和运用写在黑板或投影片上的文字、符号、线条、

---

[1] 王荣生. 系列讲座:教学内容的选择与教学环节的展开(第四讲) 教学环节就是组织"学的活动"[J].语文学习,2010(01):29-33.

图表、图画、图像等向学生传递教学信息的教学方式。

(一) 板书设计的原则
教学板书要掌握以下原则。

1. 板书的内容——简洁概括
教学板书要反映教学内容，是教学内容的高度概括和浓缩的反映。教学板书要做到简洁概括就要用最少的文字或符号把所要表达的内容完整地表达出来，做到"简而不失其丰"。教学板书要做到简洁明了，就需要经过精心设计和提炼加工，表现在语言上要词语精练、提纲挈领。

2. 板书的形式——美观新颖
板书的形式要力求做到美观，即板书呈现出来应给人以美感。美感常常是以生动形象的方式展现出来的。在进行板书设计时，要尽量选择生动形象的方式，如图画、对仗的句式、规则的几何图形等，这些可使板书产生美感。有必要的话还可以用红色、黄色等彩色粉笔圈注。美观是就板书形式的美感而言的，从板书形式的样态方面，还要在美观的基础上追求新颖。板书要追求给人耳目一新的感觉，对不同的板书，还应做到形式的多种多样。

3. 板书的结构——系统条理
板书的条理性表现为层次分明、脉络清晰。不论哪种板书，都应以系统条理的结构呈现在学生面前，使得学生易于掌握课程内容。遵循教学内容之间的内在逻辑关系进行板书设计是使板书系统条理的基本依据。

4. 板书的布局——协调合理
板书涉及板书内容与形式的合理协调。计划性好的板书在备课时就应该通盘计划，反复斟酌形式，讲究合理布局，要考虑左右对称、条块分明、色彩搭配等因素的合理协调。要使板书整体上协调合理还要注意主板书与副板书的设计。只有做到了"胸中有整板"，板书才会达到轮廓鲜明、眉目清楚、错落有序、重点突出、主次分明、言简意赅的要求，才能节省课堂时间，提高课堂教学效率。

(二) 板书的基本类型
根据不同的标准，可分出不同的板书类型。

1. 主板书与副板书
根据板书的重要性和所占黑板位置，可将板书分为主板书与副板书。

主板书，也叫基本板书、中心板书、要目板书，是体现教学目的和主要教学内容的板书。主板书是教学板书的主体内容，体现教学内容的重点、难点、关键和主体结构，通常保留到教学结束。

副板书，也叫附属板书、辅助板书，是对主板书起辅助作用的板书或与主板书内容无关但又必须板书的其他辅助板书。副板书往往是根据课堂教学需要和学生反馈情况随机出现的板书，其内容一般比较零散，一般随着教学进程而书写，根据教学需要，副板书在教学过程中可以随时擦去，也有根据需要保留到教学结束的。

应设计好主板书与副板书的位置。一般而言，主板书在空间上占据黑板的中央位置，占据大部分的空间；副板书在主板书的左侧或右侧，占少部分的空间，不可让副板书与主板书平分秋色，喧宾夺主。主副板书时，可将黑板分为左、中、右三部分。如下图。

副板书 I	主板书	副板书 II

图6-1　主副板书分布

左右两边是副板书部分，中间是主板书部分。三个部分书写的内容也有所区别。以语文课程为例，左边部分一般板书时代背景、作者简介、正音辨字、新的词语等内容；中间主体部分板书作者思路、文章结构、重点难点、中心要点、写作特点等内容；右边部分板书相关知识、陌生字词、添加补充、布置作业等。如下图所示。

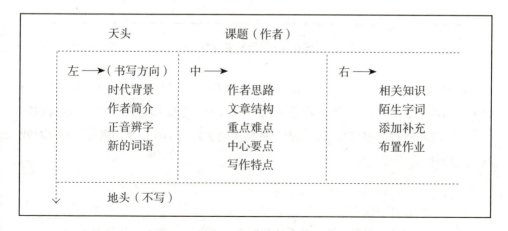

图6-2　板书内容示范

案例6-6　　　　　　　　《狼》的主副板书设计

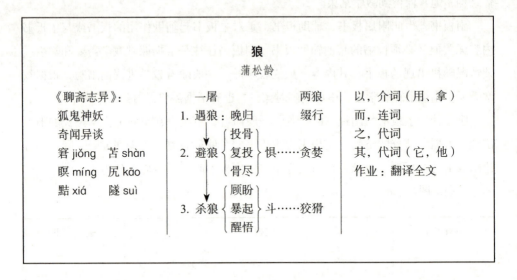

2. 平行板书

平行板书一般是把黑板平分为两部分,每一部分所占的空间都是相同的,如下图所示。

板书区1	板书区2

图6-3　平行板书分布

在使用平行板书时,一般是先使用左边的板书区域,使用完后再使用右边的板书区域。如果右边使用完后,还不够使用,那么就擦掉左边板书区域的内容,继续板书。

不论使用哪种类型的板书,都要根据黑板的实际大小和教学的需要,有针对性地进行设计。

（三）板书设计的形式

从文字与图画、图形、线条关系的角度看,板书设计有如下几种形式。

1. 文字主体型板书

文字主体型板书就是以文字为主体组成的板书。这种类型的板书又可细分为以下亚类型的板书。

（1）关键词板书

关键词板书，是教师提炼概括最能准确反映教学内容的关键性词语来构成的板书。关键词板书，简洁易于操作，而且可以帮助学生以点带面地掌握教学内容。备课时，精选出代表性强、能准确反映教学内容的关键词，讲课时适时写在黑板上即可。关键词板书看上去教师写的字不多，但要求其实很高。这种板书要求教师具有很强的提炼概括能力，能够抓住教学内容最核心、最关键的精髓，用精练准确的词语，揭示教学内容的内涵与本质。

现在大家用电脑比较多，手写的机会大大减少，而且很多人没有接受过书法教育或粉笔字书写训练，因此，粉笔字或书法写得比较差，甚至很难看。关键词板书特别适合写字不好的教师。

案例6-7　　　　**宁鸿彬的关键词式板书**

著名特级教师宁鸿彬善用关键词式板书。

对鲁迅的名著《故乡》，他用一个大大的"变"字，外加强调性的粗圆圈，完成了板书，可称为关键词式板书的传神之作。①

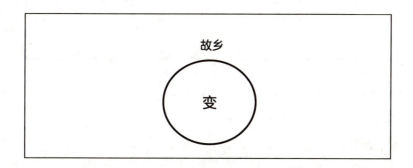

---

① 宁鸿彬. 发挥板书画龙点睛的作用——讲读课丛谈之四［J］. 中学语文教学参考，1992（10）：23-29.

《我的叔叔于勒》的板书设计。①

```
        我的叔叔于勒
            莫泊桑
    无          赶、骂
        钱
    有          盼、赞
        自私  冷酷
```

这则板书中,把"钱"字放大、加粗加黑,放在正中间,表明一切都是围绕着钱的有无展开的。最后一行的"自私、冷酷"则揭示了文章的主题。

《变色龙》的板书设计。②

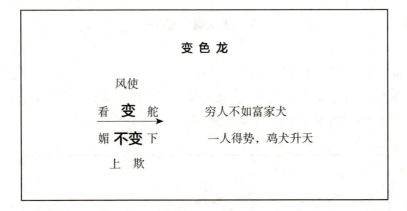

这则板书抓住了"变"与"不变"作为关键词来展开。在板书设计中,把它们设计成比其他字都大和粗的字体,突出主题。

《皇帝的新装》的板书设计。③

---

① 宁鸿彬.初中语文课堂教学实录选[M].北京:教育科学出版社,2000:119.
② 宁鸿彬.初中语文课堂教学实录选[M].北京:教育科学出版社,2000:74.
③ 宁鸿彬.初中语文课堂教学实录选[M].北京:教育科学出版社,2000:25-26.

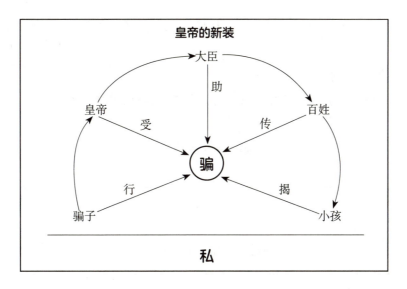

这样设计板书的意图是：以简驭繁，字字千钧，高度浓缩，画龙点睛。这篇课文情节丰富，人物繁多，怎样用最简洁的文字把故事情节、人物形象、相互关系、发展变化、前因后果等浓缩到黑板之上呢？教师确定突出两个字，一个是情节的核心——骗，一个是思想的核心——私。而思想是行动的基础，故此"私"字放在横线之下，"骗"字放在横线之上，表明了二者的因果关系。围绕"骗"字的"行、受、助、传、揭"，既是故事情节的浓缩，又是人物形象及其地位、作用的展示，一举而多得。这样，用了10多个字，展示了两节课的教学内容。

（2）纲要式板书

纲要式板书，是教师把教学内容的纲要提炼概括出来构成的板书。纲要式板书往往能够起到提纲挈领的作用，使学生抓住教学内容的线索和要点。

案例6-8　　　　　　　《五四运动》的板书设计

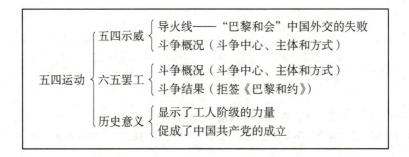

这一板书把五四运动的概况简要地概括出来，可以使学生快速抓住内容要点。

（3）线索式板书
线索式板书就是根据教学内容的线索把相关内容板书出来。

案例6-9　　　　　　　《石壕吏》的板书[①]

```
        石 壕 吏
   吏：捉 呼 问 查 逼
   妇：出 啼 诉 求 走
```

这一板书选取"吏"与"妇"的主要行为动词作为板书内容，突出了人物行为，而且表示了事件发生的线索，容易在学生头脑中形成清晰而连续的印象。

（4）表格式板书
表格式板书是教师根据教学内容可以明显分项的特点而设计的列成表格的板书。表格式板书特别适合对相关内容进行对比，在对比中揭示内容、发现规律。

案例6-10　　　　　《中国石拱桥》的板书设计[②]

中国石拱桥	
久　坚　美	
独拱	联拱
赵州桥	卢沟桥
拱上加拱	石狮百态

[①] 宁鸿彬.初中语文课堂教学实录选［M］.北京：教育科学出版社，2000：186.
[②] 宁鸿彬.初中语文课堂教学实录选［M］.北京：教育科学出版社，2000：178.

这一板书简洁明了，便于学生把握中国石拱桥"久、坚、美"的共性特征，也易于学生对独拱桥和联拱桥的比较把握。

案例6-11 　　　《郑和下西洋》的板书设计[①]

下面是一位历史老师在教"郑和下西洋"时的表格式板书设计。

人名	时间	船只数	最大船只	人　数
郑和	1405年	62	长147米，宽60米（1 000吨）	27 800人
达·伽马	1492年	17	长24.5米，宽6米	1 500人
哥伦布	1497年	4	重120吨	160人

讲解郑和下西洋比达·伽马绕过好望角和哥伦布发现美洲新大陆早半个多世纪，为进行这些史实的比较，教师在黑板上列出较详细的表格，全面反映了郑和下西洋的规模、时间、船上情况、人数等，以揭示我国古代航海和造船技术的先进水平。

（5）对比式板书

对比式板书就是从内容或形式上对教学内容进行比较，以凸显内容之间的区别与联系。

案例6-12 　　　《葡萄架下》板书设计[②]

有位教师教《葡萄架下》时，设计了如下板书。

```
         葡萄架下

     园  架  串  粒
```

[①] 李如密.教学艺术论［M］.济南：山东教育出版社，1995：321.
[②] 李如密.教学艺术论［M］.济南：山东教育出版社，1995：328.

这则板书通过字体的大小，揭示了"园、架、串、粒"之间的大小关系，十分生动形象，易于学生理解和接受。

2. 文字与图画相结合

文字与图画相结合，也可称为板书与板画相结合，就是教师根据教学内容设计相应的图画，如有必要配上简明扼要的文字说明的板书方式。板画可以生动形象地呈现教学内容，有助于学生更好地理解和记忆所学内容。

案例6-13　What is the weather? 板书设计

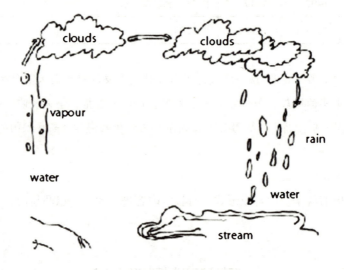

主题"What is the weather？"是关于自然现象的问题，通过一般的讲解，很难吸引学生的兴趣，也很难让学生掌握知识。教师可以通过简笔画边画边说："This is a stream. There is lots of water in the stream. With the heat of the sun, the water is becoming into the vapour. Then the vapour goes up higher and higher and become clouds. The clouds are moving. When they are too heavy, the clouds become into the rain and fall down. The rain comes into the stream."简笔画最适合在黑板上使用，它可以在教学中充当"催化剂"的角色。有许多很难进行的教学活动在它的帮助下，能有效地发挥作用，并可以取得很好的效果。例如，在学习"What is the weather?"时，很难用言语或形体语言来表达，即使用中文也很难让学生明白这些单词的正

确使用。所以教师通过日常学过的知识来提问学生，在与学生一起讨论中，逐步引导学生用 stream，water，vapour，clouds，rain and water 来讲述天气是如何形成的。这样既可以轻松学习这些知识点，也可以增强教学趣味性，改善课堂气氛。

3. 文字与图形相结合

文字与图形相结合，就是在板书时适当运用各种几何图形或不规则图形来设计板书。必要时，可配上简洁明了的文字。图形具有形象性、示意性等特点，也有助于学生理解与记忆教学内容。

案例6-14　　　　《三角形的分类》板书设计

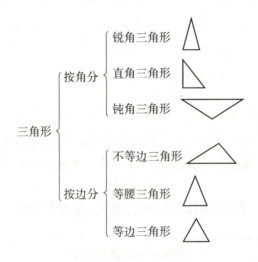

《三角形的分类》这一课的重点内容是关于三角形的分类，本板书把本课的重点清楚地展示在学生面前，同时配上了各种类型三角形的图形，使学生可以形象直观地感知三角形的类型，帮助学生掌握本课的重点。

案例6-15　　　　《两小儿辩日》的板书

下面是笔者设计的《两小儿辩日》的板书。

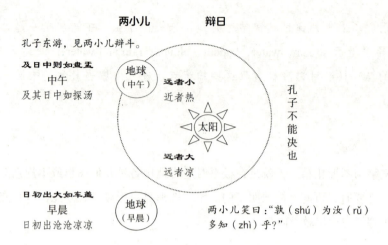

这则板书设计利用了太阳的形状、地球的形状，配合课文的原句，形象地再现了课文中两小儿辩日的情境。两小儿的观点在图形内外，用不同字体和颜色表示，可以比较清楚地看出两个人的观点。两小儿的观察在图形外者表示现象，在图形内者表示结论。把"远者小"和"近者热"放在一组，"近者大"和"远者凉"放在一组，增强了矛盾性。正是这种矛盾性，使"孔子不能决也"，最终导致了两小儿的嘲笑。

4. 文字与线条相结合

文字与线条相结合，就是运用各种线条配上适当文字来板书教学内容。这种板书方式也可以达到形象化和示意性的目的，帮助学生更好地理解与记忆教学内容。

案例6-16　《宣州谢朓楼饯别校书叔云》的教学板书

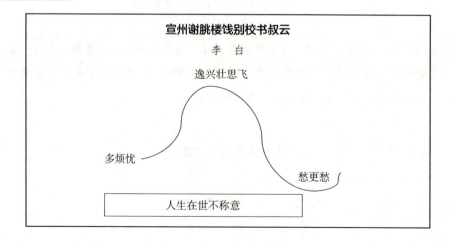

根据作者的情感，全诗分为三个部分：烦忧之情、豪放之情、忧愁之情。这则板书用曲线画出诗歌情感曲线。诗句中前一个是"多烦忧"，后一个是"愁更愁"，层次更深，体现了作者情感表达的递进！"人生在世不称意"是整首诗的情感基调，因此放在最基础的底部。

文字与线条相结合板书时要注意，不要使用太多的线条，如果线条太多，会造成"纷乱"的印象。

课外作业

一般在教学结束前教师要向学生布置课外作业。因此，需要教师对课外作业进行事先设计。

（一）布置作业的目的

布置课外作业的目的主要有如下方面。

1. 巩固所学

布置课外作业，可以使学生进一步巩固所学知识，培养学生独立学习的能力。

2. 拓展学习

布置课外作业可以拓展课堂教学内容，实现"课内学习、课外练习"。

3. 预习将学

还可以布置预习作业，让学生预习将要学习的内容，做好新的学习的准备。

（二）作业设计的要求

1. 要求要明确具体

作业的要求要明确具体地告诉学生。比如，作业要完成到何种程度（会读还是会背？会写还是会默写？），写多少字，什么时候交作业等。

2. 内容具有代表性

作业并不是越多越好，而是要注重作业内容的选择，要选择具有代表性的内容让学生进行巩固复习或反复练习，以求通过代表性内容的学习达到"举一反三""少练多学"的目的。

3. 作业要富有弹性

设计的作业要富有弹性，适合不同水平和层次的学生练习。布置作业时，要把需要学生达到的程度准确地告诉学生，但对学生达到这种程度的方式方法尽量要求宽松。这有助于学生根据自己的实际情况选择适合自己的学习方式、学习的量和创造性地完成作业。

4. 难度大应有提示

对难度较大的作业题，应该给予学生以提示，或提示解决思路、或提示解题方法、或提示所用知识、或提示参考答案等，以降低学生解题的难度，帮助学生更好地完成作业。

5. 作业的量要适中

作业的量要适中，一方面要考虑作业对学生掌握所学内容的巩固程度与适应性，以学生能适度掌握为标准；另一方面要考虑各学科作业量的总和给学生带来的整体负担，以不增加学生的学习负担为尺度。

第二节 教学活动的设计

英语中有句俗话说："Tell me, I forget. Show me, I remember. Involve me, I will understand." 告诉我，我会忘记；给我看，我能记住；让我做，我会理解。这说明了学生参与学习的重要性。实践证明，学生参与的活动越多，成功的机会越多，学习的兴趣越浓，成绩也就越好，继而进入良性循环。[①]设计适当的教学活动有助于学生学习的成功。教学设计主要是教学活动的设计，特别是学生学习活动的设计。

一 教学活动设计原则

教学活动是指教学流程中围绕教学目标和教学内容来设计学生的学习活动。教学活动设计需要遵循一些原则，主要有如下几条。

---

① 章凌云. 巧用"课堂亮点"激发学生学习英语的兴趣［J］. 教育艺术，2013（03）：59-60.

(一) 活动为教学目标服务

活动不是为活动而活动，而是为了完成教学目标，完成学习任务而设计的。在设计教学活动时要紧紧围绕教学目标展开。围绕一个教学目标可以设计几个活动，活动与活动之间应该有一定的关联，所有的活动都必须指向教学目标的达成。

(二) 以学生活动为主设计

教学活动的设计主要是设计学生的学习活动，而不是教师"教"的活动。学生的学习活动设计好了，教师"教"的活动也就随之而出了。

(三) 联系生活来设计活动

在设计活动时，要尽量联系学生生活和社会生活，创设问题情境，设计学习活动。这样的教学活动设计可以打通教学内容与学生生活和社会生活之间的隔阂，使学生更好地理解和掌握教学内容。

二 教学活动设计内容

教学活动设计主要包括两个方面的内容：活动任务设计和学习情境设计。

(一) 活动任务设计

教学活动的设计主要是给学生设计活动任务，即让学生做什么、完成什么任务。任务设计好了，就可以达到任务驱动的教学效果，学生就可以去自主、合作、探究地进行学习了。活动任务的设计要做到目标明确、要求明确。任务目标明确，即把要求学生做什么表述清楚，内涵外延界定清晰，防止学生误解。任务要求要明确，即将要求学生做到什么程度、什么时间完成等表述清晰。目标明确、要求清晰，学生就既有了完成任务的方向，也有了完成任务的途径和规范。

(二) 学习情境设计

学习情境的设计是为了有效地完成学习任务，设计恰当的支持学生学习的情境。教师要想办法把学生置于一定的情境里，让学生在情境里学习。教学任务的设计与教学情境的设计往往是联系在一起的。一定的教学任务，需要一定的学习情境支撑。学习情境的设计有多种方式。比如，可以用语言设计学习情境，可以用音乐设计学习情境，可以用视频设计学习情境，还可以用学生活动设计学习情境等。

1. 语言勾勒情境

很多人听过评书。评书演员就是通过语言勾勒情境，生动形象地向听众传达信息，使听众产生身临其境、如见其人、如闻其声的艺术感受。

教学中的语言勾勒情境，就是教师通过生动形象的教学语言为学生描述出一定的情境，让学生产生身临其境、如见其人、如闻其声的学习感受，从而加深对学习内容的理解与掌握。

案例6-17　**植物是依靠什么来增加自身的重量和体积的**[①]

在一节植物课上，教师向学生讲述了一位荷兰学者曾做过的实验：取干土60公斤，置于直筒形的木桶内，然后将2公斤的柳树嫩枝插入土中。连续五年只给树苗浇灌雨水。5年后，树苗长大了，树重60公斤，比原来增加了58公斤，而桶中的土的重量为59.943公斤，也就是说，土仅减少了57克。问：植物是依靠什么来增加自身的重量和体积的？

教师所讲述的这一有趣的实验表明：植物长大了，而土壤几乎未减少，然而，生活经验却告诉学生，植物靠吸取土壤中的养料维持生命，两者之间产生了矛盾，形成了问题情境，激发起学生对新教材学习的迫切愿望与浓厚的兴趣。

虽然学生没有亲自做过这个实验，也没有亲眼看过测量的结果，但通过老师的言语描述，学生仿佛经历了这次实验，由此引出了学习问题，这就产生了学习情境。

2. 音乐渲染情境

音乐渲染情境，就是通过播放音乐的方式来创设与教学内容相适应的学习情境，以帮助学生更好地学习。

[①] 商继宗. 教学方法——现代化的研究［M］. 上海：华东师范大学出版社，2001：93.

案例6-18　音乐辅导教学[①]

有位中年教师酷爱音乐，他上诗歌《悼念一棵枫树》，整个过程选了"神秘园"中的曲子作背景音乐，时重时轻，一遍又一遍。老师只是稍加点拨、提示，再加上震撼人心的朗诵，同学们便似乎完全理解了诗的内容和体验到了诗的情绪，不必多说一句话了。

在这个案例中，教师利用音乐渲染了诗歌的情绪，使学生能够更好地理解诗的内容、体验诗的情绪，达到了良好的教学效果。

3. 视频呈现情境

视频呈现情境，就是通过播放视频的方式，让学生进入学习情境，从而更好地理解和掌握教学内容。

现代信息技术发达，影像资料、教学影像等资源也十分丰富，教师可以根据教学内容和教学设计的需要选择相关的视频或者自己制作视频来创设情境进行教学。

4. 表演体会情境

让学生扮演教材中的相关角色进行表演，是学生体会教学内容的重要方式。因此，教师可以根据教学内容设计学生表演体会的活动。

案例6-19　以表演体会情境[②]

以表演体会情境，孩子担当的角色一般是课文中原有的，有时随着情节的发展和为了增加效果，也可另外增添角色。如《蚕和蜘蛛》就增添了蜻蜓作裁判员；《刻舟求剑》就添加了同船人以帮助丢剑人；《海底世界》就增加了海洋研究所所长及潜水员，使海底世界的情景成为角色亲眼所见。用得最普遍的是童话、寓言、故事中角色的扮演。那些狼呀、大公鸡呀、小山羊呀、小狐狸呀，头饰一戴，教室里的气氛立刻沸腾起来。担当角色的、扮演角色的、作为观众的，个个都兴奋不已，如同

[①] 黄玉峰. 教学生活得像个"人"——我的大语文教学[M]. 上海：上海教育出版社，2011：22.
[②] 李吉林. 我的情境教育探索之路[J]. 基础教育，2005（Z1）：105-111.

身临其境。表演开始，教材中的角色活灵活现地再现在学生眼前，孩子们成了热情的演员或观众，一下子全部进入了教材描写的情境之中。课文中的角色不再是在书本上，而就是自己或自己班集体的同学。在此情此境中，儿童对角色的情感，很自然移入所扮演的、担当的角色。于是，角色的喜怒哀乐，就是自己真情实感的表露。

通过角色扮演，学生变身为教材中的角色了，他们的思考方式和认识方式等也都要与角色相适应、相贴近、相一致，由此可以更好地理解和体会其角色，进而把握教学内容。

5. 活动引发情境

活动引发情境，就是教师设计相关活动，让学生完成，在这个过程中引发学生的感悟与思考，从而生成学习的情境。

案例6-20　　　　"杠杆原理"的情境设计[①]

进行杠杆原理的教学时，教师从班上学生中挑选出一名最高大、强壮的男生和一名最矮小、瘦弱的女生，让他们站到教室前面来。然后教师问："如果我们让这位女生顶住门，让这位男生去推门，门能否被推开？"学生们毫不犹豫、异口同声地回答："门一定能被推开！"这时，教师让这位女生顶住门把手的地方，让这位男生在靠近铰链处推门。虽然，这位男生用了最大力气推门，门却被这位瘦弱的小女孩顶住了。

这里，学生的日常经验与实验结果发生了矛盾冲突，而且通过这一实验，还使学生隐约地感觉到，力气小的一方之所以能顶住力气大的一方，关键在于他们并不是在共同点上朝相反方向用力。由此，学生在通过这一实验产生的问题情境中，形成对新的未知知识的需要和探索，认识学习这一知识的必要性。此时，可由教师或学生自己（视学生的能力而定）从"推门的问题情境"中，提出一个摆脱了具体情境束缚的、具有一定概括性的问题——"在什么条件下，小力可以抵挡大力？"这样使学生通过问题的解决，获得了反映一定规律性的有关杠杆原理的知识，这一知识不仅能解释课堂上演示的这一特例，而且能解释其他许多类似现象。

[①] 商继宗.教学方法——现代化的研究［M］.上海：华东师范大学出版社，2001：92-93.

在这个案例里，教师设计了力气大与力气小的学生的推门较量，结果力气小的胜出，造成了学生的认知冲突，在此基础上再进行杠杆原理知识的学习。因为有了活动的铺垫，学生学习起来就更有兴趣。这种教法，比教师通过讲授法直接告知要好得多。

> **案例6-21**　　　　　　　　**自己动手拼组三角形**[①]

在讲"三角形三边关系"时，我们可以通过几组不同长度的铁丝，先让学生自己动手拼组三角形，然后问学生哪几组铁丝可以组成三角形，能组成三角形的三条铁丝之间有何关系，从而引出三角形三条边之间的关系。因此，通过直观的实验，学生就会被问题吸引，从而激起他们的求知欲。

有的教师在教"三角形三边关系"时运用讲解法，直接告诉学生三边之间的关系。这种方法快捷简便，但学生的感受不深切。案例中的老师让学生自己组建三角形，并在这个过程中思考"能组成三角形的三条铁丝之间有何关系"，在此基础上由学生得出结论或者老师讲解结论，效果都是不一样的。这就是设计了学习活动，增加了学生体验与思考，加强了教学的"质"。

三　活动设计注意事项

教学活动的设计需要注意以下几个方面的事项。

（一）活动不能指向目标

活动要为目标服务，如果活动不为目标服务，就出现活动不指向目标的情况。回顾已有的教学设计会发现教学设计中基本上都有教学目标，也都有教学流程中的教学活动，但是把教学活动与教学目标进行对照时，就会发现有些活动并不指向教学目标，或者有些活动并不能达成教学目标。这种情况就使得教学目标与教学活动脱节，教学目标就形同虚设，教学活动就毫无指向或指向弥散。为了防止这种情况

[①] 丁尊蕾.数学课堂让学困生绽放精彩［J］.教育艺术，2013（03）：57.

的出现,设计教学活动时,一定要紧紧围绕教学目标。

> **案例6-22**　　　　　　　　**桃花源的现场采访**[①]
>
> 例如学习《桃花源记》一课时,我让学生担任记者,来到桃花源的现场进行采访。小记者们的问题还真不少:"请问渔人,你来到这个地方,第一感觉是什么?""请问桃源人,你们是否愿意回到外面的世界?""如何开发桃源,请谈谈你的设想。"……面对小记者们的提问,扮演渔人、桃源中人的同学一一作答。采访完之后,记者们马上作现场报道或写新闻报道。这样,让学生通过体验新角色,把自己融入课文情景,自始至终处于人为创设的大语言交际场景中,学生以主人翁的态度兴致勃勃地参与教学过程,实现了课文和学生的深层对话,突破了教材的束缚,教学中生成了出人意料的新体验、新思维。

教师设计让学生担任记者到桃花源现场采访的目的是,让学生通过体验新角色,把自己融入课文情景。这样的活动看上去很热闹,很精彩,然而学生的活动却没有基于课文的内容展开,其实是偏离了《桃花源记》的课文学习。事实上,这样的活动是无法"实现课文和学生的深层对话"的。

(二)活动与内容不匹配

活动方式如果不能很好地使学生获得学习内容,就是活动与内容不匹配。比如,不适合讨论的问题拿来讨论,该学生体验的内容却用讲解的方法,学习形象的内容却用讲解方法等,就属于活动与内容不匹配。

一定的活动是指向一定内容的。有时想教学这个内容,但是设计的活动却未必能达成这个内容目标。为什么会出现这种情况呢?因为活动往往具有多重指向性。比如,设计了一个角色扮演的活动,这个活动就具有多重指向,设计这个活动想教给学生什么东西呢?是想让学生体会这个人物角色的情感,还是想以此来培养学生口语表达的能力,还是想培养学生交流合作的能力,还是想培养学生表演的能力等?可以看到,角色扮演的活动其实可以指向不同的教学内容。我们要看活动和

[①] 康秋实.捕捉精彩的教学生成[J].教育艺术,2013(02):48.

内容之间怎样才能匹配，用什么样的活动才能更好地去教学这个内容。比如，想培养学生的朗诵能力，现在想通过角色扮演的方式来进行。角色扮演的方式是否是培养学生朗诵能力最好的方式呢？因为角色扮演具有多重指向，它可能会削弱学生朗诵能力的培养。如果我们设计一个朗诵比赛的活动，就比用角色扮演的活动更好一些，因为它更有助于培养学生的朗诵能力，能更好地达成教学目标。进行教学设计的时候，我们要思考角色扮演与朗诵比赛哪一个活动能更好地培养学生朗诵能力的问题，从而作出判断与选择，以使教学活动与学习内容相匹配。我们要始终把握住这一点：教学内容决定活动的方式与形式，不同的内容需要不同的活动方式来呈现。

（三）活动之间缺乏关联

一堂课中教师会设计几个活动。如果教学活动之间是独立、没有联系的，那就可能会存在问题。这几个活动之间应该有一定的关联。虽然课堂教学环节与环节之间、活动与活动之间，并非都是环环相扣的，但活动与活动之间还是要有一定的关联。前一个活动和后一个活动之间、前后的几个不同的活动之间是什么关系，在教学活动设计时均要关注。一般而言，活动与活动前后顺序的安排，要按照由易到难、由浅到深、由简到繁等顺序来进行。

（四）活动形式大于需要

有的教学设计为活动而活动，即为了讨论而设计讨论，为了合作探究而设计合作探究，一会儿组织一个讨论，一会儿组织一个表演，一会儿组织一个生生两两活动，其实设计很多活动并没有必要。有的人一节课设计了很多活动，并美其名曰"活动丰富"。其实，课堂教学时间有限，设计的活动多了，必定导致活动的琐碎化。活动琐碎化的结果是学生无法从整体上来把握所学内容。注意抓住主问题、教学重点和难点，有针对性地设计几个主要活动即可。

第三节　教学方案的撰写

教学方案，简称教案，是教师对单元教学过程的计划安排，是教师实施教学的依据。教学设计的结果是形成教案。从表达形式上看，教案有三种基本类型：文字型教案、表格型教案、卡片型教案。

一 文字型教案的撰写

文字型教案是教师用文字形式把教学设计的结果表达出来。这是教案最基本、最常用的方式。具体而言有两种方式，一种是讲稿式的详案，一种是纲要式的简案。

（一）讲稿式详案

详案是把教学过程中的教学内容、教学步骤、教学方法等详细写出的教学设计方案。一般而言，新任教师和新备课题需要写详案。写详案比较费时费力，但却有助于教师全面准确地把握教学内容。

（二）纲要式简案

简案是只写教学内容的要点、主要教学步骤和主要教学方法等的教学设计方案。一般而言，教师十分熟悉教学设计内容或为节约编写时间才写简案。写简案不仅节约编写时间，而且能够使要点更加突出，也有助于教师避免照本宣科，在教学中发挥更大的主动性，把课上得活泼生动。

不论是写详案，还是写简案，都要根据教师的教学经验和教学水平来决定。新教师最好是先写详案，在熟悉教学内容之后再用简案。

二 表格型教案的撰写

表格型教案就是教师根据教学要求，设计一张"教案一览表"，把各种内容填进相应表格的教学设计呈现方式。表格型教案其实是文字表述与表格相结合的一种教学设计呈现方式。它把上课时的各种要素，如教学内容、师生活动、板书步骤、时间要求、媒体运用等，加以合理组织，相互对应地写进表格，具有言简意赅、一目了然的特点。教案一览表的设计要简明扼要，忌错综复杂；纵横之间联系要——对应，忌交叉混乱。再者，要根据不同的教学内容、课型、教学活动方式等，设计不同的教案一览表，忌千篇一律。

表 6-3 表格型教案示例

课题名称						
课　　时		课　型		班　级		
教材分析						
学情分析						
教学目标						
教学重点						
教学难点						
教学资源						
教学方法						
教学流程	教师活动预设		学生活动	设计意图		效果预测
导入阶段						
展开阶段						
结束阶段						
板书设计						
教学反思						

案例6-23　　英语表格式教案[①]

Unit 4　Entertainment
Surprises at the studio
（高级中学课本：Oxford Shanghai Edition S1A）

Teaching aims:

1. The students will have a good understanding of the text and learn the new words and expressions: filming, quiz show, contestant, whisper, faint, gasp, terrific.

2. The students will develop their reading skills through skimming, scanning, detailed reading and analyzing.

3. The students will learn about the elements of a story, the development of a story and further analyze the personalities of the characters as well as the setting by appreciating detailed descriptions.

Teaching focus: To build up students' reading strategies and help them understand the text.

Teaching difficulties: To help students further analyze the personalities of the characters as well as the settings by appreciating detailed descriptions.

Teaching aids: A teaching courseware.

Teaching procedure:

Stage	Teacher's activities	Students' activities	Purposes
1. Pre-reading	1. Invite the students of the filming of a quiz show and answer some questions. 2. Elicit some key words and expressions.	1. Look at a picture of the filming of a quiz show and answer some questions. 2. Learn some key words and expressions.	1. To arouse the students' interest and introduce the topic. 2. To help the students know about some new words.

(continued)

---

① 谢忠平. 中学英语微格课堂师生话语案例分析[M]. 上海：上海教育出版社，2012：185-186.

Stage	Teacher's activities	Students' activities	Purposes
2. While-reading: Skimming & Scanning	1. Ask the students to skim the text with some questions for general information. 2. Ask the students to scan the text to find out the elements of a novel and the development of a story.	1. Skim the text with some questions for general information. 2. Scan the text to find out the elements of a novel and the development of a story.	To get the students to have a general idea of the whole text by using some reading strategies (skimming and scanning).
3. Whil-reading: Detailed reading & Analyzing	1. Ask the students to read the text carefully for detailed descriptions of the settings and the characters. 2. Ask the students to work in pairs to analyze the atmosphere at the studio and the personalities of Mandy and Angela.	1. Read the text carefully for detailed descriptions of the settings and the characters. 2. Work in pairs to analyze the atmosphere at the studio and the personalities of Mandy and Angela.	1. To have the students focus on details for a better understanding of the story by using reading strategies (detailed reading and analyzing). 2. To guide the students to work together to make analysis and share opinions.
4. Post-reading: Reading in roles & Interviewing	1. Invite the students to read the story in different roles with correct pronunciations and intonations. 2. Invite the students to work in groups to role-play (reporter, Angela, Mandy, host) in an interview after the filming.	1. Read the story in different roles with correct pronunciations and intonations. 2. Work in groups to role-play (reporter, Angela, Mandy, host) in an interview after the filming.	1. To elicit the students' awareness of the pronunciations and intonations while reading a story. 2. To help the students review the text together with the newly learnt words and expressions.

(continued)

Stage	Teacher's activities	Students' activities	Purposes
5. Assignment	Write a news report after the interview. The students should be careful with the differences between the novel and the news report.		

该案例用表格式来写作，教学过程部分由教学阶段、教师活动、学生活动和设计意图构成，第一个阶段的内容占一行表格，看上去十分清晰明了。教学活动一目了然，言语表达都很简洁清晰。这样的表格式教案比较利于操作。

三 卡片型教案的撰写

卡片型教案是教师将教学设计的纲要、重点、难点、易忘记的内容以及需要补充的材料等写在卡片上的教学设计呈现方式。卡片有两种形式：一种是教学纲要提示，另一种是教学内容提示和材料补充。卡片型教案使用灵活方便，便于教师在课堂教学中提示自己，便于教案的修改和补充。一般而言，卡片型教案适合于十分熟悉教学内容的教师使用。

如果一次使用多张卡片，教师要注意给卡片编号，还要注意卡片的排放顺序，以便教学时查找。

案例6-24　　　　　　　《社戏》的卡片式教案

```
课题：社戏                                卡片1：故事情节

    平桥乐土（1～3）  随母归省、乡间生活
                      ┌ 戏前波折（4～9）
    赵庄看戏（4～30）  │ 夏夜行船（10～13）
        （主体）      │ 船头看戏（14～21）
                      └ 归航偷豆（22～30）
    戏后余波（31～40）：六一送豆、"我"的怀念
```

> 课题：**社戏**　　　　　　　　　　　卡片2：人物形象
>
> 　　　　双喜：聪明能干，有指挥才能，是孩子头
> 　　　　阿发：憨厚、淳朴，待人真诚热情
> 　　　　六一公公：善良、朴实，珍惜劳动成果又大方

本章小结

好的教学设计才能带来好的教学效果。课时教学设计需要做好教材分析、学情分析，确立教学目标、教学重点、教学难点，择取教学资源，选择教学方法，设计教学流程、教学板书和课外作业等10个方面的工作。

教学活动设计要遵循以下原则：活动为教学目标服务，以学生活动为主设计，联系生活来设计活动。教学活动设计内容主要包括活动任务设计和学习情境设计。教学活动设计要防止活动不能指向目标、活动与内容不匹配、活动之间缺乏关联、活动形式大于需要等问题。

教学设计的结果是形成教案。从表达形式上看，教案有三种基本类型：文字型教案、表格型教案、卡片型教案。

拓展阅读

1. 王天蓉，徐谊.有效学习设计——问题化、图式化、信息化[M].北京：教育科学出版社，2010.
2. 徐英俊，曲艺.教学设计：原理与技术[M].北京：教育科学出版社，2011.
3. 杨心德，徐钟庚.教学设计中的任务分析[M].杭州：浙江大学出版社，2008.
4. 谢利民.教学设计应用指导[M].上海：华东师范大学出版社，2007.
5. 张轶.教学原理与设计[M].北京：化学工业出版社，2010.

同步训练

1. 请选择一篇课文或课题进行教材分析，在估量学情的基础上，确定教学目标。
2. 请选择一篇课文或课题确定教学重点和教学难点。

3. 请选择一篇课文或课题设计三种以上的教学板书。
4. 请对下面的一则教案进行评析。

案例6-25　　　　　　　　**人的多重角色教案**[①]

一、教学目标

1. 了解角色的概念，知道在不同的交往环境中，一个人承担着不同的角色，形成不同的角色关系。

2. 观察身边承担不同角色的人群，辨析自己所承担的角色，体会社会角色与人们行为方式的关系，学会从角色的角度观察社会现象。

3. 明确自己在不同环境中的社会角色，培养角色意识和社会责任感。

二、教学重点与难点

重点：一个人承担着多重角色，不同的角色对人的行为有不同的要求。

难点：角色转换会引起行为方式的变化。

三、课前准备

1. 教师准备"一个演员在不同的影视剧里扮演不同角色"的影视片段。

2. 教师准备"一个人在不同环境、场合中承担着不同角色"的照片。

四、教学过程

教学环节	教师活动	学生活动	说　明
1. 导入新课	展示学生比较熟悉的某位教师在不同场合、人群中被拍摄的照片，提问：老师在这些照片中分别承担了哪些角色？在这些场合里，设想老师会说什么话，做什么动作。如果换了场合，老师的言语、行为会相应调整吗？为什么？	观察照片的同时，边思考边回答问题。	从学生熟悉的人入手，使学生对角色概念有直观的认识和体会。

---

① 上海市中小学（幼儿园）课程改革委员会. 九年义务教育社会教学参考资料九年级第二学期（试用本）[M]. 上海：上海教育出版社，2006：48-49.

续 表

教学环节	教师活动	学生活动	说　明
2. 引出案例	请学生回忆曾经遇到过的实习老师，他们与同学们的关系如何？与现在的老师相比你更喜欢谁？让学生与案例中的"何老师"作比较。	学生根据自己的切身感受谈谈体会。	自然地呈现出案例，使学生进入案例的过程不显得唐突。如果学生没有与实习教师接触的经验，也可以从观察照片导入，直接引出案例。
3. 分析案例	提问："何老师"工作前后的行为方式发生了哪些变化？"何老师"前后行为发生变化有哪些原因？引起变化的主要原因是什么？	阅读案例，前后对照，根据案例提供的信息——找出"何老师"的变化点。在回答问题的基础上要求完成课本第23页"做一做"的第一题。小组讨论，合作完成练习，小组代表总结发言。	注意，最后要引导学生认识角色影响人的行为改变的道理，并避免出现对"何老师"的教育观念、工作方法和人品产生怀疑。
4. 拓展迁移	提问：生活中的你承担着哪些主要角色？分别对应哪些要求？	完成课本第23页"做一做"的第三题。	进一步认识角色对言行的影响、作用。
5. 课堂小结	将学生的观点以板书形式呈现出来，结合教材并依照逻辑关系进行归纳。	通过案例的学习，总结自己的体会和观点，不论对错，也不拘泥于教材中的知识点。	给予学生广阔的空间阐述自己的观点，老师的归纳起到必要的引导作用。

参考答案

1～3题答案（略）

4. 这则教案用表格的方式呈现，从形式上看，教学环节、教师活动、学生活动、设计意图等一目了然，易于把握。从内容上来看，这则教学设计存在一定问题。第一，教师准备的"一个演员在不同的影视剧里扮演不同角色"的影视片段在教学环节中并没有出现。教师准备这个做什么用呢？第二，引出案例部分，让学生比较曾经遇到过的实习老师与现在的老师，并说出更喜欢谁，这对学生的情感是一种考验，说得严重一点，是在让学生"出卖"一位老师。如果学生说两位老师都喜欢或者都不喜欢，那么这堂课将如何走下去都会是一种挑战。不论从内容设置还是教学预设上，这个环节都不合适。第三，教师学情分析不足。"如果学生没有与实习教师接触的经验，也可以从观察照片导入，直接引出案例。"其实，学生有没有与实习教师接触的经验，应该在课前进行学情调查，如果没有就应该换一种教学设计，而不是"也可以"怎样处理。第四，分析案例环节，"教师活动"部分没有组织小组讨论，但在"学生活动"部分却出现了小组讨论。"在回答问题的基础上要求完成课本第23页'做一做'的第一题"这样的内容，应该是在"教师活动"里，然后才是学生完成教师的要求。第五，"引导学生认识角色影响人的行为改变的道理"应是这节课的重点，但在教学活动设计中并没有体现，只是在"说明"部分点了一下，这显然是不够的。"避免出现对'何老师'的教育观念、工作方法和人品产生怀疑"，教学过程中，如果出现怀疑"何老师"的倾向，教师怎么能保证消除所有学生的影响呢？如果可能出现这样的情况，这样的案例就不应该使用。第六，缺乏板书设计。动态生成板书并非不可，但教师应有基本的板书设计。从课堂小结环节来看，教师缺乏完整的板书设计。第七，教师活动的指向与学生活动不匹配。比如，"拓展迁移"环节，教师提问："生活中你承担着哪些主要角色？分别对应哪些要求？"这是一个开放性的问题，学生会有不同的回答，其答案应该也是开放性的。结果，"学生活动"却是"完成课本第23页'做一做'的第三题"，以做固定的题目代替了学生多样的回答。第八，什么叫"不论对错"？如果教学可以不论对错，这岂不是"是非颠倒"了？

自我检测

学习过本章内容，请对照反思。

项　　目	是/能	否	改进措施 （如否，请写要点）
1. 我能否深入进行教材分析			
2. 我能否深入进行学情分析			

续 表

项　　目	是/能	否	改进措施 （如否，请写要点）
3. 我能否正确表述教学目标			
4. 我能否区分教学重点与难点			
5. 我能否掌握多种教学方法			
6. 我能否设计有效的教学活动			
7. 我能否设计出好的教学板书			
8. 我能否设计出有创意的作业			
9. 我能否写出好的教学方案			
10. 我是否具备良好的教学设计技能			

学习心得

学习完"教学设计"这一章，你有怎样的心得收获，请写出几条。

实践转化

你准备在实践中怎样落实、转化"教学设计"这章所学内容，请写下要点。

第七章 教学实施

教得好就是使别人能学得快捷、愉快和彻底。[①]

——(捷)夸美纽斯

君子之教喻也,道而弗牵,强而弗抑,开而弗达。道而弗牵则和,强而弗抑则易,开而弗达则思。和易以思,可谓善喻矣。

——《礼记·学记》

---

① [捷克]夸美纽斯. 大教学论·教学法解析[M]. 任钟印,译. 北京:人民教育出版社,2006:288.

学习目标

1. 情境创设合理，关注学习动机的激发。
2. 教学内容表述和呈现清楚、准确。
3. 有与学生交流的意识，提出的问题富有启发性。
4. 板书设计突出主题，层次分明；板书工整、美观、适量。
5. 教学环节安排合理，时间节奏控制恰当，教学方法和手段运用有效。

教学实施是教育教学的关键环节，教学方案的落实、教学目标的达成，都要通过教学实施才能实现。教师具备良好的教学实施能力，才能有效地驾驭课堂，有效地完成教育教学任务。为此，教师要掌握课堂教学的基本结构，把握课堂教学的节奏，准确地传授知识，选择恰当的教学方法，合理地运用教学工具等。

案例展示

| 案例 7-1 | 赵谦翔的诗歌创作指导课[①] |

著名特级教师赵谦翔老师在全国中学语文教学研究会"创新写作教学研究与实验"课题组举办的一次写作教学观察研讨活动中，上了一节诗歌创作指导课。这节课上得别开生面，颇有新意。

铃声响起，赵老师走上讲台。面对陌生的学生，他缓缓道来："今天我要教同学们怎么写诗歌，但我不想从什么是诗歌讲起，让我们先来研究一下什么不是诗歌。"说罢，赵老师在黑板上写了下面四句。

[①] 越明.学生的创作欲是怎样被激活的［J］//教育部师范教育司组.赵谦翔与绿色语文.北京：北京师范大学出版社，2005：166-168.

  天地一笼统，井上一窟窿。
  黄狗身上白，白狗身上肿。

  然后，赵老师让学生发表意见：这是不是诗？学生有说"是"的，有说"不是"的，但都讲不出多少道理来。在此基础上，老师表明了自己的意见：这不是诗，因为它没有创造出一种意境，没有表现出某种感情。

  那么，什么是诗呢？赵老师转身在黑板上又写下四句。

  青鸟衔葡萄，飞上金井栏。
  美人恐惊去，不敢卷帘看。

  学生似乎受到老师的启发，纷纷试探着从意境和情感的角度，来判断这是不是一首好诗。老师则提升了学生的观点，指出这首诗好就好在细腻地刻画出了美景、美人、美心，既咏物，又咏人，读了不仅让人赏心悦目，而且有很大的想象空间。

  别人的诗写得很好，我们能不能也写出一首诗来呢？学生有面露难色的，有跃跃欲试的。赵老师在黑板上写下第三首诗。

  独坐池塘如虎踞，绿荫树下养精神。
  春来我不先开口，哪个虫儿敢作声？

  老师在引导学生对这首咏蛙诗做了细致的赏析之后，特别说明："这是毛泽东13岁时写的一首诗。我们呢？都十六七岁了，不想写一首吗？"学生被老师挑逗得有些心痒痒啦！然而，赵老师并未罢手，又写了第四首诗。

咏 华 山
寇 准

  只有天在上，更无山与齐。
  举头红日近，回首白云低。

  此诗一出，学生一致叫好。老师不无用心地说："这可是寇准9岁的时候写的呀！"学生惊叹得"啊——"了一声。老师更进一步："大家说，这首诗怎么个好法？"课堂上像开了锅，同学们争先恐后地发言，水准显然比开头提高了好多，竟也能分析得头头是道，蛮有说服力的。

  这时候，同学们已经是手痒难耐、火烧火燎了。老师水到渠成地轻轻一转："怎么样？写一首试试？"课堂上一片宁静，"诗人"们的胸中却涌动着诗的波涛……

5分钟过后,就有人举手要朗诵自己的诗作。八九分钟后,手已经举起一片。下面是学生当堂写的几首诗。

咏 粉 笔
一生只一根,终得粉碎身。
不为汗青名,留得知识存。

石 间 草
野草生石缝,夏至初长成。
风雨何足惧,枝叶郁葱葱。

鹰
雄翅劲羽搏风霜,利爪金喙称霸王。
管它飞禽与走兽,万里晴空我独翔。

述 志
年轮已二十,不堪为栖架。
愿鞣以为轮,伴君行天下。

……

老师在对学生的创作给予充分的肯定和鼓励之后,又把海德格尔的一句话送给大家:"人类的本质就是,诗意地栖居在大地上。"勉励同学们不仅要学会欣赏诗,还要学习写诗,更要创造诗一样的人生。

赵谦翔老师的这堂课有很多值得学习的地方。一是反常导入,不同凡响。一般教学都是从"是什么"入手,赵老师讲诗歌却先从"什么不是诗歌"入手。这一导入反弹琵琶,剑走偏锋,一下子就抓住了学生的注意力。二是结构严谨,逐层推进。整个教学可以分为两大阶段,第一阶段是老师引导学生学习阶段,第二阶段是学生练习与点评阶段。第一阶段用四首诗来组织教学,四首诗的选择颇有层次、颇具匠心。第一首告诉学生什么不是诗,第二首让学生感知什么是诗,第三首向"我也能写"过渡,第四首进一步强化写诗的欲望。四首诗的教学层层推进,把学生逐渐引导到诗歌创作上来。第二阶段主要用来写诗和点评,并从语文技巧、情感态度上加以引导。第一阶段是第二阶段的铺垫，第二阶段是第一阶段的运用与巩固。两个阶段衔接自然，浑然一体。三是适当点拨，注重体验。这节课的教学摒弃从诗歌知识讲起的传统教法，老师在出示案例过程中只在必要时给予必需的知识点拨，大部分的时间用于学生体验诗歌，品味诗歌，使之获得对于诗歌的独特感受，注重学生的学习体验。四是适时板书，恰到好处。本课中老师板书四首诗，而且板书的时机把握得很好，起到了良好的板书效果。五是总结升华，水到渠成。从引导学生欣赏诗，到学习写诗，最后引导学生创造诗一样的人生，教学的境界升华了。由于前面有欣赏诗和写作诗的铺垫，这种升华显得水到渠成，收到了良好的结课效果。

第一节　把握教学结构

课堂教学按照时间的流程有一定的结构形态。在教学过程中，要条理清晰地呈现合理的教学结构，同时较好地控制教学节奏，这样才能较好地实施教学。

 教学基本结构

教学结构是在一定的教育思想的指导下，为完成一定的教学目标，对构成教学的诸要素在时间、空间方面所设计的比较稳定的、简化的组合方式及其活动程序。课堂教学结构是否优化直接关系到一节课的教学目标能否完成以及能否调动学生的学习积极性。课堂教学结构不是固定不变的，而是随教学目标、教学策略、学习评价的不同而变化的。

对一节新授课而言，比较稳定的教学结构包括五个环节：导入新课——传授新课——巩固练习——结束新课——布置作业。

（一）导入新课

导入是教师在一个新的教学内容和教学活动开始时，引导学生进入学习状态的方式。导入具有集中学生注意力、引发学生兴趣、明确学习目标、铺垫后继学习、沟通师生心理等功能。它要求教师能迅速创造一种融洽的教学情调和课堂氛围，把学生带进一个与教学任务和教学内容相适应的理想境界。

1. 导入联系内容

导入是为教学任务、教学内容服务的。导入要遵循一定的原理进行设计，导入内容与教学内容之间要形成一定的内在联系，这种内在联系应合情入理。合情即合学生之实情，包括学习情况的实情和心理状态的实情。入理即合教学之原理，要遵循教学的直观性原则、形象性原则、新颖性原则等教学基本原则。教学导入要做到合情入理就要注意在导入过程中激发学生的学习兴趣、启发学生的思维、触发学生的情感、引发学生的审美体验。教学导入只有合情入理才能达到良好的预期目的。

案例7-2　　　　　　　　　　**趣味性与知识性相关联**[①]

在复习可数名词单数变复数的教学过程时，教师借助了一个有趣的小故事开头：In one's life, he will have a wife. His wife likes wearing a scarf, just like a wolf. One day, she uses a knife and puts him on a shelf. First, she cuts him in half, then into a loaf. At last, she cuts him into pieces and each piece looks like a leaf.

这个故事生动有趣，涵盖了初中阶段所学以 f 或 fe 结尾的名词单数变复数的知识点，学生容易记忆。可见，只要教师处处留心，善于动脑，就能设计出紧扣教材、富有趣味性、知识性的导入环节，能瞬间激发学生学习英语的兴趣。

2. 导入时间要短

导入要做到简洁明快，有话则长，无话则短，三言两语，直截了当。一般三五分钟就要转入正题。如果使用时间过长，就会导致喧宾夺主，不利于教学任务的完成。要做到在有限时间内有效地导入新课，就要从内容到形式进行精心设计。正常教学导入一般控制在 3 分钟以内，长也最好不超过 5 分钟。

3. 导入方法新颖

导入有法，但无定法。导入的方式方法多种多样，教师要灵活地设计导入方案，经常变换导入的方式方法，注意配合交叉使用，使导入常导常新。下面介绍几种常用的方法供大家参考。

[①] 章凌云. 巧用"课堂亮点"激发学生学习英语的兴趣 [J]. 教育艺术，2013（03）：59.

（1）名言导入法

名言导入法，即先出示相关名言，以引起学生的兴趣，由此进入教学内容的导入方法。

案例 7-3　　　　　　　　**名言导入教例**[①]

在教《我的叔叔于勒》时，教师首先把马克思的名句"资产阶级撕破了笼罩在家庭关系上面的温情脉脉的面纱，把这种关系变成了单纯的金钱关系"写在小黑板上，由学生集体朗读。然后告诉学生："要形象地理解这句话的意思，就要读一读莫泊桑的名作《我的叔叔于勒》。"

这样导入新课，不仅能掀起学生思维活动的波澜，调动他们思维的积极性，而且还能启发学生归纳文章的主题思想。

（2）提问导入法

提问导入法，即提出相关问题引发学生思考，进而带入所学内容的导入方法。

案例 7-4　　　　　　　　**提问导入教例**[②]

在教《醉翁亭记》一文时，介绍完欧阳修的生平后，我提了一个问题："欧阳修为什么叫'六一居士'？"一石激起千层浪，同学们纷纷猜测，但终不知其中原因。于是，我把"六一居士"的由来告诉了大家。欧阳修在63岁那年写了《六一居士传》，传中有"吾家藏书一万卷，集录三代以来金石遗文一千卷，有琴一张，有棋一局，而常置酒一壶""以吾一翁，老于此五物之间，是岂不为六一乎？"接着，我又引导学生思考，欧阳修号醉翁的原因是什么。今天我们一起来揭开这个谜底，学习《醉翁亭记》。

伟大的哲学家苏格拉底说过："问题是接生婆，它能帮助新思想的诞生。"提问导入的好处是可以拨动学生的思维，使学生带着强烈的问题意识进入教学内容。导

---

① 张升.简述激发学生学习兴趣的有效策略［J］.教育艺术，2014（02）：57.
② 李涛文."穿插"在语文教学中的运用［J］.教育艺术，2014（02）：45.

入后，在教学的过程中，帮助学生释疑，使学生明确感受到学习带来的成就感。

（3）诗词导入法

诗词导入法，就是引用与教学内容相关的诗词，把学生带入教学内容的导入方法。

案例 7-5　　　　　　　　　**诗词导入教例**[①]

教学《大自然的语言》一课时，可以先引用白居易的词《忆江南》中的有关语句"日出江花红胜火，春来江水绿如蓝，能不忆江南？"，再引用贺知章的《咏柳》诗句"碧玉妆成一树高，万条垂下绿丝绦。不知细叶谁裁出，二月春风似剪刀。"顺势就引入"大自然的语言"。

这则导入运用两首与大自然的语言相关的诗词导入，十分切题。

（4）情境导入法

情境导入，就是教师设置一定的情境，让学生对情境进行分析或让学生置于情境中，进而导入教学内容。情境导入又分为媒体情境导入、问题情境导入、实物情境导入等。

案例 7-6　　　　　　　　　**情境导入教例**[②]

初中物理"飞机为什么能上天"的教学引入中，先展示一次海难：1912年秋天，远洋航轮"奥林匹克"号与较小的铁甲巡洋舰同向航行，当两船平行的时候，小船竟然扭头几乎笔直地向大船冲来，结果小船把"奥林匹克"的船舷撞了一个大洞。学生大胆讨论产生海难的原因可能是什么，并表现出了极大的兴趣，不等教师提醒便相互争论并争先说出自己的依据。有些学生说是操作失误，有些说是海啸，还有些说是大船行驶引起了局部波浪造成小船失去控制等。之后在讲了气体的压强与流速的关系后，教师让学生想象，如果你是船长，你会如何要求船只航行，学生达成了一致意见：船只不能近距离同向航行。有些学生还主动联想到，公路上汽车

---

① 高希志.打造让学生主动学习的语文课堂[J].教育艺术，2013（10）：23.
② 邵和平.设疑诱思 创设情境 让物理课堂动起来[J].教育艺术，2013（10）：27.

也不能高速平行行驶，行驶的列车之间形成低压区……

这则导入通过一个实例，将学生紧紧吸引在课堂上。教师只是"导演"，引导、组织学生参与讨论，相互启发，各抒己见。这一学习过程很有趣，而且使学生主动积极地参与到讨论中，对抽象的理论知识有了更直观透彻的理解。

（5）歌曲导入

歌曲导入，就是通过播放或演唱相关歌曲导入教学内容的导入方法。上课伊始就播放或演唱歌曲，可以一下子就达到集中学生注意力的作用，而且可以使歌曲与教学内容有机地联系起来。这也是不错的一种导入方法。

案例7-7　　《鲁提辖拳打镇关西》的导入[①]

现在，我们先来欣赏一首歌曲，会唱的同学不妨跟着一起唱。（教师放《好汉歌》磁带片段）刘欢一曲《好汉歌》唱遍大江南北。水浒英雄行侠仗义，杀富济贫的故事几乎家喻户晓。粗犷勇武的武松，逆来顺受的林冲，粗豪冲动的李逵都给人们留下了极其深刻的印象。今天，我们再来认识一位英雄好汉，他就是轻财重义、嫉恶如仇、见义勇为的花和尚鲁智深。下面，我们开始学习课文《鲁提辖拳打镇关西》。

选择学生熟悉的《好汉歌》导入，一下子拉近了歌曲与学生的心理距离，而《好汉歌》的内容与课文内容之间又有内在联系。因此，这一导入是个不错的选择。

（6）现场导入法

现场导入，也称即兴导入，就是根据课堂教学现场的情境，选择恰当的导入点导入新课的方法。

案例7-8　　《卖炭翁》的导入

一位教师讲授白居易的《卖炭翁》时，恰值雪后天晴，这位教师走上讲台即兴发挥道："同学们，断断续续，飘洒了近一周的雪花停止了。今天，阳光灿烂，天气

[①] 雷伟强.语文课导入语的设计［J］.文学教育（下），2009（05）：78.

晴朗，在我们看来这是很美的。但是，一千多年以前，有一个穿得十分单薄的老人却不喜欢这样的好天气，他总是希望大雪纷飞，朔风凛冽。他为什么有这样的反常心理呢？请大家学习白居易的《卖炭翁》，那老人就是这篇作品的主人公。"

现场导入，需要注意抓住现场事物的特点与教学内容之间的联系，不可牵强附会。现场导入具有强烈的现场感，因而往往具有较强的感染力和说服力，容易使人产生身临其境、感同身受的效果。

（二）传授新课

传授新课通常是大部分课的主要成分，旨在使学生理解、掌握新的知识和技能。教师向学生呈现新教材并引导学生学习的方法、手段是多种多样的，选用何种方法、手段，主要应视教学内容的性质、课的任务和学生的特点而定。在引导学生学习新教材时，教师的关键作用在于组织合理的学习活动，调动学生的学习积极性，引导学生的思路并启发他们的思维，使学生处于积极的智力活动状态之中。

传授新课，不等于一定运用讲授法。有的教师习惯以讲授为主进行教学，有的则习惯于运用提问法进行教学。由于没有受过专业的提问训练，有些教师只是跟着感觉在问，跟着以前学习时教过自己的老师的方式在问，跟着自己想象中的样子在问。这样的提问，有很多是不恰当的。新课程改革强调学习方式的改变，教师要少运用讲授法、提问法等传统方法，尽量多设计学生的活动。

案例7-9 　　　　　争取不问，设法替代[①]

要多想一想，原来准备要提问的地方，能不能用其他的教学形式来替代。如用各种形式的读替代，用语言训练替代，用表演或演示替代，用发言争辩替代，用图解或表格替代，用课堂各类练习替代，用欣赏玩味替代，用联想或想象替代，更可以用学生的质疑、释疑替代等。

新课程改革背景下，传授新课要争取少讲、少问，多设计学生的活动让学生自

---

① 支玉恒."问答式"必须改革[J].小学教学设计，2001（02）：11-13.

主、合作、探究地学习。

传授新课，还要注意做到主题明确、线索清晰、层次分明。

案例 7-10　　孙双金教《泊船瓜洲》[①]

教《泊船瓜洲》这首诗，通常的教学法是把"绿"字当作"诗眼"，成了写景诗。著名特级教师孙双金则觉得应把落脚点放在"还"字上，将其教成抒情诗。于是，一节别开生面的《泊船瓜洲》就展现在人们面前了。

孙老师首先引导学生从读中整体把握"这首诗写的是什么内容"，思考"哪一个字集中表达诗人想回到家乡的想法""诗人的家在哪儿""为什么产生想回家的思想感情呢"。

然后，他引导学生在学习每一句时都联系诗的中心意思，从字词中体会诗人思念家乡的心情。

他把这首诗的句意分成三个层次：一是句面意，二是句中意，三是句外意。

第一、二句：句面意是家乡只隔着一道江、数重山；句中意是靠家近、想回去很容易；句外意是飘落在外，应该回家看看。

第三句：句面意是几度春风又绿江南；句中意是诗人来去匆匆，离家时间已经很久了；句外意是更应该回家看看。

第四句：句面意是夜深人静，明月高照，诗人辗转无眠；句中意是思念家乡的心情更加迫切。学到这里，孙双金穿插介绍时代背景，作为一位重臣、政治改革家，诗人政务缠身，不能以公济私。句外意当然就是只好把思乡情留在心中，不能回家了。

在这节课的教学中，孙老师独辟蹊径，把"还"字作为这首诗的"诗眼"，构成一条教学主线："靠家近，应该还→离家久，更该还→思家切，不能还"。这样，紧扣"还"字，步步深入，层层挖掘，高潮迭起，表现了诗人王安石的精神面貌和博大胸怀，引起学生的深切思考。

孙双金老师的这堂课结构层次清晰，不仅分析句意的三个层次"句面意、句中意、句外意"层次清晰，而且教学主线层次清晰，整个教学主题明确、步步挖掘、

[①] 裴跃进. 教学名家卓越智慧［M］. 北京：北京师范大学出版社，2013：110.

层层深入，达到了良好的教学效果。这是有效进行教学实施的一个典型案例。

（三）巩固练习

课堂教学中的巩固练习是一个十分重要的环节。巩固练习的目的在于使学生对所学教材当堂理解、当堂消化、初步巩固，并使学生通过初步练习为完成课外作业做好准备。

巩固新教材的方式方法多种多样，既可以让学生复述刚学过的教材中的基本概念和原理，也可以通过变式训练等让学生做课堂练习；既可以让学生运用实例、教具说明刚学过的概念和原理，也可以由学生做小结展示正确结论。

（四）结束新课

教学结课，也叫收尾、结尾、小结、收束，是教师在一堂课的教学即将结束时对课堂教学所做的结束活动。结课也是教学环节的一个重要组成部分。好的结课能够总结概括所学内容、指导拓展延伸课堂所学、启迪升华学生情感。好的结课会给人余音绕梁、回味无穷的意境。精彩的结课也是教师教学智慧的结晶、教学艺术的体现。

1. 结课的功能

教学结课具有以下几个方面的功能。[①]

（1）明确重点

通过结课，可以帮助学生加深对教学重点的深入理解，使学生更加清晰地掌握重点。

（2）理清思路

教学过程中，往往是一个知识点、一个知识点地各个突破，结课时则往往会把各个知识点串联起来，进行总体的分析与概括，这个过程可以帮助学生理清所学内容的思想，从而从整体上把握所学内容。

（3）提炼升华

通过结课活动，激发学生情感，使他们与所学内容产生共鸣，从而使学生将所学知识内化为信念、外化为行为。

---

① 王从华.语文教学技能综合训练教程［M］.杭州：浙江大学出版社，2014：198.

（4）衔接过渡

有时，结课是本节课与下节课的联接点，起着承上启下、衔接过渡的作用。此时，结果既是知识与知识之间联接的桥梁，也是学生情思联接的纽带，具有"课断思在，言尽意存"的作用。

2. 结课的方法

结课有多种方法，教师应根据教学内容、学生实际等确定采取何种方法来结课。下面介绍几种结课方法供参考。

（1）归纳式结课

归纳式结课，也可称为总结式结课，就是通过归纳总结使教学内容系统化、条理化，以便学生形成整体的认识，加强对所学内容的理解与巩固的结课方式。归纳式结课对教学内容进行归纳总结、提炼概括，具有深化主题、强化重点、加深认识的作用，是一种常用的，也是有效的结课方式。归纳式结课，可以由教师作为归纳总结的主体，也可以由学生作为主体进行归纳总结。

案例7-11 归纳式结课[1]

学习"两角和与差的正弦、余弦和正切公式"过程中，学生学习了公式的推导过程并掌握了公式，通过大量的例题运用这些公式进行求值、化简及证明，经过各种练习巩固，学生对此有了初步理解。在课堂结束之时，可对这部分内容小结：总结这些公式的推导过程，总结求值、化简及证明时的注意点，角的变换和角的范围，公式的正向、逆向应用的特点。这样结课，可以帮助学生加深理解巩固知识的同时，为学习"两倍角的正弦、余弦及正切"提供知识基础及推导公式的思想方法。

这样的小结过程，学生可以在老师的引导下完成。参与归纳总结的过程中，学生的记忆被强化了，思维能力也得以提高，并巩固了知识。

（2）照应式结课

照应式结课，是教师用精练的语言对教学导入或教学过程中提出的问题进行回应，从而结束课堂教学的方式。前有伏笔，后有照应。教师在教学导入或教学过程

---

[1] 潘静红. 浅谈课堂小结之五种类型——以三角教学为例[J]. 浦东教育研究，2014（4）.

中会提出一些关键性或目标性的问题，在教学结课时需要来个总结照应。运用照应式结课，不仅要回答、照应前边提出的问题，而且要在已学习的基础上升华学生对问题的认识。

案例7-12 《谈骨气》的照应式结课

教《谈骨气》，教师开始曾提出问题：将课文中的三个例子在位置上前后调换一下行不行？学生讨论，争执不休。课即将结束时，教师说：

这是一篇说理文章，作者引用孟子的话来解释骨气，然后用三个例子进行论证。用文天祥拒绝元朝高官厚禄的劝诱，英勇不屈，论证"富贵不能淫"；用齐国穷人宁可饿死，也不吃富人黔敖施舍的食物的事例，论证"贫贱不能移"；用闻一多面对凶顽，拍案而起，痛斥敌人，坚信革命必胜的事例，论证"威武不能屈"。这三个例子从不同角度有力地论证了"我们中国人是有骨气的"。这三个事例的位置绝对不能换，是按说理的顺序安排的。我们写议论文，也要选择事例证明观点，事例和观点之间必须保持一致性。

本教例的结课抓住了课文的关键点，画龙点睛，不仅照应了教学导入时提出的问题，解开了学生争论的疑团，而且让他们认识到"行文有序"，选择事例要为观点服务的道理。

照应式结课有时并不是直接针对前面提出的问题，也可以是以某种方式对教学训练目标或教学内容的照应。在结课时教师通过练习、迁移等方式对教学目标或教学内容进行照应。

（3）对比式结课

对比式结课，就是在课堂教学结束时运用对比的方法对教学内容进行对照比较，使学生系统深入地把握教学内容的结课方式。

案例7-13 《范进中举》与《孔乙己》的对比结课

有位教师讲完《范进中举》后和《孔乙己》进行了如下对比。

我们学习了《孔乙己》和《范进中举》这两篇不朽之作，领略了两位文学大师在创作题材、主题基本相同的作品时，它们所表现出的各有千秋的艺术美。范进和孔乙己，同为热衷功名的知识分子，孔乙己麻木迂腐的性格中兼有清高自傲、偷窃懒惰的恶习之外，不乏善良正直；范进则显得猥琐懦弱而又圆滑世故。在范进的脸谱上，可贴一"丑"标签，而孔乙己的灵魂深处，渗透出几缕"悲"。两位作家，都怀着一腔忧愤，奋笔抨击黑暗腐朽的封建制度。但吴敬梓的笔触，只限于鞭挞科举制度的弊端和知识分子的精神堕落，而鲁迅作为冲击封建罗网的新文化运动的主将，则将批判的矛头直指封建末期的整个病态的社会，较之吴敬梓更胜一筹。"谐"与"讽"的文笔是吴敬梓与鲁迅所共有的，所不同的是，吴敬梓惯用夸张变形的笔法，酣畅痛快，一泻无余，艺术地再现生活中的假、恶、丑；而鲁迅运用令人叹服的白描功夫，信笔写来，沉郁含蓄，对病态社会的脓毒作毫不留情的解剖。

运用对比式结课要注意进行对比的内容要有可比性，注意通过分析进行比较，比较时既注意比较相同点，又注意比较相异点，让学生看到同中之异，异中之同，从而澄清认识，加强理解，帮助记忆。

（4）延伸式结课

延伸式结课是教师把教学内容做进一步延伸拓展以结束课堂教学的方式。延伸式结课可分为课内知识的延伸和由课内向课外的延伸两种类型。

课内知识的延伸主要是指由本课所学的知识延伸到下一节课或后续所学的知识上。课内知识的延伸有助于勾连前后教学内容，使先学的知识指引后续内容的学习，同时使学生预习未学内容，为后续课堂教学奠定良好的基础。

课内向课外延伸是把一些与课堂教学内容密切联系而课堂上又不能解决的问题，在结课时提出来作为联系课堂内外的纽带，引导学生的思维和学习活动向课外延伸，以达到拓展课堂教学内容的目的。这种结课可以将课内知识向课外延伸，扩大学生的知识面，锻炼学生的能力。延伸式结课常常要跳出教材，把学生的目光引向课外，开辟广阔的第二课堂，让他们自己去获取知识。教师要结合教学内容，或者鼓励学生主动去探求；或者要求学生用所学知识进行实践；或者水到渠成地给学生介绍课外阅读的书籍；或者造成悬念引导学生到课外去猎取同类相关知识；或者课内学习的是节选文字，课外则指导学生阅读原著等。

> **案例7-14**　　《在烈日和暴雨下》的延伸式结课

　　这篇课文选自老舍的著名小说《骆驼祥子》，小说的主人公祥子，他走的是一条自我奋斗的道路，但最终失败了。作者围绕买车，写了祥子的三起三落，祥子是怎样"三起"又"三落"的？为什么在"祥子"前面加上"骆驼"两个字？祥子遭受了烈日的炙烤和暴雨的袭击后，有没有病倒？后来又怎么样了呢？请同学们课后阅读小说《骆驼祥子》。我想大家一定会喜欢这本文学名著的。

　　本教例中，课文学习的是节选文字，教师提出一些带有悬念性质的问题，指导学生在课外阅读原著，拓宽学生的课外阅读。教师的指导是在紧密结合课文内容的基础上进行，对原著的推荐阅读是水到渠成的，可以有力地调动起学生的学习积极性。

　　运用延伸式结课时要注意，由课内向课外的延伸所提出的要求应是学生能够做到的，要考虑学生课外资源的能用程度，避免提出的教学要求落空。

　　（5）激励式结课

　　激励式结课是教师结合本节课的教学内容，用富有激励性的语言对学生进行激励以结束课堂教学的方式。学生正处于青春年少的时期，他们往往激情满怀、豪情万丈，并且具有很强的好奇心和求知欲，教师如能密切结合教学内容对他们进行激励，可以起到很好的教育效果。

> **案例7-15**　　《诗话二则》激励式结课

　　有位教师在讲授《诗话二则》时，做了如下结课。

　　可见，古代没有一个有成就的作家不在词语的锤炼上付出过辛勤劳动的汗水。杜甫说："为人性僻耽佳句，语不惊人死不休。"卢延让说："吟安一个字，捻断数茎须。"曹雪芹写《红楼梦》体会说："字字得来皆是血，十年辛苦不寻常。"古人勤奋、严谨的治学精神，确实是值得我们好好学习的。

　　运用激励式结课应注意激励的内容密切结合教学内容进行，注意激励的正确价值取向。结课时，教师对学生进行激励可用提出某些请求、发出某种号召、进行表扬鼓励等方式进行。恰到好处地运用激励式结课，能够在学生心灵中掀起情感波澜，从而产生强大的学习动力。

（6）悬念式结课

悬念式结课，就是在课堂教学结束时巧妙地设置悬念，给学生留下思考、期待的空间的结课方式。这种结课像古典小说中"欲知后事如何，且听下回分解"吸引读者的方式来吸引学生继续思考和关注后续教学内容。这种方式运用得好可以达到意犹未尽的效果。

案例7-16　　　　　　　　《边城》的悬念式结课[①]

教学《边城》一文时，有学生对课文的结尾产生了疑问："傩送到底回来没有？"教师说："这个问题提得好，他到底回来不回来？如果说他会回来，为什么？如果他不会回来，又是为什么？请同学们再精读原著的全部，然后我们再择时进行讨论。"

这样的结课，抛出了一个问题，可以激发学生进一步学习原著和探究问题的欲望。

3. 结课注意事项

结课需要注意以下几个方面的事项。

（1）忌虎头蛇尾

有的教师十分重视开课时的导入，对导入精心设计，对结课却重视不够，缺乏精心设计，结果开头精彩，而收尾乏力。还有一种常见的情况是，由于教学节奏没把握好，时间不多了，就仓促地草草收尾，这也给人不好的印象。

（2）忌画蛇添足

与虎头蛇尾相反，有的教师在结课时做一些不必要的发挥，对相关问题大肆渲染、小题大做，甚至故弄玄虚，产生了一些麻烦。还有一种情况是，前面的教学节奏太快，把该讲的内容讲完了，后面没有多少内容可讲了，就开始无话找话，以把课堂时间填满。这也会让人感到索然无味。

[①] 沈龙明，陈玉根，王艳燕. 高中语文有效教学实用课堂教学艺术[M]. 北京：世界图书出版社公司北京公司，2009：37.

（3）忌前后矛盾

结课的内容应该与前面所讲的内容保持一致，是对前面内容的重述、强调、总结提升。个别教师在结课时，由于考虑不周，或顾此失彼，所做总结与前面所讲内容不相一致，甚至前后矛盾。这就会造成学生认知上的冲突，使学生迷惑不解。这种情况也是在结课时需要注意并尽力避免的。

（4）忌平淡无奇

"好了，我们今天的课就上到这里。"这是一些教师在结课时常用的结课语。教学过程中，讲到哪里就在哪里戛然而止了，没有总结概括、没有比较分析、没有激励震颤，整个结课平淡无奇。这样结课起不到归纳所学、激发兴趣等作用，往往不会收到良好的结课效果。因此，一定要重视结课，精心设计结课，并进行精彩结课。

（五）布置作业

布置课外作业是教学工作的重要组成部分，它对于使学生进一步消化和巩固课堂上所学的知识和技能、培养学生独立运用所学的知识技能去分析和解决实际问题具有重要的意义。教师在布置课外作业时，应指定作业的具体内容和范围，提出作业要达到的要求，规定作业完成的时间，并对难度较大的作业作必要的提示或示范。同时，注意不能布置太多的作业，以避免增加学生的学习负担。

二 把握教学节奏

节奏是事物运动时所表现出一定的强弱、高低、长短、有规律的变化的属性。教学节奏是课堂教学活动展开时所表现出来的有规律的、连续进行的完整运动形式。课堂教学中，教师运用反复、对应、穿插、交替等形式把各种变化因素加以组织，构成前后连贯的、有序整体的服务于教学的活动，就形成了教学节奏。教学节奏主要表现在课堂教学进程的速度、力量、快慢、张弛等方面。

搭配合理、穿插得体、衔接有序、灵活多变、融洽统一的教学节奏，使课堂教学充满活力，牵动着学生的注意力，维系着学生的热情，使课堂教学跌宕起伏，张弛有度，从而高质量完成教学任务。既然教学节奏对教学效果影响显著，那如何来把握教学节奏呢？

（一）快慢相间：根据教学内容，把握教学节奏

教学过程中，教师要根据教学内容，适当调整教学的速度，做到速度适宜、快慢相间。教学速度过快，信息量太大，会导致学生思维跟不上，出现生吞活剥、囫囵吞枣、消化不良的情况，甚至完全听不懂、学不会。教学速度过慢，会导致学生注意力分散、思维松散、厌倦无聊，甚至昏昏欲睡。教学速度单一，会使学生思维呆滞、漫不经心、索然寡味、印象不深。因此，课堂教学过程中，要做到速度适宜，快慢相间。

把握教学节奏的快慢，可根据教学内容的情况。教学节奏的快慢与教学内容详略有关：详细的地方宜慢，简略的地方宜快。还与学生的熟练程度有关：熟练的内容宜快，生疏的内容宜慢；学过的内容宜快，新授的内容宜慢；已学过的基础性知识宜快，重点、难点、疑点宜慢。可见，快慢相间，不是无缘由地忽快忽慢，而是要根据教学内容选择教学节奏的快慢。可见，科学合理搭配教学内容是有效调控课堂教学节奏的重要方法。

（二）缓急变化：根据认知规律，把握教学节奏

学生在学习过程中的认知有一定的规律。学生学习知识的过程以及认识问题的顺序一般是经过如下过程：感知—理解—巩固—应用。把握教学节奏也要和学生的认知规律相对应。上述四个阶段中，感知是铺垫，可以急促一点；理解是关键，应该舒缓一点；巩固是进一步深化理解和消化的过程，应该舒缓一点；应用是在掌握基础上的实践，可以急促一点。这样，一条有缓急变化的节奏曲线就形成了。

（三）张弛有度：根据注意力规律，把握教学节奏

课堂学习中，学生注意力的分配也是有规律可循的。教学节奏的把握要根据学生注意力的分配规律来进行。课堂教学中学生注意力的分配有如下四个时期。一是注意力的分散期。课堂教学伊始，学生的注意力往往处于分散的状态，因为刚刚上课，学生的注意力还处在刚才所做的事情上，甚至可能还在课堂之外。因此这个阶段，应该通过精彩的课堂教学导入来集中学生的注意力。此时，教学节奏可以舒缓一些，把学生的注意力慢慢地收回来。二是注意力的集中期。三五分钟的课堂导入之后，学生的注意力往往会相对集中，可能会达到注意力高度集中状态。此时，应

该传授最重要的内容，教学节奏应该紧凑。三是注意力的转移期。一段时间的注意力集中期后，学生注意力的维持变得困难，开始出现注意疲劳，注意力开始转移或者涣散。此时，应该放缓教学节奏，插入笑话故事调节教学气氛和节奏，或者转换教学方式，如由讲解转为学生讨论或做练习等。四是注意力的反弹期。课的结尾阶段，学生因为等着下课，反而又来了精神，注意力重新集中。此时，应该抓紧时间进行总结，使学生对所学知识进一步条理化、系统化，加深对所知知识的印象。从学生注意力变化来看，课堂教学的节奏，应该把握住开始舒缓，中间加速，然后放缓，结尾适当加速的过程。这样学生学习起来就不会感到太劳累，而且能够很好地掌握所学习的内容。

（四）抑扬顿挫：运用教学语言，把握教学节奏

教学语言是教学节奏最直接的表现形式和调控的工具。有效地调控课堂节奏，需要教师锤炼自己的教学语言。有声语言包括语音、语调、语流。教师的语音应注意抑扬顿挫，语调应做到有轻重缓急，语流方面应注意徐急快慢。这样才能在教学时做到抑扬顿挫，达到把握教学节奏的效果。

在讲授内容时，还应有一定的感情色彩和节拍，语调抑扬顿挫，使举止声音神情融合，相得益彰。在讲到重点内容时，要加强语气声调，满腔激情；讲到难点内容时，缓和语气声调，言语要委婉清晰；阐述实际经验时，语气宜庄重生动，铿锵有力；剖析故障、事故等失败教训时，语气应严肃、沉重，诚然有理，发人深思。这样才能达到预期的教学效果和目的。

案例 7-17   **利用语言调控教学节奏**[①]

《狼》一课的教学，讲课开始时，余映潮老师用富有激情的语调提出几个问题。兴奋点调动起来后，余老师又用讲故事的富有变化的声调读课文，读到屠户身处险境时，余老师用舒缓低沉带点颤音的语调去读。当读到"屠暴起，以刀劈狼首，又数刀毙之"时，他转而用快速、高昂的语调去表现情况的紧急、屠户的果敢。当读到屠户除掉两狼心情稍稍放松时，语气再次舒缓。最后的哲理段，余老师用缓慢的、

[①] 宋璞玉，梁素英，王双捧. 把握课堂教学节奏，提高课堂教学效果 [J]. 中国校外教育，2011，(S1)：63.

嘲讽的、语重心长的音调处理。这节课，当学生需要静静思考时，余老师用舒缓的语调引导；当学生兴奋点下降时，他用激昂的音调甩出学生感兴趣的问题，引发学生思考、争论；阶段小结中，为提起大家注意，余老师用缓慢、加重语气的语调去引导，以引起学生的关注。

案例中，余映潮老师通过语调的变化、语气的轻重缓急等，处理教学内容，调动学生情绪和兴趣，达到了良好的教学效果。

（五）动静交替：利用教学板书，调控教学节奏

教师板书时，往往是学生静心思考的时间。相对于教师讲解、学生朗读讨论、师生问答等"动"的活动，教师的板书成为教学过程中"静"的环节。教师要善于利用板书这一短暂的"静"来调控教学节奏，使学生思维略作转移调整，进而调控学生的心态，为下一阶段调控学生的兴奋状态做好准备，从而使整个课堂教学动静交替，动静相间。

案例7-18　　　　　　**利用板书调控教学节奏**[①]

余映潮老师讲《赫尔墨斯和雕像者》一课。学生们在余老师激情言语引导下静静地思考，批注课文，之后纷纷举手抢答。第一个教学高潮过后，余老师在黑板上板书了学习方法：一练朗读。读出故事味，读出人物的神采。学生们静静地思考，形成一个短暂的"静"，接下来开始朗读训练，形成一个高潮。之后是板书书写：二练文意概括。短暂低谷后，引导教学又形成一个高潮。接下来又是板书书写：三练思路分析。分析寓言层次及情节。短暂"安静"后，引导教学又形成一个新的高潮。最后余老师对全文进行了总结，为学生释疑答惑，总结规律，引发思考，又形成一个学生的"静"。

案例中，余映潮老师三次板书使学生"静"下来，形成教学过程中的"低谷"，进而引导教学达到小高潮。整个课堂教学在动静交替中进行，教学节奏层次分明。

[①] 宋璞玉，梁素英，王双捧. 把握课堂教学节奏，提高课堂教学效果 [J]. 中国校外教育，2011，（S1）：63.

（六）起伏有数：根据学生反应，调整教学节奏

教学节奏的把握，还要根据学生的反应、根据教学环境的变化而变化，从而使教学节奏有起有伏，起伏有数。

课堂教学节奏，还受到学生学习状态的影响。教师要注意观察学生的学习状态，根据学生的课堂反应，随机应变，随时调整教学节奏。如果发现学生学习兴趣很高，就算此时一堂课的节奏应该要开始放慢，也可以一直维持强节奏教学，帮助学员避开或者跳过"疲劳区"。如果在该快节奏推进教学时，学生表现出疲倦状态，就不要不管不顾地强节奏继续教学了，不妨放慢节奏，调节一下学生情绪，使其提起学习精神。

案例7-19　余映潮老师对教学节奏的把握[①]

余映潮老师讲《狼》一课，讲课伊始，余老师就设计了一个"抢答环节"，一语激起千层浪，此举一下子就抓住了学生的兴奋点，形成了第一个波峰。接着又改用讲故事式的语调放慢速度，引读课文，提出问题：狼在文中是什么样的形象呢？学生静思，快速读课文，寻求答案，形成第一个波谷。之后学生独立思考，热烈讨论，积极发言，发表对狼形象的看法，形成第二个波峰。余老师接着往前推进，在学生对狼的形象做了简单概括后，他立即巧妙过渡：既然狼在文中是狡猾贪婪的，那么，哪些情节表现了它的狡猾与贪婪呢？两个环节衔接自然紧凑。余老师充分注意到学生被故事情节深深吸引的情绪，恰当地加以语言引导，加快了节奏。学生思考，圈画句段，形成第二个波谷。之后学生争着讲述表现狼狡猾与贪婪的情节，课堂上出现了第三个波峰。接下来，他小结全文情节，对学生的发言加以肯定，有意放慢节奏，形成第三个波谷。然后余老师用富有鼓励性的语言，引导学生赏析本文的"美点"。此后再次加快节奏，又推进了一步："课文中的狼，一定是狼吗？"再次把课堂气氛推向高潮。之后又依次提出三个问题，既是对教学内容的总结，又把学生的情感与思路引向纵深。整个教学过程真可说是波澜起伏，环环相扣，快慢相间，疏密有致。学生在整体和谐的教学节奏中得到知识，同时也体验到审美情趣，获得了审美享受。

[①] 宋璞玉，梁素英，王双捧. 把握课堂教学节奏，提高课堂教学效果[J]. 中国校外教育，2011，(S1)：63.

案例中，余映潮老师紧紧抓住了学生的心理特点展开教学，同时他也根据学生在教学过程中的心理状态和情绪状态，推进教学节奏，达到了良好的效果。特别是在第二个环节之后，余老师充分注意到学生被故事情节深深吸引的情绪，恰当地加以语言引导，加快了节奏。这表现出教师具有很强的随机应变、与学情共振地把握教学节奏的能力。

课堂教学节奏，有时受教学环境的影响。有时候，因为自然环境的因素，也要适当调整教学节奏。比如天气炎热时，学生心情烦躁，教学节奏可以稍微放慢一些。

此外，从课堂教学结构的角度看，把握教学节奏要做到开始精彩引入、展开逐层深入、过渡自然有序、高潮恰到好处、结课收束有力。

总之，在教学过程中，要根据教学内容、学生认知规律和注意规律、教学语言、教学板书、学生反应、环境变化等把握和调整教学节奏。课堂教学的节奏既有强快的节奏，也有舒缓的地方，强中有弱，急中有缓，形成起伏明显的节奏。这样才能达到良好的教学实施效果。

第二节　准确讲授知识

知识传授是教学的重要内容。如何准确地向学生讲授知识，是教学工作需要认真对待的事情。下面的一些策略，可以帮助教师准确讲授知识。

一　准确地把握知识

准确地把握知识，是准确讲授知识的前提。如果教师所掌握的知识本身是不准确的，那么在教学过程中就无法向学生进行准确的传授。

案例7-20　　　　　　引用对联少了两句[1]

在上《卧薪尝胆》一文时，薛法根老师引用了一副对联：卧薪尝胆，三千越甲

---

[1] 薛法根.幸福的行走［J］.江苏教育，2006（08）：4-6.

可吞吴;破釜沉舟,百二秦关终属楚。有位老师听课后问他:这副对联是否写颠倒了?还有位老师在网络论坛里问:这副对联还有两句怎么遗漏了?薛老师赶紧查阅了相关资料,果然,这副出自蒲松龄的对联应该是这样的:有志者、事竟成,破釜沉舟,百二秦关终属楚;苦心人,天不负,卧薪尝胆,三千越甲可吞吴。完整的对联才能使学生更透彻地理解故事的含义,读来也更朗朗上口,平添教学中的情趣。

像上述引用对联不准确的情况,属于教学中的"硬伤",是由于教师掌握的知识不准确所导致的。要防止教学硬伤的出现,就需要教师准确地把握知识。

教师准确把握知识,至少需要注意两个方面。一是查清知识的确切出处,即原始出处,除非不得已,尽量不使用二手资料,以防止以讹传讹情况的出现。二是确切地理解知识的内涵,切忌一知半解、望文生义等情况的出现。

 介绍知识的背景

学生的一些问题或困惑与他们缺乏相关的背景知识有关。当学生在学习过程中遇到知识缺乏或知识性障碍时,教师要通过补充背景知识或相关知识的方法帮助学生理解。

案例7-21 什么叫"断肠"? ①

有一个教师在教马致远的小令名作《天净沙·秋思》时,遇到了学生的提问:"什么叫'断肠'?"

老师回答:"比喻极度悲伤之意。"

"肠断了,当然很悲伤,可是,为什么不说断手、断脚、断别的什么呢?"学生进一步问。

教师当即娓娓道来:"东晋桓温,率军入四川,经过三峡时,部队中有人捕获一只小猿并带到船上,母猿在岸上一边追着行船一边哀号着,如此追了一百多里。在船离岸较近时,那只母猿趁机跳上了船,但一到船上就死了。士兵剖开母猿的肚子

---

① 蔡高才,袁光华.初中语文课堂教学研究[M].长沙:湖南师范大学出版社,1999:113.

一看，里面的肠子因极度悲伤断成一寸一寸的了。桓温得知这件事，非常生气，下令惩处了捉小猿的人。母猿因小猿被捉，悲伤痛苦，哀号至肠断，这就反映了'断肠'和悲伤之间的联系，只有理解了'断肠'一词，才能深深地理解文中写景的作用和作品的主题。"

在这个案例中，学生因知识储备不足而不理解"什么叫'断肠'"，这是很正常的。当教师解释"断肠"的比喻义，仍然不能很好地解决学生的疑惑，于是学生进一步追问"为什么不说断手、断脚、断别的什么呢"。学生的这一追问，既是非常正确的，也是非常精彩的，这符合学生的知识水平和思维特征。学生的这一问问得很具体了，此时教师讲述了"断肠"故事的来历，很好地揭示了"断肠"与"极度悲伤"之间的关系。前面的解释意义是正确的，但没有建立起两者之间的联系。经过再次解释，两者之间的联系建立起来了，学生的疑惑也就彻底解决了。

补充背景知识，需要教师具备相对丰富的背景知识或相关知识。如果教师不具备较丰富的背景知识或相关知识则很难回答、解决学生的疑问。这就要求教师在平时多阅读、多积累，扩大知识面。

三 用专业术语讲解

每个学科都有自己的专业术语，教师要恰当地使用专业术语向学生进行讲解。教师使用专业术语的时机对学生的学习有很大影响。在学生刚一开始接触专业术语时，可以适当运用该术语的日常生活词汇、俗称等进行描述。这样可以为学生理解术语做些铺垫、搭建理解的桥梁。在学生已经掌握术语之后，并能够运用专业术语解释新现象、学习新知识时，教师使用非专业术语则会失去所学学科知识的严谨性和专业性，甚至引起学生误解。因此，在教学过程中，教师要尽量使用专业术语进行讲解。

四 清楚地界定概念

在使用某些重要概念时，教师要首先清楚地界定概念，即明确概念的内涵和外延。如果不清晰地界定所使用的概念，学生会因对概念的理解不同而出现错误。

案例7-22　"等腰三角形两底角相等"的逆命题[①]

在高三毕业班中，教师请10个学生说出命题"等腰三角形两底角相等"的逆命题。结果4人回答"两底角相等的三角形是等腰三角形"，5人回答"两内角相等的三角形是等腰三角形"，仅有1人回答"如果一个三角形两内角相等，那么这个三角形是以这两个角为底角的等腰三角形"。前两种答案犯了不同程度的概念错误，前者不明"底角"概念的背景，后者未把握逆命题概念的本质。更有甚者，据"百度知识"相关问答显示，答案一的支持率为43%，答案二为57%，而答案三为零！所以说，概念的错误理解是多么可怕。

上述案例中，学生由于对"底角"概念、"逆命题"概念的把握不到位，导致了不能正确地回答。如果在教学中使学生清晰了相关概念的内涵与外延就可以在一定程度上帮助学生正确地回答问题。

五　讲清知识的异名

有些知识有不同的名称，不同名称之间可能还会存在细微的差异，这些也有必要向学生讲清，这样学生才能准确地掌握知识。

案例7-23　　　　　　　　北京的别称

北京是一座有着3 000多年历史的古都，在不同的朝代有着不同的称谓，大致算起来有20多个别称，如幽州（两汉、魏、晋、唐代），幽都（唐），南京（五代），燕京、燕山（北宋），大都、汗八里（金），京师、京城、北平（明）。此外，还有汗城、宛平、春明、日下、帝京、京邑、京华等。在教学过程中，要根据需要向学生讲清北京的别称，以便于学生理解。

[①] 汪慧琼.为概念教学"正名"[J].浦东教育研究，2014（4）.

如果知识的名称讲不清楚，学生在教学中可能会产生迷惑或误解。例如，李白的《送孟浩然之广陵》："故人西辞黄鹤楼，烟花三月下扬州。孤帆远影碧空尽，唯见长江天际流。""烟花三月下扬州"，学生可能会迷惑题目里说是去"广陵"，为什么诗句里说"下扬州"。其实，"广陵"就是"扬州"。如果学生明白了这一点，就不会迷惑了。再如，宋朝的周密作有《武林旧事》，是追忆南宋都城临安（"杭州"时称"临安"）城市风貌的著作。如果学生不明白"武林"是"杭州"的旧称，会把书名中的"武林"理解为"武术界"，以为是写"武术界的旧事"的，那就产生误解了。因此，讲清知识的异名，是准确讲授的一个重要方面。

 辨析相近的知识

有些知识相近、相类、相似，对这些知识要通过比较辨析的方式来讲清楚。辨析时，既要看到辨析对象的共同点，更要看到它们的区别处，正是靠区别处才使它们清晰地区分开来。比如，识字教学中的形似字、同音字等都需要通过辨析的方式让学生准确地掌握。例如，"己、已、乙""戍、戌、戎、戊"这两组字的字形相近，容易混淆。在教学过程中，就要通过比较的方法帮助学生辨析字形、明确字义。这样才能使学生准确地掌握知识，不至于在日后的使用中混淆。

案例7-24　　　　　连衣裙还是裢衣裙？

有位教师让一位学生在黑板上写"连衣裙"三个字，那位学生写成"裢衣裙"。这位教师没有生硬地批评学生，而是顺水推舟地加以启发引导。

师：你写这个"裢"字时怎样想的？

生：连衣裙是衣服类，所以要加"衣"字旁。

师：连衣裙是怎样的一种服装？

生：衣服连着裙子。（稍停，学生自悟）啊，错了。"连"字表示连接，不能加"衣"字旁。

师：对！"连"字在这个词中表示连接，不能加"衣"字旁。但"连"字确实可以加上不同的形旁构成新的形声字。谁能说出几个？

同学列举：莲、链、涟、鲢。

显然，那个学生写错别字是受了形声字的干扰，教师如果简单否定，很可能造成学生对形声字的构字规律感到困惑，甚至产生混乱。这位教师不囿于原来的教学设计，巧妙地因势利导，启发学生从对词义的理解去发现问题，既纠正了错别字，又保护了他原来思维中合理的因素，可谓一举两得。

七 构建知识的网络

美国教育心理学家布鲁纳指出："获得的知识如果没有完满的结构将它联系在一起，那是一个多半会被遗忘的知识。一串不连贯的论据在记忆中仅有短促的可怜的寿命。"[①] 布鲁纳是从知识保持或记忆的角度来谈知识点进入结构的重要性。从准确掌握知识的角度看，知识只有进入一定的结构或系统，才能更好地定位，从而更好地理解与掌握。教学中教师要帮助学生构建知识的网络。

帮助学生构建知识的网络，同时是防止惰性知识产生的一条措施。阿尔弗雷德·诺斯·怀特海在《教育目的》一书中说道："学生在学校中学习知识的方式导致了'惰性知识'的产生。学生在学校中所学习的知识仅仅是为了考试做准备，而不能解决实际中的问题。在无背景的情境下获得的知识，经常是惰性的和不具备实践作用的。"可见，无背景或缺乏情境是惰性知识产生的一个重要原因。当学习了新知识就把它纳入到一定的知识网络时，就为知识点提供了与其他知识相关联的情境，这不仅有助于理解其在知识网络中的地位，而且可以防止惰性知识的产生。因此，教学要注重知识网络的建构。

帮助学生构建知识网络，可以采用概念图或思维导图的方式。概念图最早是在19世纪60年代由美国康奈尔大学教育系的诺瓦克（Josehp D. Novak）教授等人提出的，但概念图这一概念名词的确定却是在19世纪80年代。概念图是一种将概念之间的关系进行图形化表示的技术，它不但是组织和表征知识的工具，而且是用来表达自己思想的一种图示方法。概念图是知识的视觉呈现、概念关系的图画，它包含四个基本要素：概念、命题、交叉连接和层级结构。它通常将某一主题的有关概念置于圆圈或方框之中，然后用连线将相关的概念和命题连接，连线上标明两个概念之间的意义关系。概念图是用视觉再现认知结构、外化概念和命题的一种方法，能有

---

① 洪慧琼. 为概念教学"正名"[J]. 浦东教育研究，2014（4）.

助于学生形成科学的、全面的概念体系。

思维导图是由东尼·博赞（Tony Buzan）创立的一种将放射性思考具体化的方法。思维导图运用图文并重的技巧，把各级主题的关系用相互隶属与相关的层级图表现出来，把主题关键词与图像、颜色等建立记忆链接。每一种进入大脑的资料，都可以成为一个思考中心，并由此中心向外发散出众多的关节点，每一个关节点代表与中心主题的一个连结，而每一个连结又可以成为另一个中心主题，再向外发散出众多的关节点，呈现出放射性立体结构，而这些关节的连结可以视为记忆。思维导图充分运用左右脑的机能，利用记忆、阅读、思维的规律，协助人们在科学与艺术、逻辑与想象之间平衡发展，从而开启人类大脑的无限潜能。教学过程中，教师可以引导学生做思维导图以帮助学生形成知识网络。

魏书生在语文教学中引导学生画语文知识树，是帮助学生建构知识网络的一种做法。"语文知识树"产生于20世纪70年代末，是魏书生老师有感于当时语文教育考题泛滥、教学缺乏序列的现状，引导学生画出来的。经过师生讨论，他们选择了树式结构，并通读了初中的六册语文教材，画出了"语文知识树"。

案例 7-25　　　　　**魏书生的语文知识树**[①]

六本书中系统的语文知识大致有四部分：基础知识、文言文、文学常识、阅读和写作，这是第一层次。

再进一步分析就会发现，基础知识还包括语音、文字、词汇、句子、语法、修辞、逻辑、标点这样八个方面。文言文包括字、实词、虚词、句式四个方面。文学常识包括外国、古代、现代、当代四个方面。阅读和写作包括中心、选材、结构、表达、语言、体裁六个方面。这是第二层次，共22个方面。

再进一步分析，每个方面又包括若干知识点，如语法，就包括词类、词组（现在叫短语）、单句、复句四个知识点。这是第三层次，大约130多个知识点。

打个比方说，这张语文知识结构图，就像中国行政区划图。第一层次的知识像省，第二层次的知识像市，第三层次的知识像县，第三层次以下还有更细密的知识细胞，好比乡镇一样。

---

① 魏书生.语文教学［M］.沈阳：沈阳出版社，2000：156.

学生将教材知识划分为不同的层次，再把握住了一、二、三层次这些主要的知识，总体语文教材怎样读，总共要学哪些知识，哪些先学，哪些后学，哪些是已知的，哪些是未知的，就可以做到心中有数了。

这样，学生就可以驾驶着思维的汽车，在知识的原野上奔驰，一个层次一个层次，一个类别一个类别地征服语文知识目标，就不会感觉语文知识混乱，无从下手了。

魏书生老师把"语文知识树"比作地图，有了地图就能明确目标，选择最佳路线，可以少走弯路，而且在教学中运用也有较大的可行性。在教学中，师生可以按"知识树"的体系去安排进度。每讲一点知识，让学生懂得每次学到的知识处于整体的什么位置，与邻近的知识点有何区别和联系。语文知识树不仅使学生明白了每一个知识点所在的位置，而且系统化、条理化地把握了语文知识的整体，还有助于学生记忆知识，取得了良好的教学效果。

八 慎用修辞讲知识

讲授知识时，要慎用修辞。用比喻、类比、举例等方式来讲知识，可以生动、形象地使学生较快地理解知识，但这些方式对知识理解的准确性可能会有损害。因此，用这些教学方式来讲授知识时要保持一种警惕。当你问学生明白了没有时，他们回答明白了，但事实上他们未必真的理解和明白。《学记》中提出了"罕譬而喻，可谓善教矣"。"罕譬而喻"其实是包含着非常深刻的教学思想的，值得我们好好学习、深思。

九 注意适当的板书

板书具有多种功能，其中一个重要的功能是准确进行讲授。由于有些字词是"同音字""同音词"或"近音字""近音词"，如果只凭耳朵听，有时难以准确辨别到底是哪一个，这时就需要通过板书来澄清。

> **案例 7-26**　　假如我是"蜘蛛"与"只猪"

有个老师口头布置了一道回家作业，写一篇作文，题目是《假如我是蜘蛛》。有个学生上课时以为自己听清楚了,回家后写了一篇作文《假如我是只猪》。结果,他成了全校同学嘲笑的对象。

如果教师把作文的题目板书在黑板上,学生就不会出现这种情况了。可见,适当的板书,特别是对音近的字词进行板书,是防止学生误解、准确进行讲授的一种必要的方式。

➕ 训练中检验知识

训练的过程是巩固知识的过程,也是检验知识的过程。通过检验,如果发现学生没有理解或完全掌握知识,教师可以有针对性地做出指导,使学生进行调整或重新理解以掌握知识。这是对先前讲授的补救措施,也是使学生更加准确而牢固地学习的一项重要措施。

第三节 运用恰当方法

教学方法是在教学过程中,教师和学生为了实现教学目标、完成教学任务而在共同活动中采用的方法。教学方法是教学工作的一个重要组成部分,它直接关系着教学工作的成败、教学效率的高低和人才的培养质量。能否正确地理解、选择和运用教学方法,是教学成败的一个关键因素。

教学内容确定之后,选择教学方法就很重要。好的教学内容还要有与之匹配的教学方法来实现。赞科夫说:"在提高教师的业务水平方面,很重要的一条,就是要把完成同一个教学任务或教育任务而采取的各种不同的方法和方式进行对比。"[1] 为达成良好的教学效果,教师需要掌握多种多样的教学方法,并根据需要选择、运用恰当的方法来实施教学。

---

[1] (苏)赞科夫.和教师的谈话[M].杜殿坤,译.北京:教育科学出版社,1980:230.

一 常用教学方法简介

对于"教育技术"这个术语,赞科夫的理解是:"掌握多种多样的教育方式,理解其中每一种方式的特点,并善于正确地运用它们。"[1]这里的教育方式是广义的,包括教育方法。捷克的教育家夸美纽斯则认为:"教得熟练就是知道良好教学的可靠方法并坚持这种方法,以便快捷、愉快、彻底地促进关于事物的知识。"[2]作为教师,我们要掌握多种多样的教育方法,理解每一种方法的特点,并善于正确地运用它们。

根据教学方法的外部形态和学生认知活动的特点,可以把中小学常用的教学方法分为以语言传递信息为主的教学方法、以直接感知为主的教学方法、以实际训练为主的教学方法和以引导探究为主的教学方法。

(一)语言传递信息为主的教学方法

以语言传递信息为主的教学方法,是指教师运用口头语言向学生传授知识和技能、发展智力以及指导学生学习的方法,主要有讲授法、问答法、讨论法等。

1. 讲授法

讲授法是教师最为常用的教学方法,是指教师通过简明、生动的口头语言向学生系统地传授知识和技能的方法。它主要通过循序渐进的叙述、描绘、解释、推论来传递信息、传授知识、阐明概念、论证规律和定理,引导学生分析和认识问题,并促进学生的智力与品德的发展。

讲授法可以分为讲述、讲解和讲演三种。讲述是教师向学生描绘学习的对象、介绍学习的材料、叙述事物产生变化的过程。讲解是教师向学生对概念、原理、规律、公式等进行解释和论证的过程。讲演则是教师向学生系统而全面地描述事实,通过分析、论证来归纳和概括科学结论的过程。

讲授法的基本要求有如下几点。第一,教授内容要有科学性、系统性和思想性。既要突出重点、难点,又要系统、全面;既要使学生获得可靠的知识,又要在思想上有所提高。第二,注意启发。在讲授中要提出问题,并引导学生分析和思考问题,

---

[1] (苏)赞科夫. 和教师的谈话[M]. 杜殿坤,译. 北京:教育科学出版社,1980:236.
[2] [捷克]夸美纽斯. 大教学论·教学法解析[M]. 任钟印,译. 北京:人民教育出版社,2006:288.

使他们的认知活动积极开展，自觉地领悟知识。第三，讲究语言艺术。力求语言清晰、准确、简练、形象、条理清楚、通俗易懂；讲授的音量、速度要适度，注意音调的抑扬顿挫；以姿势助说话，提高语言的感染力。

讲授法的优点是有利于发挥教师的主导作用，操作简单方便、经济省时，适宜传递较为艰深的知识概念，辅助其他教学方法的运用等。它的局限在于容易形成学生被动学习，容易造成"一刀切""齐步走"的状态，无法适应学生个别差异，对教师的言语表达能力有较高的要求等。

2. 问答法

问答法也叫谈话法，是教师和学生以口头语言问答的方式进行教学的一种方法。从问答主体的角度来看，可以是师问生答，也可以是生问师答。

从教师提问的角度来说，运用问答法要注意以下几点。第一，善于提问。提出的问题要具体、明确、有趣和富有启发性，能引起学生思考。问题的难易要因人而异。第二，善于启发。启发学生利用他们已有的知识经验或感性认识进行分析、思考，研究问题或矛盾所在，因势利导，让学生一步一步地去获取新知。第三，做好归纳、小结。当问题基本解决后，教师应及时进行归纳或小结，使学生的知识系统化、科学化，并纠正一些不正确的认识，帮助他们准确地掌握知识。

问答法的优点是能够激发学生的学习热情和学习积极性，有助于培养学生的思维能力并养成问题探究的习惯等。它的不足在于高质量问题设计较为困难，问题序列类型较难保证，教学中的不确定性较强，不利于学生形成知识的系统性等。

3. 讨论法

讨论法是学生在教师指导下为解决某个问题而进行探讨、辨明是非真伪的方法。

讨论法的基本要求有如下几点。第一，讨论的问题要有价值。讨论的问题应简明、深浅适当，能够激发学生的兴趣，有讨论、钻研的价值。第二，善于对学生进行启发引导。教师应启发学生进行独立思考，勇于发表自己的观点和见解，积极引导讨论向纵深发展，研究关键问题，以便使问题得到解决。第三，做好讨论小结。讨论结束前，教师应简要概括讨论的情况，引导学生获得正确的观点和系统的知识，纠正错误、片面或模糊的认识。

讨论法的优点是能够使全体学生参与，调动学生的学习积极性，加深学生对知识学习掌握的牢固程度，有助于培养学生合作交往等能力。它的不足是受学生人数、教室环境、座位摆放、教学时间、评价方法等条件的制约较为明显。

（二）直接感知为主的教学方法

以直接感知为主的教学方法，是指教师通过对实物或直观教具的演示和组织教学性参观等，引导学生利用各种感官直接感知客观事物或现象而获得知识的方法，主要包括演示法和参观法。这类教学方法的特点是具有形象性、直观性和真实性。

1. 演示法

演示法是教师通过展示各种实物、直观教具或进行示范性实验，引导学生通过观察获得感性认识的方法。

案例7-27　　　　利用多媒体演示的案例[①]

音乐教学中，教学歌曲《留给我》，如果只让学生干巴巴地学唱歌曲，学生很难理解其蕴涵的深意。在教学中，教师先利用多媒体播放了地球环境恶化的一系列画面：水土流失、土地沙漠化、河流污染、稀有物种灭绝、各种灾害频发等，并设计了一段地球妈妈在哭诉的录音，声画一体的教学让孩子深切感受到环境破坏所带来的损失和灾难，唤起了孩子们保护环境、爱护大自然的意识。文字因为有了音乐而有了生命，情感因为有了音乐才有了共鸣，课堂上看不到嘻嘻哈哈的笑脸了，有的学生甚至还流下了感动的泪水。学生的情感在整合的情境下，得到了培养、丰富和升华。

如果只是单纯地学习歌曲，学生确实可能难以对歌曲中蕴涵的深意有深入的理解。教师通过多媒体补充的材料，可以有效地帮助学生理解歌曲的内容。因此，创设这样的情境，做这些补充是必要的。

有位教师在教《藤野先生》时，以抑扬顿挫的声调朗读"我就是——藤野——严九郎"，同时还做出日本人行鞠躬的神态。[②] 这就是教师在表演藤野先生本人，仿佛一下把学生置于藤野先生的课堂。

演示法的基本要求有如下几点。第一，做好演示前的准备。教师在演示前应根

[①] 吴晓青.借助多媒体技术，让音乐课堂"活色生香"[J].教育艺术，2014（02）：54+56.
[②] 张升.简述激发学生学习兴趣的有效策略[J].教育艺术，2014（02）：57.

据教学需要，做好教具准备。用以演示的对象要具有典型性，能够突出显示所要学习材料的主要特征。第二，明确演示的目的、要求和过程。引导学生知道要看什么、怎样看，需要考虑什么问题，从而积极、主动、自觉地投入观察和思考。第三，讲究演示的方法。演示应紧密配合教学，及时进行。在演示过程中，教师要向学生提出问题，或作适当讲解、指点，引导他们边看、边听、边思考、边议论，以获得最佳效果。

演示法的优点是能够为学生提供观察学习的机会，帮助学生感知、理解书本知识，缩短理论与实践的距离，可同时进行言语交流和视觉呈现。它的不足在于费时费力，对教师的要求比较高，受教室环境等条件的限制，演示失败会影响学生的学习状态和情绪，学生的注意力容易分散，对课堂管理有较高的要求等。

2. 参观法

参观法是教师根据教学任务的要求，组织学生到校内外的相关场地对实际事物和现象进行观察和研究而获得知识的方法。

案例7-28　　　　　　　　　观汽车，画汽车[①]

在教学《画汽车》一课时，我带领学生来到校园停车场对汽车的外形和构造进行了细致的观察和思考，并组织学生讲述自己的观察体会，同学们都能积极踊跃地发言，气氛非常热烈。为了让学生正确掌握写生方法，我选择在学生下笔前运用边示范、边讲解的教法，重点对汽车的外形和细节进行描绘，以便加深学生的理解。此时，我发现学生们都聚精会神，他们的眼球都被我手中的画笔吸引住了。当我完成示范后，学生爆发了热烈的掌声。我知道那是一种认可，也是一位老师得到的最好的嘉奖。此刻也是学生进入写生的最佳状态，于是我趁热打铁，让学生围坐在汽车的周围，给他们创造近距离观察的条件。十多分钟后，一张张生动形象的汽车写生画诞生了。

案例中，教师根据教学需要把学生引领到校园停车场，对汽车的外形和构造进行了细致的观察和思考。这里就运用了现场教学法。

参观法的基本要求有如下几点。第一，事先做好参观准备工作。教师在运用参

---

① 林德强. 拯救学生濒危的绘画热情［J］. 教育艺术，2013（08）：72+58.

观法时，必须根据教学任务的需要，事先制订参观计划和步骤，明确参观的目的和要求等。第二，引导学生有目的、有重点地进行参观。在参观过程中，教师应适当结合讲解、谈话等方法，引导学生有目的、有重点地进行观察和思考，把注意力集中到参观的对象上，以更好地达到参观的目的。第三，做好参观总结工作。参观结束后，教师应组织和引导学生进行总结，把参观和学习书本知识结合起来，真正起到获得感性认识、加深理解书本知识的作用。

参观法的优点是能够打破课堂和教科书的束缚，使教学与实际生活、生产密切地联系起来，扩大学生的视野，在接触社会中受到教育。它的不足在于组织起来比较耗费精力，需要协调各方面关系和人力、物力、财力的支持，成本比较高。

（三）实际训练为主的教学方法

以实际训练为主的教学方法，是指通过练习、实验、实习等实践活动，引导学生巩固和完善知识、技能和技巧的方法，主要包括练习法、实验法和实习作业法。

1. 练习法

练习法是教师引导学生运用知识去完成一定的操作，以巩固知识、形成技能技巧的方法。练习的种类很多，按照培养学生不同方面的能力，可以分为口头练习、书面练习、实际操作练习；按照学生掌握技能、技巧的进程，可以分为模仿性练习、独立性练习和创造性练习；按照练习的内容，可以分为心智技能练习、动作技能练习和文明行为习惯练习。

练习法的基本要求有如下几点。第一，明确练习的目的和要求，掌握练习的原理和方法。任何练习都应以一定的理论为基础，都要掌握一定的程序、规范、要领和关键，才能提高练习的目的性和自觉性，保证练习的质量，防止练习中可能出现的盲目性。第二，循序渐进，逐步提高。在练习的数量、质量、难度、速度、独立程度和熟练程度、综合应用与创造性上，对学生都应有计划地提出要求，引导学生由易到难逐步提高，达到熟练、完善。第三，严格要求。无论是口头练习、书面练习或操作练习，都要严肃认真，要求学生一丝不苟、刻苦训练、精益求精，达到最高的水平，具有创造性。

练习法的优点是能增进学生对知识或技能的理解、记忆，促进学生认知的发展，使学生熟练掌握知识或技能。它的不足在于具有一定的机械性，较为费时费力，难以关注学生的内心世界，难以维持学生的学习动机。如果练习量过多，会增加学生学习负担。

2. 实验法

实验法是学生在教师指导下，运用一定的仪器设备进行独立作业，观察事物和过程的发生与变化，探求事物的规律，以获得知识和技能的方法。

实验法的基本要求有如下几点。第一，做好实验前的准备工作，包括制定实验的课时计划；准备实验用品，分好实验小组；要求学生做好理论准备（如复习、预习）等。第二，明确实验的目的、要求和做法，提高学生进行实验的自觉性。第三，加强实验过程中的指导，对困难较大的小组或个人给予帮助，使每个学生都能积极投入实验。第四，做好实验小结，包括指出实验的优缺点，分析产生的原因，提出改进意见；要求学生整理好实验用品；布置学生写好实验报告。

实验法的优点在于有助于学生理论联系实际，加深对概念、规律、原理等知识的理解，掌握实验操作技能，而且能够培养他们的探索研究和创造精神以及严谨的科学态度，有利于学生主体性的发挥。实验法的不足在于受实验设备等条件的限制，受教学时间的限制，实验过程中对学生的管理有一定难度等。

3. 实习作业法

实习作业法是教师根据教学需求，组织学生在校内外一定的场地运用已有的知识进行实际操作或其他实践活动，以获得一定的知识、技能和技巧的方法。

实习作业法的基本要求有如下几点。第一，做好实习作业的准备。教师应制订好实习作业计划，确定好地点，准备好仪器，编好实习作业小组。第二，做好实习作业的动员。教师应引导学生明确实习作业的目的、任务、程序、制度、纪律和注意事项，提高学生进行实习作业的自觉性。第三，做好实习作业过程中的指导。教师应掌握学生实习作业的全面情况，发现问题及时进行辅导，以保证实习作业的质量。第四，做好实习作业的总结。教师应要求学生由个人或小组写出全面的或专题的总结，以巩固实习作业的收获。

实习作业法优点在于对贯彻理论联系实际的教学原则、促进教学与生产劳动相结合、培养学生的劳动观点和劳动技能，都具有重要作用。它的不足在于需要多方面的支持，协调各方关系，对学生实习过程指导与管理很难到位等。

（四）引导探究为主的教学方法

引导探究为主的教学方法，是指学生在教师的组织、引导下，通过独立的探索和研究，创造性地解决问题，从而获得知识和发展能力的方法。发现教学、探究教学和问题教学都属于以引导探究为主的教学方法。

引导探究为主的教学方法的基本步骤和过程如下。第一，创设问题情境，向学生提出要解决或研究的课题。第二，学生利用有关材料，对提出的问题作出各种可能的假设和回答。第三，从理论上或实践上检验假设，学生如果有不同观点，可以展开争辩。第四，对结论作出补充、修改和总结。

引导探究为主的教学方法的基本要求有如下几点。第一，正确选择探究课题。问题应有一定的难度和研究价值，需要学生运用已学的多方面的知识，提出假设，并经过多次尝试才能解决。第二，创设进行探究的良好情境。在探究过程中，教师除了在活动场所、教学仪器和设备、图书资料、教学时间等方面给学生创造良好的条件外，还需要通过师生的共同努力，创设一种互尊互爱、好学深思、奋发向上的环境和氛围。第三，鼓励学生独立思考和自主探究。在探究活动中，应以学生为主，放手让学生独立思考和自主探究，并在这个过程中得到锻炼提高。教师不可越俎代庖，必要时才给予学生适当的启发和引导。第四，循序渐进，因材施教。一般要从半独立探究逐步过渡到独立探究，从对单一问题的探究到复杂问题的探究，从参与局部的探究过渡到全过程的探究。

引导探究为主的教学方法的优点是学生在教师的指导下完成比较复杂的课题或独立作业，可以激发学生的学习兴趣，逐步掌握探究问题的方法，发展他们分析问题和解决问题的能力，培养他们的创造性思维品质和积极进取的精神。它的缺点是花费时间较多，不经济，而且需要学生具有相当的知识经验和一定的思维发展水平；同时，还需要有逻辑较为严密的教材和素质较高的教师。

二 教学方法的恰当选择

赞科夫说："那些坚持不懈和深入钻研地分析自己的工作的教师们，介绍他们改善教学实践的途径时，其中一条就是，挑选能够带来最高效果的教育方法和方式起着巨大的作用。"[1] 那么，怎样来挑选能够带来最高效果的教育方法呢？现代教学提倡以系统的观点为指导来选择和运用合适的教学方法。一般说来，教学方法的选择

---

[1] （苏）赞科夫.和教师的谈话[M].杜殿坤，译.北京：教育科学出版社，1980：235-236.

和运用主要依据以下几个方面。

（一）教学目标决定教学方法

　　教学目标的达成需要一定的教学方法来支持。教学目标不同，所需要的教学方法也不一样。在一定程度上，教学目标决定教学方法。比如，教学目标是向学生传授知识，那么就可以运用讲授法；教学目标是为了训练学生的技能，那就不能只运用讲授法，还必须使用练习法。所以，要根据教学目标来选择相应的教学方法。

（二）教学内容决定教学方法

　　本门学科的具体教学内容决定教学方法。比如，绘画欣赏类的教学，一定需要学生运用视觉的观察来学习，因此需要通过演示绘画作品的方法来教学。技能性的内容，则需要反复地操作才能学会，因此需要通过练习法、实验法、实验作业法等方法来达成。

（三）教学条件决定教学方法

　　学校与地方可能提供的条件，包括社会条件、自然环境、物质设备等决定教学方法。比如，教师想让学生通过实验法进行学习，可是学校能够提供的实验设备非常少，不能满足教学的需要，这就很难使用实验法，可能要由学生实验改变为教师演示给学生看了。

（四）教师素养决定教学方法

　　教师本身的素养，包括业务水平、实际经验、个性特点等决定教学方法。例如，对于口语表达不好的教师，就不宜采用朗诵法向学生展示，而口语表达好的教师则可多采用这种方法向学生示范。

（五）学生水平决定教学方法

　　学生的实际情况和可接受水平，包括生理、心理和认知等方面决定教学方法。例如，对小学低年级的学生要更多使用形象化、活动化的教学，因此就不能一直使用讲授法。高年级的学生思维水平和认知能力有较好的发展，则可以采用讨论法等。

（六）教学时限决定教学方法

教学的时限，包括规定的课时与可利用的时间等决定教学方法。如果教学时间很短，教学内容很大，那么就只能采用讲授法。如果教学时间比较充裕，那么就可以组织学生讨论、练习或实验等。

当然，教学方法并不是完全被动地适应上述各方面。各种教学方法具有自己的功能、适用范围和使用条件，只有满足教学方法的适用性才能达到最佳的教学效果。因此，选择教学方法时，还要考虑教学方法本身的适用性。

不当的教学方法，不仅达不成教学目标，而且会给教学造成不良的影响。

> **案例7-29**　　　　　　　　**不当教法危害大**[①]

在三角函数一章的教学中，诸多三角函数公式关系复杂，变形应用灵活，如何记忆、理解公式，掌握公式之间的相互转化以及在实践中灵活应用等，成为学生学习的普遍难点。例如，诱导公式中正负号的确定、由两角和公式到倍角公式的推导、半角公式的产生等，往往令学生在学习过程中感到畏惧。

为了在短时间内取得显著的教学效果，有些教师采用的做法是首先要求学生强行记忆三角相关公式，然后辅以大量重复的练习加深学生对于公式的记忆。这种方法确实能在短时间内达到初步的教学效果，应付作业或是考试绰绰有余。

但是该方法存在的明显缺点是学生对于公式的本质并未展开实质性的探究，对于相关公式之间的联系并未展开深入分析，无法深入理解公式的内涵，对知识的深入理解和掌握形成了障碍。这直接导致学生对于公式的记忆是短暂的，对于公式的理解是不全面的，对于公式的运用是毫无方向的，对于公式之间的相互关联是毫无概念的……一段时间之后，学生对于强行记忆的三角公式遗忘速度较快，对于三角比相关知识点的学习仍未构建起必要的知识体系，对于三角比相关知识点的关联仍处于混沌状态，最终导致学生对于数学的学习始终抱以畏惧的心理。

由上述案例可以看到，不当的教学方法虽然能够取得一时之效，却不能解决根

[①] 陈洁.学习主动性是首要因素［J］.浦东教育研究，2014（4）.

本问题，会给学生带来严重的危害。教师一定要谨慎地选择和使用教学方法，让教学方法成为教学的助手，推动学生更好地学习。

第四节 用好教学工具

常言道："工欲善其事，必先利其器""磨镰不误砍柴工"。良好的工具可以事半功倍。教学也是如此，恰当地运用教学工具，可以更便捷地实施教学，从而达到良好的教学效果。因此，要用好教学工具。

 教学工具的选择运用

教学工具，是教学过程中教师和学生运用的工具，包括教具和学具两种类型。教具是指教师在教学过程中使用的工具，如实验试管、挂图、标本等。学具是指学生在学习过程中使用的工具，如圆规、直尺、三角尺、量角器等。

（一）教学工具的选择

教学工具具有一定的适用范围，只有在其适用范围内使用才能达到最佳使用效果。教学工具的使用受到其他因素的制约，只有满足这些条件才能更好地使用教学工具。教学工具的选择由以下几个方面所决定。

1. 教学目标决定教学工具

虽然，同一目标可以使用不同的工具来达成，但目标的类型不同，所需要的工具类型也不同。从这个意义上来说，教学目标对教学工具的选择和使用具有一定的决定性作用。比如，要培养学生的技能，那就需要一定的能够完成这种技能的工具来支持；要培养学生的游泳能力，就需要有游泳的场地来支持；要培养学生的绘画能力，就需要绘画的工具来支持；要培养学生的音乐欣赏能力，就需要有音乐设备来支持等。

2. 教学内容决定教学工具

教学内容的传授要有相应的教学工具的支持。不同类型的教学内容，需要不同的教学工具的支持。只有教学工具与教学内容相匹配才能达到最佳的教学效果。比如，视觉性学习内容需要实物、挂图、照片、影像等教具；听觉性学习内容需要乐器、录音、CD、DVD等教具；动作性学习内容需要选择相关的实验设备和仪器等教具。

3. 教学条件决定教学工具

地区和学校的教学条件对教学工具的影响也是十分明显的。有的地区和学校条件好，教学设施和仪器设计比较齐全，教师在使用时就比较方便，有很大的使用空间。而有的地区和学校教学条件差，教学工具配备不全，买不起高档的教具，那就只能不用，或者使用教师自制的简易教具了。

4. 教师素养决定教学工具

教师素养也在一定程度上决定着教学工具的使用。教师的素养好，会使用的教学工具多，那就可以选择多种教学工具进行教学。反之，教师素养不高，会使用的教学工具少，即便有教学工具也不能使用，那就很难发挥教学工具的作用了。再比如，教师朗读不好，那就请录音机来代替朗读，这也是教师素养决定教学工具。

除上述外，学生水平、教学时限等因素，也对教学工具的选择有一定的作用，此不多述。在教学工具的准备中有一个原则：学生能够准备的由学生准备，学生不能准备的由教师准备。

（二）教学工具的使用

教学工具的使用因人而异、因课而异。在使用时，要注意以下几个方面。

1. 教学工具为教学目标服务

教学工具是为教学目标的达成服务的。选择和使用教学工具时，要紧紧围绕教学目标的达成展开。与教学目标达成无关或不能有效达到教学目标的教学工具应避免使用。

2. 教学工具为教学内容服务

要选择和使用对教学内容来说具有典型性和代表性的教学工具来达成教学内容的教学。比如，画圆，可以徒手画，可以用圆规画，也可以用线固定一个点来画，还可以用固定的圆形物来画。虽然，它们都能够画出圆，但从画出圆的效果和学生需要掌握的技能的角度来说，圆规画圆可能更适用些。

3. 教学工具的使用适时适量

教学工具的使用要遵循适时适量的原则。适时，就是教学工具的使用时机恰当。在该使用的时候及时使用，不该使用的时候及时退出。适量，就是不要长时间使用教具，不要过量或不足量使用教具。

4. 防止教学工具分散注意力

教学工具的使用可能会导致学生注意力分散，学生会把注意力放在教学工具身上，而不是教学内容上。在使用教学工具时，尽量不要使用背景复杂、花里胡哨、形状怪异的工具，尽量提醒学生使用的要点和观察的要点，以避免教学工具分散学生的注意力。

现代教育技术的运用

信息技术的发展和计算机的普及应用给教育教学改革带来了历史性飞跃。以网络技术、多媒体技术为核心的信息技术正日益深刻地影响着我们的教学。《基础教育课程改革纲要（试行）》中提出："要大力推进信息技术在教学过程中的普遍应用，促进信息技术与学科课程的整合，逐步实现教学内容的呈现方式、学生的学习方式、教师的教学方式和师生互动方式的变革，充分发展信息技术的优势，为学生的学习和发展提供丰富多彩的教育环境和有力的学习工具。"随着中小学信息化教学环境的改善，信息技术在教学中的运用也越来越普遍和重要。

（一）信息技术运用的原则

教学中信息技术的运用要遵循以下原则。

1. 目标性原则

教学目标是教学的统帅。教学中应选择何种信息技术、何种教学媒体，如何运用，都要由教学目标来决定。不同信息技术、教学媒体对同一教学目标的实现有着不同的功效，应围绕教学目标选择合适的媒体与最佳组合方式。对教学媒体的运用不可图新鲜、赶时髦，要以实现教学目标、达到最优化的效果为标准。

2. 适用性原则

信息技术要服务于教学、应用于教学。应当依据课程教学特点，寻找信息技术与课程教学结合的最佳契合点。不同学科具有不同的培养目标、不同的学习内容，因而对信息技术的要求是不同的。要根据具体的教学要求选择合适的信息技术。教师选择或制作的教学课件既要美观更要实用。教学媒体所使用的形式要配合教学内容呈现。在教学过程中，要把信息技术、信息资源和教学内容、教学过程有机结合起来，有机统一在同一时空平台上，使之能够增加教学良性效应，提高学习效率，更好地完成教学任务。

3. 直观性原则

信息技术可以融文、图、形、声、乐等于一体，可为教学提供生动直观的形象。运用信息技术就是要让学生对教学内容用感官直接感受、直接观察。教学中运用信息技术是为了给学生提供可观、可听、可感的教学艺术形象，如视觉形象、听觉形象、视听形象等，使学生在直观感受中入境、入情，并理解、思考。例如，揭示"中国社会半殖民地化一步步加深的进程"，采用计算机技术，在空白的中国地图上，陆续加上《南京条约》《北京条约》《马关条约》的主要内容，可以看到割地的面积越来越大，赔款的数额越来越多，被迫开放的港口越来越多，并越来越深入到内陆。通过这样的直观视觉形象，学生自然很容易理解这一系列不平等条约所带来的严重后果。

4. 可控性原则

信息技术的使用是人的创造与机器功能结合的结果。在教学中使用信息技术一定要做到能够熟练操作和控制信息技术。可控性原则要求信息技术在教学使用中能够根据人的要求和旨意出现。对于自己掌握不熟练的信息技术不要轻易在教学中尝试。要在练习熟练之后再使用，以免在课堂教学中出现耽误教学时间或出现教学尴尬。信息技术的运用要具有一定的随意性和灵活性，以便可以适应教学中的进程与变化。

（二）信息资料的课堂呈现

信息资料的课堂呈现是指在课程教学过程中科学合理地把课件内容呈现给学生的过程。教师要注意选择恰当的课件呈现方式以争取达到最优化的呈现效果。

1. 分清呈现顺序

课件呈现要注意其呈现顺序。按照不同顺序对课程内容进行配置所呈现的效果是不一样的。按照循序渐进的顺序进行配置，就要由易到难地呈现，教学内容一次性出现即可；若按照螺旋式配置就需要教学内容不断重复呈现，不断深化对其认识。

2. 体现呈现层次

课件呈现不仅要注意呈现顺序还要注意呈现层次，即课件呈现要体现出相应的梯度。课件呈现最忌在同一水平层次上重复呈现。一般而言，呈现层次是由易到难，逐步递加的，当然也有深入而浅出的。不论怎样，要注意课件呈现的难易相间、错综变化，同时注意使之层次明显，易于理解和把握。

3. 选择呈现方式

教师要精心选择课件呈现的形式。常用的呈现形式有如下五种。一是全程播放，即从头到尾，按顺序完整播放。全程播放可给学生以完整的印象。二是分步播放，即强调某一阶段的内容或某种类型的范例，分时或分类播放。分步播放可以增强教学内容针对性。三是定格播放，即让图形、文字或动作范例等静止停留在屏幕上。定格播放可以给学生以更长的观察时间，使学生观察清楚。四是放大播放，即把需要呈现的对象放大。放大的对象可以是声音、图形或动作等，放大的方式有全部放大或局部放大两种。放大的目的是让学生看明白、听清楚，或引起学生的注意。五是重复播放，即多次重复播放各类范例。重复播放的目的是强化所学内容。

4. 把握呈现时机

呈现时机是就课件在课程教学过程中出场时间而言的。由于用途的不同，课件在教学过程中出场的时机是不同的。提前呈现与滞后呈现都可能会影响课件的使用效果。因此要把握课件呈现的时机，适时呈现。只有对课程教学进行充分把握，才可能在课程教学中适时呈现课件内容。此外，还应把握课件呈现的节奏，不宜太密或太疏，而应疏密相间。

（三）需要注意的问题

运用信息技术要注意以下问题。

1. 内容呈现速度太快

在运用信息技术呈现教学内容时，要确保呈现速度快慢适中。特别要注意不要呈现速度太快。学生阅读和理解信息需要时间，如果呈现的速度太快，学生来不及阅读或记录完毕，形成不了长时注意，会影响学习效果。

2. 一次呈现内容太多

信息技术呈现教学内容时有一个优势，即可以一次性呈现大量信息。虽然如此，在给学生呈现信息时，却是宜少不宜多。一次性呈现的内容太多，一是学生来不及阅读和理解，二是不容易抓住信息的重点要点，三是容易分散学生的注意力。

> **案例 7-30**　　　　　　　　**一次呈现太多内容**

有一个教师在教学时使用PPT。一会儿让同学们看PPT，一会儿又请同学们看同一张PPT，一共请同学们看了6次同一张PPT，观察PPT上面的六幅画。一张PPT上放6幅画，显然是呈现的内容太多了。

还有一个教师让学生阅读PPT上的文字，他所指的文字是一篇文章中划分出的一个大段落部分。这一部分有几百个字，如果放到一张PPT上，这些文字是非常小的，坐在后排的学生根本没法看到。这也属于一次性呈现太多内容。

由上不难看出，两位教师都在同一张PPT上放了太多的信息，是不合适的。要特别注意，不要在一张PPT上一次性呈现太多内容。

3. 讲授与呈现的脱节

一般而言，要先呈现信息再进行讲授，但信息呈现不能太早，如果没有讲授就呈现，已经呈现出来的信息会分散学生注意力。讲授与呈现要有机地结合在一起，防止讲呈脱节。如果先讲授了，而没有呈现信息，则讲授因缺乏了信息的支持无法达到良好的效果。如果信息已经呈现出来很久了，而没有讲授，则先呈现出来的信息会分散学生的注意力。因此，要注意信息呈现的时机，也要注意讲授与呈现的有机结合。

4. 背景华丽分散注意

信息技术为教学课件的制作提供了文字、图形、图画、声音、视频等多种媒体和广阔空间。有的教师把教学课件制作得非常精美，五颜六色，各种插图插画添列其间，甚至配上优美的背景音乐，花尽了心思。殊不知，精美的课件可能会因为华丽的背景（色彩的、形状的、音乐的等）分散学生的注意力。课件的制作应简单明了，实用为好，不应追求华丽的背景，以避免分散学生注意力。

5. 不应当使用却使用

信息技术的使用确实可以使教学达到更好的效果。然而，并不是所有的教学都需要使用信息技术，要防止唯信息技术是尊的倾向，不要以为使用了信息技术的课就是好课，就是教师的教学理念先进、教学水平高超，不使用信息技术的课就不是好课。不该使用信息技术时却使用了，这也是对信息技术的误用。

案例 7-31　　**通过什么来体会《春》的魅力**[①]

多媒体教学传递信息具有很强的真实感和表现力，它可以通过各种手段与特技进行艺术加工，用生动的画面形象直观地再现抽象的语言文字所承载的内容，刺激学生的感官，为学生学习语文创造真实的语言意境。几张精致的幻灯片、一段标准的课文朗读、一段原版的影视片段、一节精彩的教学录像，都可以将某一场景中的语言与非语言的因素展示无余，能做到寓教于乐，使学生有身临其境之感，并大受裨益，同时也能激发学生学习语文的兴趣。如教《春》时，可先让学生凝神听一遍配有古筝的课文录音，再放一段春意盎然的录像：那含翠的青山、如茵的绿草、荡漾的碧波、烂漫的春花，莺歌燕舞，再加上优美的旋律，处处透露着春的信息。即使学习基础差的学生也能从中感受到春意绵绵，领悟力强的学生则能心领神会，如入无我之境。学生在此基础上了解课文内容，背诵课文就轻松自如了。多媒体朗读音调准确、感情充沛，优于教师的朗读，学生对照朗读能纠正自己的语音、语调，还能带着遐想去体会作者笔下的春天，使他们在轻松的氛围中学习，有感情地朗读能力也不断提高。这样就做到了图、文、音三者兼备，不仅能使学生精力集中、兴趣盎然，而且还能陶冶学生的情操，更好地达到教学目的。

案例中运用多媒体合适吗？学生虽然感受了春意绵绵，但注意，这不是来自对课文本身语言文字的品味，而是来自配有古筝的课文录音和春意盎然的录像，可以说这是录音和录像的功劳，而不是课文语言文字的功劳。用录音当然可以，但需要不需要配古筝则值得考虑。语文教学是要通过对语言文字的咀嚼、品味来达到对意境美的赏析的。所以，这里使用多媒体反而是破坏了语言的魅力。

第五节　写好教学板书

在教学设计部分，我们谈到了教学板书的设计，那只是完成了教案上的教学板

[①] 涂陆秀.多媒体奇葩为语文教学增光添彩［J］.教育艺术，2013（03）：37.

书的样式。在教学实施部分，则需要把已经设计好或临时设计的板书内容逐渐呈现在黑板上，完成教学板书的过程。教学板书主要是把设计好的板书逐渐呈现在黑板上的行为过程。

 板书的基本原则

在教学板书时，要遵循几条基本原则。

（一）先说后板

从说板的关系来看，要遵循先说后板的原则。先说后板，就是先把要板书内容说出来，然后再转身去板书。为什么先说后板呢？如果先板后说，那么在老师板书的这段时间里，学生的头脑里是空着的，如果头脑里空着，他们就可以想其他的东西，可以走神。如果先说了要板书的内容，那么在教师板书时，学生就可以在头脑里思考教师板书的内容，或者搜寻与之相关的信息，从而加深对这一内容的理解。为了充分利用教学时间，提高教学效果，板书时要遵循先说后板的原则。

（二）话落转身

从板书表达效果来说，要遵循话落转身的原则。话落转身，就是说出的要板书内容的最后一个字的话音清晰地落到学生耳朵里之后再转身板书。有的人话还没有说完，就急着转身去板书，结果他说的话是"扫了半圈"出去的。这其实是板书的一个细节，但很多教师会出现这样的问题。这既影响表达的效果，也显得教师不够沉稳。一定要等话音落定，然后再从容转身板书。

（三）适时板书

从板书的时机角度来说，要遵循适时板书的原则。适时板书，就是既不要还没有说就太早地板书，也不要等已经说过好久了才想起来板书。适时板书才能达到理想的板书效果。

（四）后排看清

从板书后的效果来看，要遵循后排看清的原则。后排看清，就是板书完成后，即便坐在最后一排的学生也能够清晰地看到板书的内容。这就要求教师在板书时，字不能太细、太小，要保持适当的大小，以便使坐在最后一排的学生也能够看清楚。为了能够达到这种效果，教师应该自己走到最后排去看一下板书完成后的效果，以便清楚写多大的字才能保证后排的学生看清楚。

案例7-32　　孙双金的板书[①]

孙双金老师在从教初期，参加江苏省首届青年教师基本功大赛，执教课文是著名作家严文井的童话《小溪流的歌》。面对斯霞、李吉林、袁浩、顾美云等一大批全国知名的特级教师评委，他沉着地走上讲台，先转身在黑板上写下一行清秀的大字"小溪流的歌"，反身问："同学们，小溪流是什么呀？你看到过吗？"根据同学们的回答，他用黄笔在黑板上画了几座山峰，然后用蓝笔画了一条清澈的小溪流。随着教学的进程，黑板上依次出现了枯树桩、小村庄和小河、海洋。学完课文，黑板上出现了一幅美丽的小溪流从小到大的彩色图画及相关文字。他的课毫无争议地获得了一等奖。

通过简短的介绍可以看到，孙老师的板书与板画是随着课文内容逐一呈现出来的。他的板书体现出如下特点：一是板书的顺序性。他是按照课文中相关事情的顺序，逐渐呈现的。二是板书的时效性。他根据需要及时呈现板书的内容。三是板书的审美性。他的板画运用了不同的彩色笔，取得了良好的审美效果。四是板书的整体性。它的板书与板画是一体的，具有整体的美感。由此可见，孙老师的板书是富有特色的，是成功的。孙老师这次教学的成功，当然有很多原因，出色的板画与板书是其中一个很重要的因素。可见，教师拥有出色的板画与板书技能，就能够为课堂教学增加光彩。

二 板书的呈现方式

板书时有一定的呈现方式。除非有专门意图的教学设计，一般而言板书的呈现

[①] 孙双金. 我的梦我的追求［J］. 江苏教育，2006（02）：64.

方式是先上后下、自左到右、中间开花。

（一）先上后下

板书时先上后下，就是先从黑板的上方写起，依次向下写。从上方写起时，要留"天头"，即不能直接从最上边顶沿写起，要离顶沿几厘米的距离。写到最下方时，要留"地脚"，即不能写到黑板最底部的底沿。留"天头""地脚"，才不至给人留下写得太"满"太"堵"的感觉。此外，留"地脚"，也可以防止因写得太靠下，而导致坐在后排的学生看不清。

（二）自左至右

板书时自左至右，就是先从黑板的左边写起，然后依次向右边写。如果把黑板分为左右两区，也是先写完左区的内容，再写右区的内容。如果要板书的内容比较多，右区的内容板书完毕，还需要继续板书，则可以擦除左区的内容继续板书。当然，板书以简洁明了为好，能够用一张黑板完整呈现板书内容最好。

（三）中间开花

中间开花就是主要内容放黑板中间，次要内容放黑板的两边。这种板书特别适合于把黑板分为主副板书的情况。最主要的内容要写在黑板中间的主板书区，比如，课题的名称、作者、主要的板书设计等；次要的内容板书在黑板的两边。这样可以做到主次分明、重点突出。

三 板书存在的问题

在教学板书时，有一些常见的问题。在教学实施时，要注意这些问题，并避免它们的出现。

（一）边说边板

边说边板，就是一边说教学内容，一边对着黑板板书。边说边板会产生一些不良影响。一是学生听到的内容与教师说的同步，缺乏思考的时间；二是教师的身体会挡住板书的内容，学生看不到；三是对着黑板边说边板，会影响声音的传播效果。

边说边板时，声音是对着黑板的，不能有效地传播到整间教室里，坐在后排的学生可能听不清教师说的话。

有的人说："我这不是为了节约时间吗？不然我讲不完。"节约时间当然是要的，但我们更要教学效果，不要忘记"欲速则不达"的道理。能不能讲完，不在节约板书的这一点时间上，而在如何合理把握教学内容、把握教学节奏上。教学板书时，不要边说边板。

（二）说板不一

说板不一，就是说的与写的内容不一致。比如，教师口头说的是"线路图"，实际上写的是"路线图"。说板不一，会造成学生认知上的冲突，甚至会出现原则性的错误。板书时要做到"说板一致"。

（三）边板边擦

边板边擦，是指板书后不久就很快擦除了，然后再板书、再擦除的行为。边板边擦，使板书内容在黑板上停留的时间太短，不利于学生形成长时注意，也不利于学生对板书内容形成系统化的整体认识。要对板书内容进行整体设计，让板书在黑板上较长时间地停留。即便需要擦除，也应该让它停留上一段时间再擦。

（四）手擦黑板

手擦黑板，就是用手把黑板上板书的内容擦除掉的行为。这种行为特别容易出现在板书出现小的错误时，有人不使用黑板擦，直接就用手把错误的内容擦除了。这是不注意教学卫生的表现，是一种不好的行为或习惯，应该给予摒弃。

（五）布局混乱

布局混乱，是指板书缺乏条理和层次，呈现出来的整体效果混乱。布局混乱与原来的板书设计不合理有关，也与临时板书时缺乏对黑板的正确估量有关，导致有些内容不能摆放在合理的位置。比如，上紧下松、上松下紧、前紧后松、前松后紧、局促一隅等情况的出现，都与板书时对黑板使用估量不准有关。既要合理地设计板书，也要在板书时准确地估量黑板的面积，合理地分配板书内容。

(六) 书法太差

书法太差指板书潦草。教师需要好好练习书法，如果有条件要好好练习粉笔字。因为粉笔字与其他笔写还是有些区别的。

(七) 站位偏好

站位偏好是指板书时喜欢站在黑板的一隅，比如左边或右边。站位偏好会使学生的注意力偏向一边，不利于学生接受信息，也会潜移默化地影响学生的学习。

在使用已有板书内容进行讲解时，也有人喜欢站在某一边讲解。教学中，应该遵循"站中原则"。板书讲解时，也要遵循这一原则。如果讲解左边的内容，不要站到左边黑板以外，要站在板书内容的右边讲解。如果讲解右边的内容，不要站到右边黑板以外，要站在板书内容的左边讲解。这样就可以使自己始终处在黑板的中间位置。

(八) 板书匮乏

板书匮乏有两种情况。一种是没有板书，就是不在黑板上写任何东西，黑板没有利用，黑板上是空的。另一种情况是只在黑板上写极少的内容，例如，只写标题或加上作者，不再写其他内容。板书匮乏，说明教师没有对板书进行精心设计，没有充分发挥黑板的教学作用。这种情况是不应该出现的。要重视板书设计和板书行为，以使良好的教学板书为整个教学实施增光添彩。

本章小结

在教学过程中，要条理清晰地呈现合理的教学结构，同时较好地控制教学节奏。比较稳定的教学结构包括五个环节：导入新课——讲授新课——巩固练习——结束新课——布置作业。要根据教学内容、学生认知规律、注意规律、教学语言、教学板书、学生反应、环境变化等把握和调整教学节奏。

准确地讲授知识，可采用如下方法：准确地把握知识、介绍知识的背景、用专业术语讲解、清楚地界定概念、讲清知识的异名、辨析相近的知识、构建知识的网络、慎用修辞讲知识、注意适当的板书、训练中检验知识。

中小学常用的教学方法分为以语言传递信息为主的教学方法、以直接感知为主的教学方法、以实际训练为主的教学方法和以引导探究为主的教学方法。教学目标、教学内容、教学条件、教师素养、学生水平、教学时限等决定教学方法的选择与使用。

教学目标、教学内容、教学条件、教师素养、学生水平、教学时限等因素，对教学工具的选择有一定的作用。教学工具准备中有一个原则：学生能够准备的由学生准备，学生不能准备的由教师准备。教学工具的使用要注意，教学工具为教学目标、教学内容服务，教学工具的使用适时适量，防止教学工具分散学生注意力。同时，教师要掌握信息技术在教学中的运用。

在教学板书时，要遵循先说后板、话落转身、适时板书、后排看清的原则。板书的呈现方式是先上后下、自左到右、中间开花。要防止边说边板、说板不一、边板边擦、手擦黑板、布局混乱、书法太差、站位偏好、板书匮乏等情况。

拓展阅读

1. 郑金洲.教学方法应用指导［M］.上海：华东师范大学出版社，2006.
2. 李冲锋.教学技能应用指导［M］.上海：华东师范大学出版社，2007.
3. 李冲锋.中小学课堂教学的30个失误［M］.北京：中国轻工业出版社，2013.
4. 墨耕.经典教学方法荟萃［M］.福州：福建教育出版社，2009.
5. 余文森，林高明.经典教学法50例［M］.福州：福建教育出版社，2010.
6. 崔允漷.有效教学［M］.上海：华东师范大学出版社，2009.
7. （苏）巴班斯基.中学教学方法的选择［M］.张定璋，高文，译.北京：教育科学出版社，2001.

同步训练

1. 有道是"此时无声胜有声"。请谈一下"留白"在课堂教学节奏把握中的运用。
2. 阅读下面案例，回答问题。

案例7-33　　概念的讲授

一个物理教师向学生解释"电"这一概念时，不是说"有电荷存在和电荷变化的现象"，而是说"摸起来麻手，甚至要打死人的东西"。一个数学教师解释"数"这一概念时，不是说"数学上最基本的概念之一""表示事物的基本数学概念"，而是把"1，2，3，4，5，6……"自然数说成是数。再如，文科中教师望文生义地说"语法就是语言的法则""法人就是负有法律责任的人"等。

请评价案例中知识的讲授，并回答如何才能准确地讲授知识？

3. 请问下面的教师采用了何种教学方法，使用这种教学方法合适吗？

案例 7-34　　《珍爱生命遵守规则》的教学[①]

在教学《珍爱生命遵守规则》中，为了让学生了解所居住的环境的交通情况及人们的交通意识和遵守情况，我带领学生来到公路边进行实地勘察，让他们记录人们一定时间内违反规则的次数，并进行归因。我还带他们到交通主管部门与交警面对面交流，更深层次了解当地人们违反交通规则的种类及原因，与交警共同研究解决的办法。

4. 阅读下面的案例，回答问题。

案例 7-35　　长方形纸条的运用

一位教师在讲"分数的基本性质"时，是这样进行对照比较的。先让学生拿出三张同样大小的长方形纸条，动手折、剪，分别取出各自的 3/4、6/8、9/12，然后把剪取的部分重叠起来。这时，学生意外地发现它们相等。

接着，教师又请大家拿出已剪好的三个等圆，分别剪取出各圆的 1/2、4/8、6/12，再将它们重叠起来，也发现它们是相等的。

然后，又启发学生在三个大小一样的正方形内分别画出 1/3、3/9、4/12，发现它们仍然是相等的。

经过这样一个"折、剪、叠、画"的过程后，教师告诉大家：通过实际操作，我们发现了尽管每组分数的分子、分母各不相同，但它们表示的大小相等。教师又让学生再一次观察三组折叠的图形的阴影，认真比较后，问道："上面每组的三个

---

① 张秀丽. 让《品德与生活》课程回归生活 [J]. 教育艺术，2013（02）：64.

分数为什么相等？有什么规律？"学生对每组分数及相应的图形仔细观察、认真对照、精确比较后，终于提出了同一组分数相等的原因，最后教师总结并板书分数的基本性质："分数的分子和分母都同时乘以或除以相同的数（零除外），分数的大小不变。"

请从教学工具使用的角度评析本案例。

5. 教学板书时应注意什么问题？

参考答案

1. 教学中的停顿就类似绘画着墨时的留白。语言的无声部分，言语虽然停顿，余韵却正浓，可以达到"此时无声胜有声"的效果。它使听者有回味的余地，在美妙的回味中感受上一句的意境，包括情感信息的感染。同时，让听者急切地想去追寻下一句言语的去向，沉浸在连绵不断、回味无穷的意境当中。教学节奏的留白，可以通过讲解中的停顿、教学板书、让学生思考等方式来实现。

2. 这些说法都是不准确的，甚至是错误的解释。如果把这样的知识教给学生将贻害无穷。因此，要掌握准确讲授知识的方法（参考本章第二节相关内容）。

3. 本节课的教学采用了参观法。参观法的使用打破课堂和教科书的束缚，使教学与实际生活密切地联系起来，使学生在接触社会中受到教育。教学内容决定教学方法，教学条件决定教学方法。本节课的内容与交通规则有关，而居住环境中到处涉及交通规则，教师让学生走出教室，利用环境，学习规则，使用这一方法是合适的。但这一方法的运用比较费时费力，不能运用得太多。

4. 教学工具准备的一个原则是，学生能够准备的教师不准备，学生不能准备的由教师准备。三张同样大小的长方形纸条是学生能够准备的，因此由学生准备。教学过程中，教师让学生运用长方形纸条"折、剪、叠、画"，在此基础上观察思考，达到了良好的学习效果。这一教学工具的使用是恰当而合理的。

5. 略。（参考本章第五节"板书存在的问题"部分）

自我检测

学习过本章内容，请对照反思。

项目	能	否	改进措施 （如否，请写要点）
1. 我能否把握教学基本结构			
2. 我能否很好地把握教学节奏			
3. 我能否准确把握教学内容			
4. 我能否清楚地界定概念			
5. 我能否帮助学生构建知识网络			
6. 我能否恰当选用教学方法			
7. 我能否恰当选用教学工具			
8. 我能否恰当运用现代教育技术			
9. 我能否做到不边说边板			
10. 我能否很好地完成教学任务			

学习心得

学习完"教学实施"这一章，你有怎样的心得收获，请写出几条。

_____

_____

_____

_____

_____

实践转化

你准备在实践中怎样落实、转化"教学实施"这章所学内容,请写下要点。

_____

_____

_____

_____

_____

第八章　教学评价

教师的工作有这样一个特点，就是他要经常地评价自己学生的工作。①

——（苏）苏霍姆林斯

反馈对学生学习和学生成就有着最为重要的影响，但这种影响积极与消极共存。②

——（新西兰）哈蒂&蒂姆伯雷

---

① 苏霍姆林斯基著，王家驹等，译. 全面发展的人的培养问题［M］//蔡汀，王义高，祖晶. 苏霍姆林斯基选集（五卷本）第1卷. 北京：教育科学出版社，2001：108.
② Hattie, J., Timperler, H. The power of feedback[J]. Review of Educational Reseach, 77(1): 81-112.

学习目标

1. 能对学生进行过程性评价。
2. 能客观地评价教学效果。

对教学情况作出评价，古已有之。在我国西周时期就初步建立了教学考评制度。《学记》云："一年视离经辨志，三年视敬业乐群，五年视博习亲师，七年视论学取友，谓之'小成'。九年知类通达，强立而不反，谓之'大成'。"[1]国外不少教育评价学者认为，教育测量和评价最早起源于中国古代的科举制度。系统的教育测量与评价的理论与方法却产生于20世纪40年代的美国。以现代教育教学理念的价值标准为依据的教学评价已经成为教育教学领域不可或缺的重要内容。教学评价是一种科学，也是一种艺术。教学评价技能是教师教学工作的基本技能。掌握这一技能对推动教学工作、提高教学效果、促进学生发展等都有着十分重要的意义。

案例展示

案例8-1　　　　　对学生回答"诚然"的评价[2]

教师在讲解"诚然"这个词语时，首先请学生作解释。一个学生解释道："'诚然'，意思是诚实的样子。"他这个解释是错误的，然而教师并没有动声色，只是语气亲切地说："你为什么这样解释，给大家说说行吗？"那个学生回答说："可以，您给我们讲过，遇到一个词不会解释，可以分析词素。这个词我就分析词素了。诚，是诚实的意思；然，当样子讲。"教师听了以后当即表扬说："很好！老师教给你的方法，你注意运用于实际，值得表扬！"接着教师又问那个学生："你把'诚'解释

---

[1] 胡平生，张萌. 礼记（下）[M]. 北京：中华书局，2017：698.
[2] 宁鸿彬. 语文教学的思考与实践[M]. 北京：教育科学出版社，1998：36-37.

为'诚实',我明白。你把'然'解释为'样子'有什么根据呀?"学生回答说:"去年您给我们讲过一篇文言文,叫《黔之驴》。那课文中有这么一句——'慭慭然,莫相知'。您说'慭慭然'就是小心谨慎的样子,还特别强调'然'是词尾,当'样子'讲。"老师听了后又表扬了那个学生说:"好!老师教给你的知识,你牢记不忘,值得表扬。"此后,教师告诉这个学生他没有解释对,学生高高兴兴地就坐下了。

为什么学生两次都回答错了,还高高兴兴地坐下了呢?因为教师耐心倾听了他的回答并妥善处理了他的错误回答,表扬了他在回答过程中表现出来的值得表扬的地方。面对学生的错误答案,教师没有让学生坐下了事,而是继续耐心倾听他的理解。正是教师在充满期待的倾听中发现了学生的优点,并给予了恰当的评价,使学生虽然回答错了,但心情很好,保持了继续学习的热情。可见,教师掌握教学评价技能对激发学生的学习积极性是十分有利的。

第一节 学生评价

学生评价是指教师根据一定的标准,对学生的学习行为与学习效果作出客观的衡量和价值判断的过程。

这一界定包含了这样几个要点。第一,学生评价的主体是教师。第二,学生评价是基于一定的判断标准的。第三,学生评价的对象是学生的学习行为与学习结果两方面。第四,学生评价还包括对学生所期望行为的价值判断。价值判断是教学评价的基础。不同的教育价值观就会有不同的教学评价标准,从而作出不同的价值判断。

学生评价有不同的类型与内容,本节主要以课堂教学评价为主介绍学生评价的知识与技能。

一 学生评价的原则

课堂中对学生的学习行为表现进行评价要遵循以下原则。

（一）基于学生表现

评价要基于学生实际表现。这里的实际表现是指学生在具体行为上的表现或当堂课的整体表现。基于学生的表现，就要求评价要具有客观性，不能无中生有地凭空评价。基于学生的实际表现，也不能把学生已有的历史表现纳入评价中，即不能基于学生已有的表现来评价当下的表现。可能会出现这种情况，学生一直表现很好或很差，即使本堂课中的本次表现与以往不同，教师还是根据他以往的表现进行评价，这样的评价就有失客观。

> **案例8-2**　　　　　　　　**"差生"的成绩**
>
> 我是差生行列中的一员，我也曾努力过，刻苦过，但最后却被一盆盆冷水浇得心灰意冷。就拿一次英语考试来说吧，我学英语觉得比上青天还难，每次考试不是个位数就是十几分。一次教师骂我是蠢猪，我一生气下决心下次一定要考好。于是，我加倍努力，真的拿了个英语第一名。心想这次老师一定会表扬我了吧！可是出乎我意料，老师一进教室就当着全班同学的面问我："你这次考得这么好，不是抄来的吧？"听了这话，我一下子从头凉到脚，难道我们差生就一辈子都翻不了身了吗？

案例中，教师对学生发奋努力后而考出好成绩的表现，不仅没有采取发展的眼光看学生，没有鼓励他，反而基于他以前的表现来质疑新取得的成绩。这样的评价没有基于学生的现有表现，不仅不客观公允，而且给学生以沉重的打击，所以无法收到良好的评价效果。

（二）描述性的反馈

现行的评价存在重判断轻描述的问题。简单的结果式评价固然可以给学生的课堂表现或学习结果作出判断，但学生只知是什么，而不知为什么以及怎样改善。评价时要基于学生的当前表现，对其行为作描述性反馈。描述性反馈，是指在课堂教学过程中，教师针对学生的课堂表现，清晰而具体地指出事实表现和可以改进的地方，帮助学生修正或发展自我认知。[①]描述性反馈能够让学生明白自己当前表现，

---

① 高超.试论教师运用课堂评价语言的问题及其影响——以小学语文为例［J］.当代教育科学，2014（02）：58-61.

帮助学生明晰下一步做什么以及怎么做。这就要求评价语言要有针对性，教师要基于不同学生的不同表现，恰当地指出问题所在。评价语言要具体化，教师清晰而具体地告知学生如何改进、修正，进而帮助学生完善自我。

（三）激励学生为主

评价是一把双刃剑，既可以起到激励学生的作用，也可以起到挫伤、打击学生的作用。教师对学生的评价要以激励学生为主，不能通过评价伤害学生的自尊心、积极性等。哈蒂和蒂姆伯雷认为："反馈对学生学习和学生成就有着最为重要的影响，但这种影响积极与消极共存。"① 既然给予学生的评价反馈里积极影响与消极影响共存，那教师应该怎样做呢？苏霍姆林斯基认为："评价里饱含着刺激，应当使儿童在这种刺激的影响下确立一种要学好而不要学坏的意向。通过这种评价，不应当使儿童对于人们怎样看待他（是爱劳动的还是懒散的）抱着无所谓的态度。评价所起的这种微妙的影响只有在这样的条件下才能成为一种教育力量，那就是它一定要跟儿童内在的精神力量结合起来。评价是教师手里的一种教育工具，它应当激发儿童的学习愿望，帮助形成这种愿望，而不是对于不愿学习者的一种惩罚。"② 也就是说，教师要尽量消除评价给学生带来的消极影响，而促使其产生积极影响。

案例 8-3　　价值不在问题上，而在勇气上③

一位教师上语文课时，经常让学生质疑，并要求他们尽量提一些有价值的问题。经过长期的训练，大多数学生都能做得很好。前几天，上了一节公开课。课后，按惯例教师和学生进行总结，开诚布公地谈这节课的得与失。这时一位学生站起来尖锐地说："我认为韩昊同学的问题没有一点价值。"下面杂音顿起。教师想起来，这个平时很少举手发言的内向男孩，确实在这节公开课上举手提了个问题。他看了看韩昊，这位学生已经把头低得不能再低了。"我认为有价值。价值不在问题上，而在勇气上。"教师斩钉截铁地说。教室里掌声骤起，韩昊的脸被热血涨得通红。

---

① Hattie, J., Timperler, H. The power of feedback[J]. Review of Educational Reseach, 77(1): 81-112.
② （苏）苏霍姆林斯基著，王家驹等，译.全面发展的人的培养问题［M］//蔡汀，王义高，祖晶.苏霍姆林斯基选集（五卷本）第1卷.北京：教育科学出版社，2001：108.
③ 于彦."价值不在问题，在于勇气"［J］.教育艺术，2013（07）：25.

案例中，面对很少举手发言的学生的回答受到同学的质疑，教师另辟蹊径，不就回答本身作出评价，而对学生的勇敢表现作出评价，是对学生的一种鼓励。

二 学生评价的方式

从不同角度可以分出不同的评价方式。

（一）明示评价与暗示评价

明示评价指教师直截了当地对学生的学习作出评价。课堂教学过程中的评价大多是教师通过口语评价所进行的明示评价。

暗示评价是教师为了达到某种教学目的对学生实施的委婉的、需要学生思考领悟才能明白的评价。暗示评价有时效果比明示还要好，它可以起到启发学生思考，保护学生的自尊心，拉近师生之间的心理距离等作用。暗示评价可以用口语进行暗示，也可以用态势进行暗示。

案例8-4　　　　　　　教师的言语评价[①]

我在教《窗前的气球》时，当学生读到"戈里亚看到窗前气球"这一段时，读得不够好，我惋惜地说："通过你的朗读，我好像看到戈里亚的心情只好了那么一点点……"经过暗示，学生读到位了。我高兴地说："这回戈里亚的心情真的一下子好了许多！他被同学们对他的关心感动了！"在这一朗读指导过程中，教师评价犹如一面"镜子"，帮助同学不断认识自我、完善自我。这种评价伴随学生为实现学习目标而努力的全过程，从而促进学生阅读能力的提高。

教师可以恰当地运用肢体语言对学生的表现作出评价。教师的一个手势、一个眼神、一次点头、一个微笑、一次默许等，都能给学生以评价。教师可用某种动作，如鼓掌、点头、拍拍学生肩膀等；或用某种表情，如凝神、皱眉、沉默等，表示赞赏或不赞赏。肢体语言的暗示评价可以在学生活动进行中作出，帮助学生及时获得

---

① 吴春富.小学语文课堂教学评价策略初探［J］.教育实践与研究，2006（06）：27.

信息，做出调整。

（二）及时评价与延时评价

1. 及时评价

及时评价是教师在学生活动后立即对学生的学习表现作出判断的评价方法。当需要学生及时调整时，可以使用及时评价，及时地给予学生反馈，以使学生及时调整学习行为；当学生思考回答已经很成熟时，可以使用及时评价，以结束一个教学段落。可见，及时评价具有及时反馈和终结教学活动的作用。

2. 延时评价

延时评价是在学生活动后教师并不急于发表意见，而是引导学生进一步思考，等学生充分思考、充分发表意见之后再作出评价。在教学中，常会碰到从不同角度、不同侧面来说明问题、解决问题的情况，教师对前面同学的发言则可采用延时评价。若过早给予终结性评价会扼杀其他学生创意的火花。

案例8-5　　　　　　　　　　《小站》教学片段[1]

一次，有一位教师教学《小站》，要求学生回答"从哪里可以看出小站确实很小"的问题。很多学生举手想回答，其中一位学生首先获得了发言权，她说："一是这个小站只有慢车才停那两三分钟，快车从来不停；二是这个小站只有一间小屋，一排木栅栏，三五个乘客。"这位教师一听，答案非常正确，情不自禁地说："啊，答得真好，你真聪明！和老师想的居然一样。"教师原本以为这样一插，肯定会有更多的学生举手发言，哪知刚才举起的一只只小手一下子全不见了！这位老师不知道自己到底错在哪里……其实，道理很简单，教师在课堂上过早地对学生的答案作出了终结性评价，扼杀了学生创新与发展思维的火花。试想，这个学生的答案真的是"非常正确"吗？

请看另一位教师教学《小站》一文的片段，提的是同一个问题。

生1：我从"小站上两个工作人员正在商量着什么"这句话中看出小站的小。

师：噢，是吗？我想同学们一定跟老师一样，很想听听你是怎么想的？你能说

---

[1] 本书编委会.新课程教师课堂技能指导［M］.北京：中国轻工业出版社，2006：97-98.

说吗？（没有马上评价，只是引导发言者与其他同学一起进入更深层次的思考）

生1：如果这是一个大的车站的话，就不会只有两三个工作人员……

师：你能从工作人员的多少来推断车站的大小，这是个好办法，其他同学还有什么更好的办法吗？（没有评价答案的对与错，只是肯定了他的思考方法，更加激励了其他同学的积极性）

生2：我是从"蜜蜂嗡嗡地飞舞，使这个小站非常宁静"这句话看出这个小站小的。

师：啊，这也能看出？（教师意想不到，但并没有作出评价，而是让学生继续说）

生2：如果这是一个大站的话，人肯定很多，那声音也会更大一些，就不会听到蜜蜂的嗡嗡声。所以这里能看出这是个小站。

师：哈哈，你们真是越来越聪明了！还有吗？（对学生的创新思维给予鼓励，并不影响学生对问题的进一步探索）

生3：我从"也没有电铃"也可以知道……

师：这么多同学都说了自己的想法，有的甚至是老师都没有想到的，你们可真了不起。那么这些答案到底对不对呢？你们先讨论一下……

不难看出，正因为老师合理地运用了延迟性评价，从而给了学生一个自由思考的空间，让学生在和谐的气氛中驰骋想象，畅所欲言，相互启发，从而获得了更多、更美好的创新灵感，使个性思考得到充分的发展。

运用哪种评价方式要取决于具体的教学情境。案例中，第一个教师运用及时评价却遭遇失败，这并不能说明及时评价不好，而是说明他运用得不恰当。一是他回答得太快，自己也没有思考这样评价是否合适。这种"情不自禁""不加思考"的评价由于思考不周是很容易出现问题的。二是他回答得太满，没有给其他学生以思考的空间。他的满意度很高的评价或许对回答问题的学生是一种激励，但却暗示了其他同学：这个答案已经是我想要的了。这就在无形之中压抑了其他学生思考与回答的积极性。第二位教师根据教学需要，采用了延时评价，没有直截了当作出"是"与"否"、"对"与"错"的评判，也注意避免了评价语言暗示的消极作用，给学生留出了思考的空间，激发了学生的思维。但他也存在一些问题，就是一味地运用延时评价。当学生已经很充分地表明了各种理由之后，他可以作出或引导学生作出总结性评价了。但他却再次延时评价,让学生讨论,这就有些过了。

三 学生评价注意事项

学生评价要注意以下几个方面的问题。

(一)忌千篇一律

教学评价不能模糊笼统地一评到底,"千篇一律"。有些人不愿意动脑筋,对学生的评价虽然都是正面为主,但都是"你真棒""你真行""你真了不起""老师相信你"之类的腔调,对每个学生都说同样的话。在学生作业上都写上同样的话语。这样千篇一律的评价是不能起到激励效果的,反而会使学生感觉到教师的贫乏。教学评价是一件艺术,也是一件很有挑战性的工作,需要教师创造性地投入。只有教师创造性地进行评价才能尽显评价的个性,尽显评价的魅力。

案例8-6　　　　　　读得也不错

下面是《四季》一文的教学片段。

师:在这四个季节当中你最喜欢哪个季节呢?
生:我喜欢春天。
(然后读春天那部分)
师:嗯,她读得怎么样,读得很好。
生:我喜欢秋天。
师:那你读秋天那部分。
(生读)
师:读得也不错。
……

上述片段中,教师对于学生的回答给予了评价。从内容上来看,是直接针对学生的表现进行结果判断式评价。"读得很好""读得也不错",评价方式一样。尽管结果性评价能在一定程度上慰藉学生的心灵，但是从发展的角度来看，这种反馈语言笼统、含糊，不能给学生以指导。因为判断式评价语言只呈现了评价结果，忽视了评价过程中的事实、价值标准等关键因素，学生对于"不错在哪儿""为什么很好"以及"如何更好"等深层信息不得而知。简单的赞扬或告知对学生学习没有多少帮助，提供线索的反馈会更有效。重判断轻描述的评价语言，让学生只知其然而不知其所以然，学生经验水平仍然停留在原有基础上，阻碍了学生深层学习。

（二）忌讽刺挖苦

对学生的评价应以正面评价为主，慎用负面评价，更不能对于学生的错误讽刺挖苦。对学生进行讽刺挖苦会极大地伤害学生的情感，伤害学生的学习积极性。例如，有位化学教师让一位围着新奇围脖的学生到黑板上写制氧气的化学式。这个学生写不出来。教师对他说："围着个围脖倒怪洋气的，就是不会制氧气。"结果学生就脸红脖子粗地下去了。此后他就不喜欢上化学课了。评价时教师一定要谨慎，注意学生的心理感受与承受能力，不讽刺挖苦学生，以保护他们的自尊。

（三）忌敷衍了事

有些教师对教学评价不重视，评价时不认真，敷衍了事。这也是有害的教学评价。这主要表现为评价时缺乏耐心，不能耐心地倾听或审阅学生的回答，匆匆下个断语就想把学生打发过去。敷衍了事也表现为评价时不细致，对学生的回答不加分析、辨别，不加思考，或者匆匆瞄上几眼，草草给学生下个评语、打个分数就了事。这是教师偷懒的一种表现，也是教师不负责的表现。教师要本着对学生负责，对自己的教学工作负责的态度认真做好每一项评价。因为评价关乎着学生的发展，也关乎着教师自己的教学水平。

（四）忌偏袒不公

教学评价中如果教师掺入了私人感情，对一些自己喜欢或有这样那样关系的学生作出偏袒的评价，而冷落忽视其他的学生，就会导致评价的不客观、不公正，这会造成不良影响。在学生方面，会影响学生的情绪，影响学生的自我认知，影响学生的发展；在教师方面，会影响教师的威信，影响教师的形象。

第二节 教学评价

控制论的创始人维纳曾说过:"一个有效的行为必须通过某种反馈过程来取得信息,从而了解目的是否已经达到。"[①]拉尔夫·泰勒在《课程与教学的基本原理》中也谈到在提出教育目标后"我们如何才能确定这些教育目标正在得以实现"。[②]对教师来说,能够及时掌握教学的反馈信息,并对自己的教学作出恰当的评价是一件十分重要的事情。教学评价的主体可以是他人,也可以是教师自己。本节以教师作为教学评价的主体来展开探讨。

一 教学反思

教学反思,是教师以自己的教育教学实践为对象,对自己的所作所为、行为结果等进行再认识、再思考的过程与行为。教学反思是一种通过参与者自我觉察来促进自我提升的有效途径。

(一)教学反思的价值

教学反思具有重要的价值。

1. 提高课堂教学的效率

通过教学反思,教师可以发现教育教学过程中存在的问题,分析其产生的原因,探究改进的策略,进而在后续的实践中防止问题的再次产生,并提高行为的质量。由于避免了问题的产生,又提出了良好的策略,所以,可以使课堂教学更加有效。

2. 提升学生的学习质量

通过教学反思,教师改进了教学行为,避免了教学问题的产生,对学生的影响就是学生可以学习得更轻松、更准确、更有效。教学反思反映在学生学习上是学习

---

① 张海波. 高中物理复习课中的对话教学［J］. 浦东教育研究, 2014(4).
② (美)泰勒. 课程与教学的基本原理［M］. 罗康,张阅,译. 北京:中国轻工业出版社,2008:1.

质量的提升。

3. 促进教师的专业成长

教学反思是教师专业成长的有效途径。教学反思，能使年轻教师更容易找出自己在教育教学上存在的不足，以便改正，从而更快地成长起来。教学反思，能使富有经验的教师更好地总结提高教学经验，向更好的专业水平提升。

（二）教学反思的类型

从不同的角度，可以把教学反思分为不同的类型。

1. 课中反思与课后反思

从教学时间前后的角度，可把教学反思分为课中反思与课后反思。

课中反思，也可称之为即时反思、调控性反思，就是在课堂教学过程中，教师边教学边进行反思的反思。课中反思有助于教师及时发现教学过程中存在的问题，并及时对问题进行补救、纠正或调整教学方向。要重视课中反思，保持教学的警醒，以上出高质量的课，避免课后留遗憾。

课后反思，也可称之为延后反思，是在课堂教学结束之后，对自己的上课情况进行回顾与评价。课后反思由于反思时间相对较长，反思的内容可以较广，可以使教师比较全面、深刻地认识自己的教学，从而促进专业成长。课后反思是目前最为广泛的反思形式。

2. 纵向反思与横向反思

根据反思对象，可把教学反思分为纵向反思与横向反思。

纵向反思，就是把自己的教学实践放在历史过程中进行梳理和思考。比如，同一篇课文，可能三年前教过，现在又教，两次的教学情况放在一起进行反思，就是一种纵向反思。

横向反思，就是研究他人的同类同课的教学，在此基础上通过学习比较，对照自己的教学进行反思。比如，找出自己与他人在教学理念、教学方法、教学艺术上的差异，从而提升自己。

3. 理论反思与实践反思

根据教学理论的深浅程度，可把教学反思分为理论反思与实践反思。

理论反思，就是通过理论学习掌握相关理论并以此来审视、对照自己的教学实践，从而达到反思自我的目的。

实践反思，就是总结个人的教学经验的反思。

（三）教学反思的内容

教学反思的内容可谓非常广泛，只要与教学相关的方面都可以成为反思的内容。有人认为可以从以下几个方面入手：1. 你计划的这节课目标是什么？做到因材施教了吗？备到学生学情了吗？2. 你的本节课教学目标实现了没有？为什么？3. 这节课的重点你突出了吗？学生能掌握多少？4. 这节课的难点你体现了吗？学生对难点的掌握度是多少？5. 这节课你认为最成功的地方有哪些？6. 你的这节课还将在哪些地方改进？为什么？7. 你的这节课的课堂气氛如何？8. 学生在你这节课内的参与度够不够积极？9. 你的教学力度处理是否得当？10. 师生互动和沟通的程度如何？[①]美国的教学论专家克拉克在给新教师的建议中列举了如下反思的内容：1. 你认为这节课上得好吗？为什么好？或为什么不好？2. 这节课最成功的是哪种方法？3. 假如你重新上这节课的话，你会采用什么不同的做法？为什么？4. 你的教学计划适当吗？你将在哪些方面加以改进？5. 这一节课是否达到了主要的教学目的？6. 这节课的课堂气氛令人愉快吗？效果好吗？7. 这节课是否过分紧张或有行为不端的表现？如果有的话，你认为原因何在？8. 哪些学生表现得好？有没有不学习的学生？你认为该如何帮助他们？9. 启发学生动机的措施得当吗？学生是否有机会进行思考？10. 在根据学生不同能力、兴趣和需要，使他们各有所得的个别化教学方面，这节课做得怎么样？[②]

我们认为，教学反思应该有重点，而且根据不同的目的有不同的反思点。下面几个方面可以成为反思时首先考虑的点。

1. 反思教学目标

反思教学目标包括三个方面的内容。一是反思教学目标的设置是否合理：难易程度是否适中，是否准确反映了学科核心素养的要求，所涉及的学科核心素养的内容是否全面。二是反思教学目标的表述是否准确且简洁明了。三是反思教学目标是否达成：经过教学实施，教学目标在多大程度上达成了，如果没有达成，则需分析具体原因。

2. 反思教学内容

反思教学内容，一是反思教学内容是否正确，二是反思教学内容的量是否合适，

---

① 邓以兵. 年轻教师培养的有效途径[J]. 教育艺术，2013（10）：32+29.
② 刘良驹. 青年教师专业快速成长的三种策略[J]. 教育艺术，2013（05）：30-31.

三是反思教学内容落实的情况。

3. 反思教学方法

反思教学方法，一是反思教学方法的选择是否得当，是否考虑了决定教学方法的那些要素；二是反思教学方法的运用是否得当，在教学方法运用过程中存在什么样的问题，应该如何改进。

4. 反思教学流程

反思教学流程，一是反思教学流程的设计是否合理，二是反思教学流程在教学实施过程中的展开情况是否流畅，还存在什么问题，问题的原因是什么，应如何改进等。

5. 反思教学行为

反思教学行为，就是反思自己在教学过程中的行为是否得当，是否可以表现得更好。根据课堂教学中自己的表现可以选择相应的教学行为，比如讲授的行为、提问的行为、演示的行为、组织的行为、板书的行为等作为反思内容进行反思。

6. 反思教学效果

反思教学效果，一是看教学目标有没有有效达成，二是看学生学习的状态是否积极、活跃。

（四）教学反思的方法

教学反思有不同的方法，其中寻找反思点、前后对照法和对话触发法是比较有效的反思方法。

1. 寻找反思点

寻找反思点，就是要寻找教学过程中的异常点、困惑点、兴奋点、亮点等特殊的点。这些特殊的点，往往是最具有反思价值的地方。找到这些反思点之后，围绕着它进行深入的反思，才能总结成败得失。

案例8-7 　　　　　　　　**一次关于作业的讨论**

一次，我正在布置作业："每个生字写5遍。"就听有个同学小声说："都会写了，还让写！"我没说话就下课了。但这件事引起了我的反思，在班会上，我提出了"教师怎样留作业"的问题。经过商讨，同学们一致同意：常规性的作业应该写，但可以根据自己对知识掌握的程度决定多写或少写,其他时间可以做自己更感兴趣的事。经过一段时间的尝试,绝大多数学生都在不同方面取得了不同程度的进步。写作业成了他们自己愿意做的一件乐事,再也不是苦差事了。

学生的一个嘀咕表达了对教师布置作业的不满,这就是一个异常点。案例中的教师抓住了这个异常点,进行了反思,并经与学生商讨,提出了改革作业的办法,收到了良好的效果。

2. 前后对照法

前后对照法,就是把上课前的教学设想与上课后的教学实际进行对照,或者把以前的教学实践与现在的教学实践进行对照的反思方法。在前后对照中,可以发现两者之间的差异,这些差异就是反思点,可以由此进入为什么会产生这些差异、产生的差异是向好的还是坏的方向发展了、如果需要改进如何改进等深入反思。

3. 对话触发法

对话触发法,就是通过与学生或其他听课教师的交流来触发自己的思考。学生或听课教师往往能够从不同的角度提出自己看不见、没有意识到的问题。这样的问题应成为自己的反思点。对这些未曾意识的问题进行反思,可以很快地提升自己。

案例8-8　　你看这两个词可不可以换呢?

这是一节公开课,内容是《北大荒的秋天》。当学到"北大荒的小河"这一段时,突然有一个学生站起来问:"老师,'明镜一样的小河'能换成'明净的小河'吗?"我愣了一下,这个问题多少让我觉得有些突然。我没有直接说不能。于是,我给了大家一个"提示",在黑板上写了"明镜"和"明净"。果然,一个孩子说:"不能,因为两个词虽然读音相同,但意思并不相同。"我为顺利解决难题而沾沾自喜。

下课了,一位有丰富语文教学经验的老师对我说:"现在,你看这两个词可不可以换呢?"我仔细一想,真的能换!"其实,这两个词的确可以换,但你可以提醒学生注意当'明镜一样的'换成'明净',也读得通。当然,用'明镜'更形象一些。"我惭愧极了,原来我最精彩的地方竟然是自己失误的地方!

案例中的教师没有意识到自己的问题,还为顺利解决难题沾沾自喜,经过有经验教师的点拨，他进行了反思，发现了问题，自己也得到了提升。

 课堂教学评价

　　课堂教学评价就是根据一定的标准对教师的课堂教学实践作出价值判断。不同的评价目的，会有不同的评价标准。下面是一般意义上的课堂教学评价标准，可供教师在自我评价时参考。

（一）目标明确

　　教学目标明确，就是确定的教学目标切实可行、具体清楚，能够真正对学生的学习起导向作用，从而使学生在课堂上的一切活动都能紧紧围绕实现教学目的而进行。

（二）内容正确

　　内容正确，包括两方面的内涵。一方面是指教师讲授的内容、呈现的材料必须是科学的、正确的，不能与科学结论或公理相悖。另一方面是指教师的讲授、概念的定义、原理的结论是准确、有条理和符合逻辑的。

（三）方法恰当

　　方法恰当，就是课堂上使用的方法应符合教材的特点、学生的特征，并能充分利用现有的设备条件，帮助学生顺利地掌握本节课的教学内容。

（四）组织得好

　　组织得好，就是整堂课的进行基本符合课时计划的设计，各个部分进行得有条不紊，一环扣一环，始终能够保持一种良好的课堂气氛，教师能够机智地处理各种偶发事件。

（五）积极性高

　　教师和学生都能处于积极主动的状态之中，教师能引导学生的思路，启发学生的思维，激活学生的智力活动，整个课堂活动都能展现出教师引导下学生的积极性。

本章小结

课堂中学生评价要基于学生表现，进行描述性的反馈，以鼓励为主。学生评价的方式有明示评价、暗示评价、及时评价、延时评价等。评价学生时，忌千篇一律、讽刺挖苦、敷衍了事、偏袒不公。

教学反思具有提高课堂教学的效率、提升学生的学习质量、促进教师的专业成长的作用。教学反思具有课中反思与课后反思、纵向反思与横向反思、理论反思与实践反思等不同类型。反思的内容有反思教学目标、教学内容、教学方法、教学流程、教学行为、教学效果等。教学反思的方法有寻找反思点、前后对照法和对话触发法等。课堂教学评价的标准有目标明确、内容正确、方法恰当、组织得好、积极性高等方面。

拓展阅读

1. 李玉芳. 多彩的学生评价[M]. 北京：教育科学出版社，2009.
2. 李树培. 描述性学生评价论[M]. 济南：山东教育出版社，2012.
3. 王海芳. 学生发展性评价的操作与案例[M]. 北京：中国轻工业出版社，2006.
4. （美）托马斯·A·安吉洛，等. 课堂评价技巧——大学教师手册（第二版）[M]. 唐艳芳，译. 杭州：浙江大学出版社，2006.
5. 吕红波. 教师反思的方法[M]. 北京：教育科学出版社，2006.
6. 陈瑶，王艳玲，李玲. 教学反思途径与方法[M]. 北京：龙门书局，2012.

同步训练

1. 在教学《陌上桑》时，有的学生将"行者见罗敷，下担捋髭须"这一句中的人物行为理解为"好色"。如果出现这种情况，作为教师的你会如何作出评价？
2. 阅读下面材料，并对教师的教学评价作出评论。

案例8-9　　　　　　　　　　**非常好，请坐**

下面是《少年闰土》的教学片段。

师：你来说说他们彼此分别做了哪几件事？

生：第一件是捕鸟，第二件事是捡贝壳，第三件是管西瓜，最后一件是捉跳鱼。

师：非常好，请坐。那同学们有没有其他意见呢？

（无人回答）

师：最后一件事有没有说在"捉跳鱼"，其实没有，只能说是"看跳鱼"。

3. 阅读下面材料，并对三位教师的教学评价作出评论。

案例8-10　　　　　　　　**"坐下"三例**

同是学生被教师的课堂提问难住，甲、乙、丙三位老师的处理方式各不相同。

教师甲：（语气很重，冲着该生）整天上课开小差，结果怎样？这么简单的问题都不能回答，太笨了！坐下！

教师乙：（生气，但不表现出来）坐下。谁来帮他？

教师丙：（微笑、和蔼地）别急，回忆一下，我们昨天学过的内容，当时你听得很认真。想想，昨天××同学是怎样回答的？

学生：（思索片刻，说出了与问题答案相关的一句话）

教师丙：（很兴奋）对呀！看来，你是很棒的！

学生：（体面地坐下，并投入到后面的学习中）

4. 一次作文课上，有个学生说慌了嘴，竟说："树上结满了西瓜。"引得哄堂大笑。如果你是老师，会怎样对学生的这一说法作出评价？

参考答案

1. 对学生的评价应以鼓励为主。案例中的学生把诗中的句子理解为"好色"，教师可以说学生思维独特，这一点值得肯定。同时注意，对学生的评价进行描述性反馈，要指出学生认知中的偏差，并指明正确的思维方向，或者给出正确的答案。

2. 教师对学生的评价是结果判断式评价："非常好，请坐。"到底好在哪里，没有指出来。教师的评价在一定程度上还存在对学生回答的否定:"那同学们有没有其他意见呢？"既然刚才学生的回答都"非常好"了，为什么还要问其他同学的其他意见呢？这样的询问，等于在一定程度上否定了刚才的"非常好"，会对前面的学生形成一种"暗打击"，不利于保护学生的积极性。教师应运用描述性反馈进行评价，指出学生的回答好在哪里，如何进一步提高。

3. 尊重、信任学生是对教师的基本要求，当学生遇到困难时，教师要耐心点拨，鼓励学生积极思考，而不能冷言冷语，甚至讽刺挖苦。案例中前两位教师对学生的评价态度是不正确的。第三种方式最好，教师既尊重了学生，又帮助了学生。

4. 对学生的评价，要以鼓励为主，不能打击学生的积极性。即使在学生出现口误时，也要注意保护学生的自尊心，想办法巧给学生台阶下，免得他在失误之后继续遭遇尴尬。如果出现案例中的情况，老师可以对全班同学说:"说不定××同学将来真能培育出树上结的西瓜呢。"这样既避免了口误学生的尴尬，又对学生抱着一种期望，可以很好地激励学生，至少可以保护学生的自尊心。

自我检测

学习过本章内容，请对照反思。

项　　目	能	否	改进措施 （如否，请写要点）
1. 我能否基于学生表现作出评价			
2. 我能否进行描述性评价反馈			
3. 我能否以激励学生为主作评价			
4. 我能否很好地运用暗示评价			
5. 我能否有针对性地评价学生			
6. 我能否公平公正地评价学生			

续　表

项　目	能	否	改进措施 （如否，请写要点）
7. 我能否把握教学反思的不同类型			
8. 我能否把握教学反思的具体内容			
9. 我能否运用好课堂评价的标准			
10. 我能否成为一名好的评价者			

学习心得

学习完"教学评价"这一章，你有怎样的心得收获，请写出几条。

实践转化

你准备在实践中怎样落实、转化"教学评价"这章所学内容，请写下要点。